本书系浙江省哲学社会科学重点研究基地课题成果（编号 20JDZD056），并由杭州师范大学中国史一流学科建设经费资助出版。

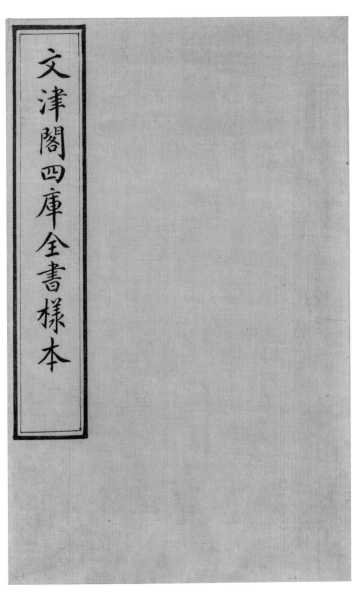

图一 《文津阁四库全书样本》封面

上海图书馆藏

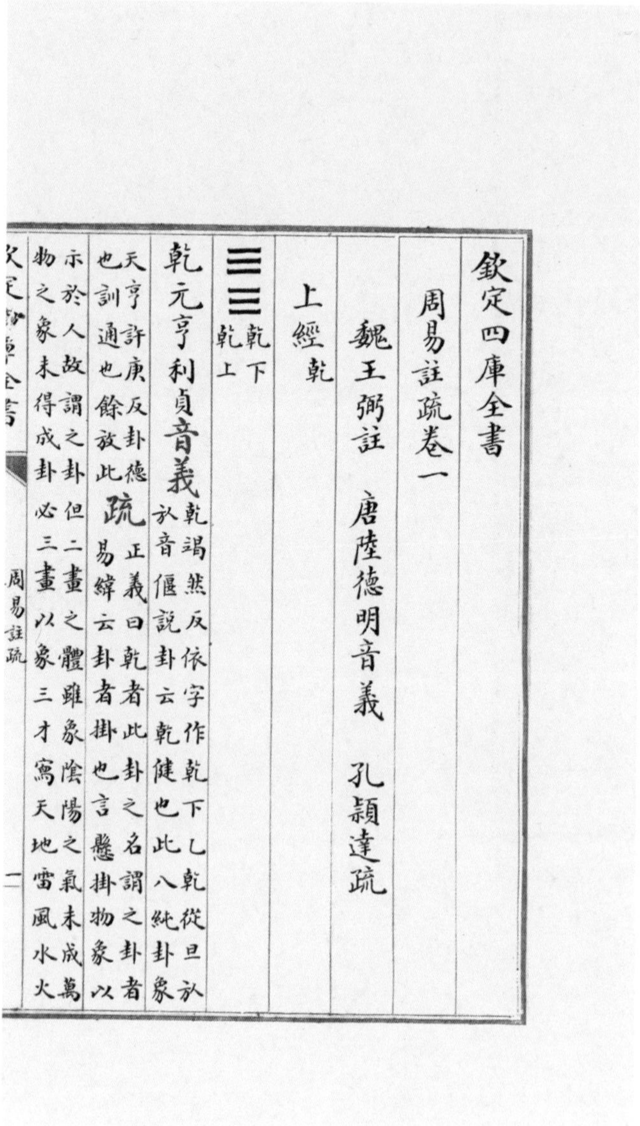
欽定四庫全書

周易註疏卷一

魏王弼註　唐陸德明音義　孔穎達疏

上經乾

䷀乾下乾上

乾元亨利貞音義乾竭然反依字作乾下乙乾從旦㫃音偃說卦云乾健也此八純卦象天亨許庚反卦德也訓通也餘放此疏正義曰乾者此卦之名謂之卦者易緯云卦者掛也言懸掛物象以示於人故謂之卦但二畫之體雖象陰陽之氣未成萬物之象未得成卦必三畫以象三才寫天地雷風水火

欽定四庫全書　周易註疏　一

图二　《文津阁四库全书样本》内页
上海图书馆藏

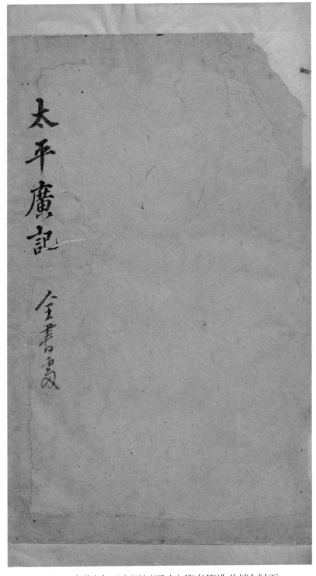

图三 《附〈太平广记〉〈通志〉等书签讹总档》封面
中国国家图书馆藏

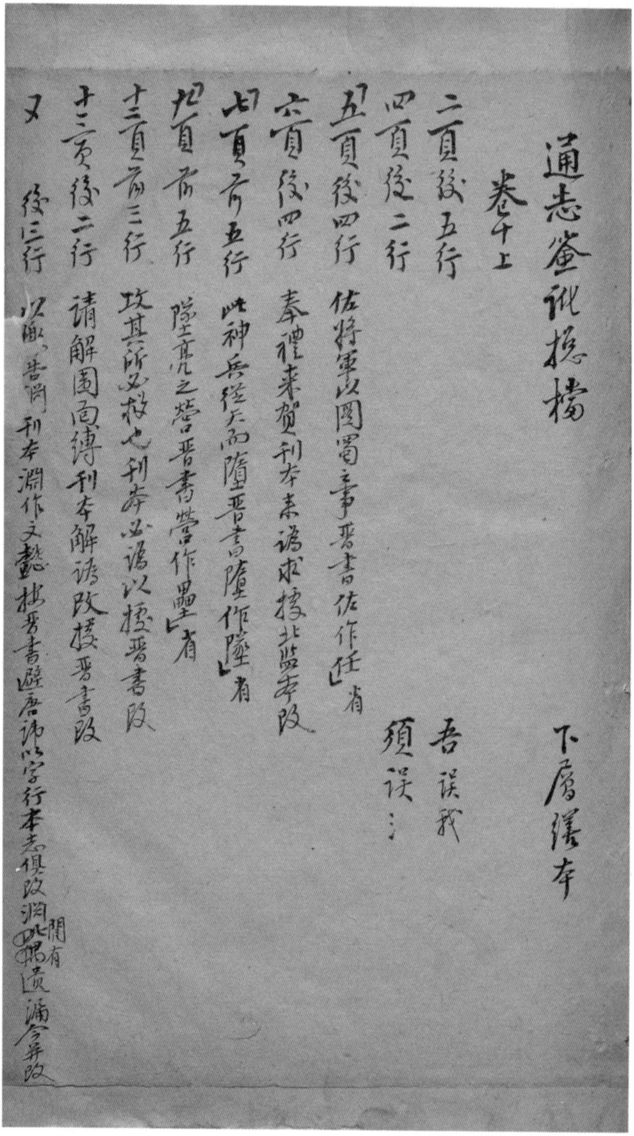

通志鉴讹揾摚

卷十上

下層漢本

二頁後五行

四頁後二行

五頁後四行　佐將軍以圖蜀事晋書佐作任者

六頁後四行　奉禮來賀刊本素語求按北監本改

七頁前五行　此神兵經矢而隨晋書隨作隆者

八頁前五行　隆上真九之誉刊本書誉作□者

十二頁前三行　攻其所必敆七刊本必語以按晋書改

十三頁後二行　請解圍固傳刊本解诔改按晋書改

又　後三行　以徹、普閒刊本淵作文懿批晋書避唐諱以字行本志俱改淵以照□□貴漏今異改

吾誤我

須誤三

图四　《附〈太平广记〉〈通志〉等书签讹总档》内页
中国国家图书馆藏

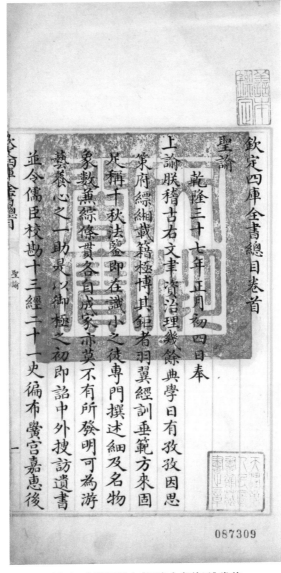

欽定四庫全書總目卷首

聖諭

　乾隆三十七年正月初四日奉

上諭朕稽古右文聿資治理幾餘典學日有孜孜因思

　策府縹緗載籍極博其鉅者羽翼經訓垂範方來固

　足稱千秋法鑒即在識小之徒專門撰述細及名物

　象數鈔綜條貫各自成家亦莫不有所發明可為游

　藝養心之一助是以御極之初即詔中外搜訪遺書

　並令儒臣校勘十三經二十一史編布黌宮嘉惠後

欽定四庫全書總目

　　　　　　聖諭

　　　　　　　　　　　　　　一

图五　文溯阁抄本《四库全书总目》卷首
天津图书馆藏

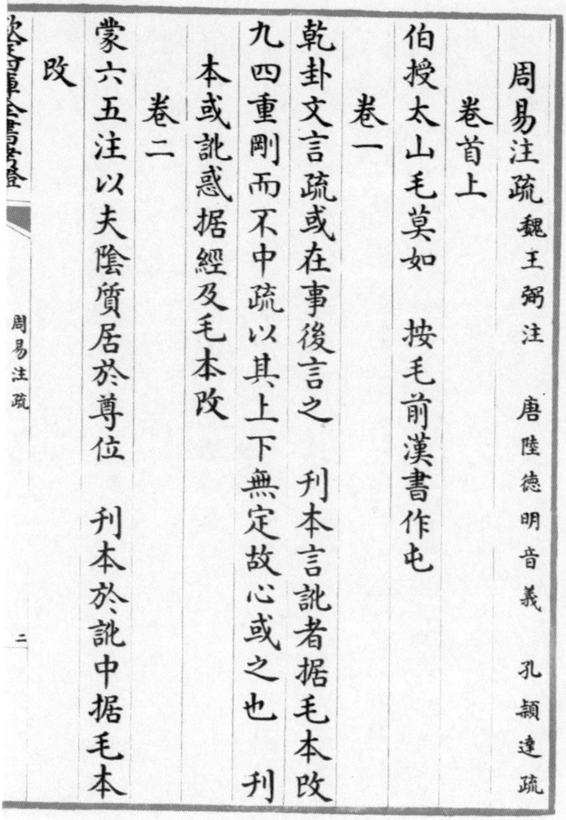

周易注疏　魏王弼注　唐陸德明音義　孔穎達疏

卷首上

伯授太山毛莫如　按毛前漢書作屯

卷一

乾卦文言疏或在事後言之　刊本言訛者据毛本改

九四重剛而不中疏以其上下無定故心或之也　刊

本或訛惑据經及毛本改

卷二

蒙六五注以夫陰質居於尊位　刊本於訛中据毛本

改

图六　清内府抄本《四库全书考证》内页
中国国家图书馆藏

琚小飞——著

溯源汇津

——四库文献研究

Ⓢ 上海科学技术文献出版社

图书在版编目（CIP）数据

溯源汇津：四库文献研究 / 琚小飞著 . —上海：上海
科学技术文献出版社，2023
ISBN 978-7-5439-8765-4

Ⅰ. ①溯… Ⅱ. ①琚… Ⅲ. ①《四库全书》－研究
Ⅳ. ① Z121.5

中国国家版本馆 CIP 数据核字（2023）第 058061 号

封面题签：李灵力
装帧设计：方　明
策划组稿：罗毅峰
责任编辑：罗毅峰

溯源汇津：四库文献研究
SUYUANHUIJIN: SIKU WENXIAN YANJIU
琚小飞　著
出版发行：上海科学技术文献出版社
地　　址：上海市长乐路 746 号
邮政编码：200040
经　　销：全国新华书店
印　　刷：上海新开宝商务印刷有限公司
开　　本：889mm×1194mm　1/32
印　　张：9
插　　页：4
字　　数：207 000
版　　次：2023 年 4 月第 1 版　2023 年 4 月第 1 次印刷
书　　号：ISBN 978-7-5439-8765-4
定　　价：98.00 元
http://www.sstlp.com

目　录

绪 论

自二十世纪八十年代提出四库学以来,经过了数十年的发展,四库研究日渐成为"显学"。关涉四库议题的研究,层出不穷。概而言之,四库学可以分为四库著作研究与四库问题研究两种。顾名思义,四库著作即是《四库全书》及编纂过程中产生的衍生品,如《四库全书总目》《四库全书考证》《四库全书荟要》《天禄琳琅书目》《四库全书简明目录》《武英殿聚珍版丛书》等,当然还包含嘉道之际各阁检查书籍形成的各阁《书籍目录》和《装函清册》。这些著作的研究,构成了四库学发展的重大空间,并奠定了四库学的根基。学界对这些最主要著作的研究非常丰富和深刻,基本解决了各书的编纂、修改和刻印等问题,揭示了其对清代学人治学、学术发展等方面的价值。就四库问题研究而言,四库学领域中涉及的问题非常庞杂,大致有四库编纂研究、四库馆研究、四库文化研究、四库文本研究、四库禁毁研究、四库底本研究、各阁及馆臣研究等几个方面。尤其是四库编纂研究和四库馆研究,已有突破性进展。学界藉助《纂修四库全书档案》等史料,已经清楚地梳理了《四库全书》的编纂详情、四库馆的运作、与武英殿及其他各馆的协调、馆臣的实际职任等议题,在四库学领域中成绩最为显著。

陈寅恪先生曾称"一时代之学术,必有其新材料与新问题"。任何一门学科或研究领域,存在和发展的前提是材料的深入运用与解读,而材料的丰富程度直接影响着问题的解读与探讨。回顾史学界各领域学术议题的激发,无一不与新材料的不断涌现密切相关。四库学的研究手段或方法始终没有脱离文献学的藩篱,与传统文献研究一样,继续发展的最大阻碍正在于材料的掣肘。因此,这也时刻提醒我们反思四库学发展的方向,探寻如何开掘四库学新史料并拓宽研究的路径。纵观四库学发展的历程,二十世纪八十年代至二十一世纪初是最兴盛时期。大量四库学专著和新研究议题的涌现,扩展了四库学的外延,而促使这段时期四库学迅速发展的原因便是《纂修四库全书档案》及其他相关的大型丛书的整理与出版。新史料的出现,促进了旧问题的解读,催生了新议题的探讨,亦支撑着四库学研究的学术进步。新世纪以来,四库学材料的匮乏问题开始显现,从研究内容到研究议题,开始显现乏善可陈的迹象,材料问题成为四库学进一步发展的瓶颈。鉴于此,对解决四库学领域的材料问题提出以下几个思路。

第一,大力开掘四库学的新史料。新史料启发新的议题,且能够促进已有研究的进一步深化。在四库学领域,这种迹象体现得淋漓尽致。四库相关纂修档案,虽然经过王重民在二十世纪的初步整理和中国第一历史档案馆的系统辑录,但近年来仍有很多新见材料问世。这些新材料成为档案之外的文献内证,对于进一步完善和发展四库学,极为重要。其中,最重要的应属《四库全书总目》纂修稿本的发现所掀起的研究热潮。天津图书馆整理出版的四种卷前提要和纪昀删改《总目》残稿,其中最有价值的便是馆藏内府抄本卷前提要和纪昀删改本《总目》,加上中国国家图书馆、中国国家博物馆、上海图书馆、辽宁省图书馆、台北"国家图书馆"、南京图书馆藏《总目》残稿,以及浙江图书馆藏文澜阁抄本《总目》等,使得学界在重新研究《四库全书总目》编纂、删改等方面有了新的方向。书前提要的整理汇编,也是近年来促进四库学研究的重要史料。目前文渊阁、文溯阁、文津阁、文澜阁四阁卷前提要皆已影印出版。除了以上较大规模和集中的四库史料以外，若仔细爬梳和挖掘，仍有一些尚未得到利用或者说鲜为人知的新史料。

其一，最先需要说明的便是现存甘肃的文溯阁《四库全书》。文溯阁《四库全书》作为北四阁全书之一，迄今没有影印，亦未开放阅览。除了早先零星出版的几种文溯阁本外，学术界对其了解甚少，以至于在研究各阁全书异同、《总目》编纂等极为重要的议题时，每每苦于没有文溯阁书的印证，这不能不说是一个巨大的遗憾。与文溯阁《四库全书》相伴随的是分藏于中国国家图书馆、天津图书馆及辽宁省图书馆的文溯阁抄本《四库全书总目》。据民国以来留存的有关文溯阁的书目来看，阁藏《四库全书总目》《四库全书简明目录》《四库全书考证》等皆保存完好，未曾离析，而文溯阁《四库全书》的卷前提要已由金毓黻整理出版，因而对于三处所藏的抄本《总目》颇有疑义，推测应为庋藏文溯阁《总目》的撤回本。北四阁《全书》缮竣后，曾有抄本《总目》《简明目录》《考证》一同入藏，而《总目》则在乾隆后期撤回武英殿，代之以乾隆六十年武英殿刊刻的《总目》，故而现存钤盖"文溯阁宝"之抄本《总目》极有可能属于撤回本。据查，国图藏文溯阁抄本《四库全书总目》存二卷，系卷一百四十一至一百四十二，每半叶九行，行二十一字，朱丝栏，单鱼尾，鱼尾上方题"钦定四库全书总目"，下为卷次、分类、页码等，首叶钤"文溯阁宝"，卷末钤"乾隆御览之宝"，另有"抱残""董印增儒"及"北京图书馆藏"等印，正文前有签条作"臣蔡新恭校"。观此书版式、钤印等，为文溯阁《四库全书》之《总目》无疑。而天图藏文溯阁抄本《四库全书总目》存一百四十三卷，首叶钤"文溯阁宝"，朱丝栏，半叶九行，行二十一字，版心上方题写"钦定四库全书总目"，下记卷次、分类、页码等，与《四库全书》版式一致，且与国图残存本几无二致。辽图藏文溯阁抄本《总目》存十六卷，为内府原装黄绢面，版式与上述两处馆藏无异。以上有关文溯阁藏抄本《总目》的发现，可以与《总目》残稿进行横向对比研究，为深入探研《总目》编纂、修改问题提供新的材料。

除此之外，文澜阁、文津阁亦有抄本《总目》留存。现藏浙江图书馆的文澜阁抄本《四库全书总目》，存二十七卷，钤有"古稀天子之宝""乾隆御览之宝"，为文澜阁原藏旧物。嘉庆二十五年吴恒聚造送《文澜阁〈四库全书〉书目清册》登载此书。另据崔富章《〈四库全书总目〉版本考辨》，中国国家图书馆藏有文津阁抄本《四库全书总目》，二百卷，无卷首，钤有"文津阁宝""避暑山庄""太上皇帝之宝"诸印，提要内容极简略，为介于《总目》与《简明目录》之间的作品。但遍检国家图书馆馆藏目录，未能寻绎任何有关文津阁抄本《总目》的相关信息，不知是否为崔氏误记。以上文溯阁、文津阁、文澜阁抄本《总目》皆有钤印，应为送往各阁庋藏之《总目》无疑。

其二，天津图书馆、中国国家图书馆藏内府抄本《四库全书总目提要》及四库底本所附提要。关于天图所藏内府抄本卷前提要，收入《四库全书卷前提要四种》影印出版。江庆柏曾撰文指出或为遭焚毁的文源阁《四库全书》卷前提要，此论颇有石破天惊之感，但仍难成定谳。类似这种内府抄本的卷前提要，除天图外，中国国家图书馆亦有收藏。国图所藏《四库全书总目提要》不分卷，清内府抄本，用翰林院红格纸抄写，共有提要一百零五篇。该书共计八册，白口，四周双边，半叶八行二十一字，单鱼尾，鱼尾上题"钦定四库全书"，版心题书名，另署"提要"二字，各书前钤有"赵常恂印""信卿""北海赵心青藏""北京图书馆藏"等印。每篇提要均重新编次页码，提要开头均为"臣等谨案"，末为"乾隆□十□年

□月恭校上"，抄写工整，无改动痕迹。此书年月皆付阙，但有两书例外。
其一为《读礼志疑》，提要末题署"乾隆□年□月恭校上"，与其他提要的
"乾隆□十□年□月恭校上"比少一"十"字；其二为《文溪存稿》，提要
末题"乾隆五十□年□月恭校上"，直接将五十题写，至于具体何年，亦付
空待添。查阅文渊阁书前提要，作"文溪集"（书名有别）、"乾隆四十七
年十月恭校上"，提要内容无异。文津阁书前提要作"文溪存稿""乾隆
四十九年八月恭校上"，提要内容差别很大。文溯阁书前提要作"文溪
存稿""乾隆四十七年十月恭校上"，提要内容与文渊、文津皆有别。此处
《文溪存稿》题署"乾隆五十□年"，显然晚于以上三阁的抄写时间，亦与
文源阁不符。

此外，各馆藏单位收贮的四库底本所附提要稿，是此前学界研究极
少关注的。目前所知，中国国家图书馆藏有《南夷书》《笔史》等底本提
要稿。《南夷书》一卷，明张洪撰，明抄本，首页钤有"翰林院印"满汉文
大方印，此为四库修书底本无疑。又书前有木记作"乾隆三十八年十一
月浙江巡抚三宝送到范懋柱家藏《南夷书》一部，计书一本"及"总办处
阅定，拟存目"。卷末附有程晋芳提要稿，并署"纂修官程晋芳"。《笔史》
二卷，明杨思本撰，清抄本，首页钤有"翰林院印"满汉文大方印，亦为四
库修书底本。卷末另纸写有提要，并盖有"存目""已办"木记，提要稿署
"纂修郑"，不详具体撰写者。除此之外，尚有上海图书馆藏《经籍异同》
所附姚鼐提要稿等。

其三，中国国家图书馆藏《四库全书》编纂期间的校档残记。国图
题作《四库全书馆校档残记》，稿本，有涂乙痕迹，卷中有"吴正有号""全
书处""荟要处""程中堂未定（完）签"等揭示《四库全书》编纂的专有
词汇。卷中有墨笔题《四库全书馆校档残本》，推测应是嘉庆时人添撰，

书名之后记"（嘉庆）十五年六月初二日，办事堂穆代李老爷振翯借去"。该书登载数十种四库馆办理书籍的签讹总档，书中原文应该是分校官校阅书籍的讹错记录，其上的墨笔校改当为复校官核查分校官讹错情形的记载。例如，《日讲四书解义复校签讹总记》作"内《周易述义》之底档版心全误，应换写"，《复校鸡肋编》作"已销四次，三本共签出原本七十二条、缮本四十条，分校汪锡魁"。这是四库馆臣校阅书籍的签改记录，且分校官姓名皆有题署。又如《新唐书复校签讹总记》作"四十六年五月初八日销记，送销讫，又查存疑签办。总裁下又销一半"。此又为分校官签出讹错后逐一销签的记录。再如，《礼记注疏复校签讹总记》作"校对王瑸、校对张埙、校对王钟泰、校对陈墉、分校陈墉。'锡'应依元签改'赐'，缺'自直'二字，当依原签补"，其称"原签"，即是复校官核对分校签改记录，并指出分校校阅书籍的错误。《四库全书馆校档残记》的最终目的是编纂《四库全书考证》，从其书中所称"凡黄签须明白晓畅，进呈时一览了然，若重沓支离均不足取，倘太简略又不可以此籍（藉）口急索解"即可知悉，"黄签"乃是进呈御览的校签，是从《四库全书馆校档残记》中选取的，而黄签最终汇编成了《四库全书考证》。从《四库全书馆校档残记》的具体内容和性质来看，其对四库馆校阅书籍的运作、复校官的职责和《四库全书考证》的编纂，特别是针对荟要处的研究，具有重要价值。

其四，国图、浙图所藏《文澜阁〈四库全书〉书目清册》。《四库全书》编纂完成之后，乾隆以及嘉道时期皆抄写有关于各阁的《装函清册》和目录。乾隆时期抄写各阁目录和记册乃尊藏宫内，以便乾隆帝查阅，各阁书目清册，其内容乃是各阁全书的实际庋藏册数和书目的记载，具体书籍的装函、合函情况。嘉庆、道光时期，曾对文津、文澜、文宗、文汇等阁

《四库全书》进行过核查,并造送书目清册。文津阁书目清册学界早已知悉,其附于《纂修四库全书档案》之后。文澜阁《〈四库全书〉书目清册》共有两种,一是嘉庆二十五年杭州承办盐商吴恒聚等造送,二是道光间金裕新造送的《钦颁文澜阁〈四库全书〉书目清册》,仅存子部与集部,书后附《清理书籍核对不符谨请存案清册》一卷。文澜阁书目清册分别是嘉庆和道光时核对阁书后造送,首先具有了解文澜阁书的具体庋藏情形的价值,其次能够据此比勘不同时期阁书散佚和分函、合函的差异等,最后根据附录之《清理书籍核对不符谨请存案清册》,可以管窥文澜阁《四库全书》与其他各阁的书目异同,从而了解南三阁《四库全书》编纂的细节。

其五,台北"故宫博物院"藏三通馆纂修档案、内阁大库中关于四库馆和武英殿及纂修《四库全书》的相关档案。乾隆三十八年诏开四库全书馆,编修《四库全书》,然而四库馆并非独立运作,四库馆臣亦非固定不变。四库修书期间,三通馆、武英殿修书处、国史馆、方略馆、会典馆等修书机构互有重叠,馆员互有交叉,各馆之间互有协作,因而四库学的材料,亦可从这些协作的修书机构的相关档案中挖掘。首先是武英殿修书处,这是《四库全书》编纂时除四库馆外的另一个重要机构。中国第一历史档案馆业已刊布武英殿的诸多档案,但在台北所藏的内阁大库档案中,存有大量有关武英殿修书处与四库馆之间协作的材料,尤为重要的是涉及《武英殿聚珍版丛书》的摆印问题,即列入丛书的一百余种书籍的摆印时间、摆印部数、摆印用纸、颁赐人员和陈列地点等等,皆有档案印证,对研究聚珍书以及《武英殿聚珍版丛书》的书目疑义、内外聚珍书的差别、乾隆与嘉庆时期摆印书籍的版式异同等,皆有重要价值。其次是三通馆。三通馆初名续文献通考馆。乾隆十二年,于宣武门设立通考馆,编纂《续文献通考》,《清实录》载"上溯宋嘉定以后,马氏所未备者,悉著于编,为《续文献通考》。大学士张廷玉,尚书梁诗正、汪由敦经理其事"。此后,由于《续通志》《续通典》等其他志书的修撰,三通并纂,册籍繁多,往来不便,于乾隆三十二年将通考馆移置武英殿西、咸安宫东夹道内之东,并改称三通馆。三通馆由总裁嵇璜、刘墉、王杰、曹文埴负责纂修,而这四人均曾充四库馆总裁(副总裁),《四库全书》收录的《续通志》《续通典》《续文献通考》,全部是在三通馆编纂完成的。因此三通馆的档案史料,直接关涉《四库全书》的编纂。内阁大库所藏三通馆档案,涉及三通馆采择的史料来源及编纂的具体细节,如馆臣编纂的稿本、正本的誊清时间、进呈时间,稿本中签改的内容等。除此之外,中国国家图书馆藏有三通编纂的底本,即三通馆纂修完成后的底稿本,其目的是抄写定本缮入《四库全书》。这些底稿本与台北所藏内阁大库档案相互印证,能够揭示三通编纂的详情,厘清四库馆与三通馆之间的协作。

第二,重新甄别和深翻四库学史料。对于传统史学研究而言,多一分史料就多一分解释力,因而各学科、各研究领域的发展多建立在史料开掘基础上。新史料的发现固然能够引领新的学术热潮,但蓄意伪造和误揣史料,无疑会干扰四库学研究,甚至会导致结论的南辕北辙。因而,对已有史料的研读、甄别,是四库学深入发展需要解决的一个问题。判断四库学史料的来源,将史料所代表的文本置于具体的历史场域中考量,了解撰写者的心境,辨析史料文本的形成过程,从而催发四库研究的新认知。

程晋芳墓志铭的文本差异,可以看出史料甄别的重要性。程晋芳,字鱼门,号蕺园,江苏江都人。乾隆三十六年进士,官吏部文选司主事、武英殿分校官等。乾隆三十八年,四库馆开,任《四库全书》总目协勘官,并奉诏进献图书数百种。《四库全书总目》著录其"编修程晋芳家藏本"书多达三百五十余种。乾隆四十九年,北四阁书初成,卒于陕西任上。程晋芳任职四库馆期间,与副总裁刘墉、纂修官翁方纲等交好。程氏卒后,翁方纲、袁枚等撰写墓志铭,追记程晋芳生平、撰著及交游诸事。引起学者特别注意的是翁方纲撰写的《蕺园程君墓志铭》。据该墓志铭叙述,其他四库馆分校官"校核讹错,皆罹薄谴",而独程晋芳"毫发无疵"。四库学界在研究和探讨程晋芳的四库馆经历时,多以此为据。如果忽略这篇墓志铭的撰写者,如此夸大程晋芳在四库馆的贡献倒也符合墓志铭的一贯撰写风格。但值得注意的是翁方纲也曾入馆校书,其赞誉程晋芳校书"君所手辑,毫发无疵"的同时,断不会有"旋以馆阁诸公校核讹误,皆罹薄谴"这样自毁清誉的记载,以各馆臣(包括翁氏)的讹错,衬托程晋芳校书功绩,与一般常理不符,而且也与史实相违伐。据《纂修四库全书档案》所录程晋芳罚俸记载,足以证明程氏绝非毫发无疵。循此,我们尝试分析《蕺园程君墓志铭》文本流传系统。检核翁方纲《复初斋文集》中所录《蕺园程君墓志铭》,仅叙及程晋芳蒙恩入馆,并无在馆校书的具体细节。但这份墓志铭在程晋芳《勉行堂诗文集》中却又是另一番记载,其称"癸巳岁,高宗纯皇帝允廷臣之请,特开四库全书馆,妙选淹通硕彦,俾司修纂,君与其列。旋以馆阁诸公校核讹误,皆罹薄谴。独君所手辑,毫发无疵。书成奏进,纯皇帝素稔君才,仰荷特达之知,改授编修"。一般而言,古人的墓志或由至交密友撰写,或请名家代笔,刊刻之前还经家眷子侄润笔,而润笔的内容大多属于夸耀甚至不实的记载。这样一来,倩人撰写的墓志铭原文就保存在撰者的文集中,而经过润饰的就在墓主的文集或者以碑刻的形式流播,这两种文本反映了中国古代墓志铭撰写的特殊情形。就墓志中涉及的四库学史料而言,显然《勉行堂文集》的记载不足凭信,如果不加甄别地利用这段材料,得到的结论一定是有失偏颇的。

以《武英殿聚珍版丛书》为例看研究史料的深翻。《武英殿聚珍版丛书》是乾隆三十八年至嘉庆年间雕版(前四种为殿版)摆印而成的一百余种书籍的总称。摆印之时,并无丛书之名,但清代流传有很多所谓的《武英殿聚珍版书目》。早在嘉庆四年顾修编撰的《汇刻书目》中,就著录有《武英殿聚珍版丛书》之名。此外道光、光绪时期流传有《钦定武英殿聚珍版书目录》等。这些书目登载的殿本数量有一百二十六、一百三十四、一百三十八、一百四十一等差异。《武英殿聚珍版丛书》摆印完成并流通以后,各省仿照武英殿版式重新刊刻,是为"外聚珍",与乾隆嘉庆时期武英殿摆印的"内聚珍"相区隔。目前,学界研究的重点是聚珍版丛书的具体数量以及内外聚珍之区别这两个议题,而现有的成果也基本解决了这些问题。但如果我们继续深翻有关《武英殿聚珍版丛书》的史料,便会发现还有一些重要的议题被忽略了,比如武英殿聚珍本的摆印完成时间,根据《纂修四库全书档案》和内阁大库档案,更多武英殿本的实际摆印时间和摆印的用纸、数量等,是可以深入探讨的;再者,学界基本认同《武英殿聚珍版丛书》的特征是:版式划一,各书均为墨栏双边,每半叶九行,行二十一字;行款一致,每书均录乾隆《御制题武英殿聚珍版十韵》一诗并序,次载提要,这两个特征也是鉴定武英殿本的最重要标准。然而在实际的研究中,既有的结论并不可靠。首先,举凡殿本皆有诗序、提要的说法不够确切,中国国家图书馆所藏聚珍版书《周易口义》《四库全书考证》《御选名臣奏议》等,书前皆无提要,其次乾隆嘉庆两朝摆印的殿本书不尽相同,中国国家图书馆藏嘉庆时摆印的《农书》,

虽然其版式、行格等与乾隆时武英殿摆印书籍无异,但在提要撰述上明显不同。一般而言,聚珍版书籍的提要的叙述方式与《四库全书》一致,首行题书名提要,另行以"臣等"书写。但《农书》首行题"钦定四库全书农书提要",继而另行书写"《农书》二十二卷,永乐大典本"。很显然,这里的提要是直接抄录《四库全书总目》,甚至将其版本来源一并附入,与《总目》著录格式相同。仅以《农书》而言,这或许可作为嘉庆摆印本与乾隆摆印本区别的一个侧面。因此,藉由已有史料的深翻,《武英殿聚珍版丛书》的摆印、判断标准等已有结论或可重新商榷,而各书的实际摆印完竣时间以及乾隆嘉庆时期摆印书籍的差异等新问题,开始进入研究者视野。

作为古代典籍和传统文化渊薮的《四库全书》,在中国文化史上占有极高的地位。两百多年来,对《四库全书》的研究和利用一直盛行不衰,或探讨其版本,或订正其讹误,或考证其征集与纂修过程,或阐发其文化价值与意义。目前对《四库全书》的研究尚有很多值得研究发掘的地方,而通过不断挖掘新史料和深翻旧史料,将会为深入研究和利用《四库全书》开拓更多新的领域,使《四库全书》的研究成果在新时期更为灿烂辉煌。我们也深刻明白,清史资料浩如烟海,有许多档案文献,还散存于各种史料中,继续加强档案文献的辑录与整理,是《四库全书》研究者义不容辞的责任。

第一章　藏书阁的修建与阁书的庋藏

乾隆三十八年,应安徽学政朱筠之奏,乾隆皇帝谕令广征天下图籍,诏开四库全书馆,编纂《四库全书》。次年六月,编纂工作尚在进行时,乾隆帝即已预想了成书后的庋藏,"书之成虽尚需时日,而贮书之所,则不可不宿构"。[①] 在得知浙江范懋柱家藏书处"纯用砖甃,不畏火烛"后,[②] 令寅著前往范懋柱家藏书处查看,因循天一阁形制,建造七阁藏书楼,分别为宫禁文渊阁、圆明园文源阁、盛京文溯阁、承德文津阁、镇江文宗阁、扬州文汇阁与杭州文澜阁。

第一节　文津阁的肇建与《四库全书》的移置

文津阁位处热河行宫,作为七阁中最早建成的藏书楼,其地位和重要性自不待言。乾隆四十年,文津阁建造甫毕,乾隆帝即着令将《古今图书集成》入藏。此后,《四库全书》纂修完成并运送热河,文津阁典藏书籍逾万卷,简牍盈积,藏书达到鼎盛。今人研究文津阁或《四库全书》的成果相当丰富,诸如文津阁藏书及建筑等,均有相当深入的探讨,但关于

---

① 中国第一历史档案馆编:《纂修四库全书档案》附录二《文渊阁记》,上海古籍出版社,1997年,第2721页。
② 中国第一历史档案馆编:《纂修四库全书档案》"谕着杭州织造寅著亲往宁波询察天一阁房间书架具样呈览"(乾隆三十九年六月二十五日),第212页。

文津阁的修建用度以及乾隆之后各朝的修缮工程等，研究较为薄弱，有待进一步挖掘。

一、文津阁的肇建与用度

北四阁之得名，皆有因由。《纂修四库全书档案》记载："冠以'文'，而若'渊'、若'源'、若'津'、若'溯'，皆从水以立意者，盖取范氏天一阁之为。"[①] 津位列渊、源之后，为溯源（渊）的途径。《文津阁记》称"盖渊即源也，有源必有流，支派于是乎分焉。欲从支流寻流以溯其源，必先在乎知其津"，[②] 于是继文渊、文源之后定名为文津阁。文津之名虽屈于文渊、文源之后，但文津阁却是诸阁中最先建成的，"天一取阁式，文津实先构"即此之谓。[③]《题文津阁》称"开始于乾隆甲午秋月，越次年乙未夏月葳功"，[④] 据此，乾隆三十九年秋，文津阁即率先开建，至乾隆四十年夏告毕，早于文渊、文源两阁而成。文津阁先于京城两阁营建，原因在于乾隆帝正值巡幸热河行宫，因而兴修藏书阁的谕令也最先在热河付诸实施。《清实录》记载，"（乾隆三十九年五月戊辰）上以秋狝木兰，驻跸避暑山庄"，[⑤] 据此，寅著查看范氏藏书阁具样并绘图进奏时，乾隆帝即已驻跸热河，文津阁首先肇建便顺理成章了。

兴建文津阁，工程浩大。据史籍记载，热河园内新建藏书楼包括文

① 中国第一历史档案馆编：《纂修四库全书档案》附录二《文溯阁记》，第 2721 页。
② 《钦定热河志》卷四十一《文津阁记·甲午》，文渊阁《四库全书》第 495 册，台湾商务印书馆，1986 年，第 679 页。
③ 故宫博物院编：《御制诗四集》卷三十三，《清高宗御制诗》第 12 册，海南出版社，2000 年，第 33 页。
④ 《钦定热河志》卷四十一《题文津阁·乙未》，文渊阁《四库全书》第 495 册，第 679 页。
⑤ 《高宗纯皇帝实录》卷九百五十九，"乾隆三十九年五月戊辰"，《清实录》第 20 册，中华书局，1986 年，第 995 页。

津阁一座、碑亭一座、宫门三间、值房三间、四方亭一座、前抱厦三间,以及石碣、石碑、月台、石座等。① 如此规模的建筑,仅营建需要的物料便难以统计,此外还包括所需匠役、匠夫的饭食开支和工价等。因此,若要全面统计修建文津阁的用度,十分困难。幸运的是,《热河档案》中录有《热河园内新建文津阁工程奏销黄册》,为乾隆四十年文津阁建造完竣后,统计耗费物料、银两上奏的奏销档册,准确、完整地记载了文津阁建造时所有用过物料、匠夫、工价银两数目,为研究文津阁建造的各项费用以及所用物料的材质、来源等提供了极有价值的材料。遗憾的是,至今尚未发现文津阁修建之前的估算奏折,也就无法对比营建文津阁的预估耗费与真实用度之间差距。

文津阁建制仿宁波天一阁,建筑的主要物料以木、石为主,木料主要用于檐柱、椽望等,石料则用以承重以及花石装饰。据《奏销黄册》记载,文津阁建造使用各种尺寸松木五百五十八根,橄木二千四百三十料,木植用度共银六千五百二十八两二钱三分二厘,这些木植绝大部分来源于木兰围场,《奏销黄册》称"围场木植银五千二百二十二两五钱八分五厘",将木兰围场的木料运送至避暑山庄,需要雇佣拉夫及沿途照料费用,"拉运围场木植实用车脚银一千三百八十六两",这部分用度其实应该一并归入木植银。此外,建造所费石料包括青白石料、红砂石、豆渣石、虎皮石、新样城砖、停滚砖、旧样城砖、沙滚砖等,这些石料数量庞大,所需开凿费用及运送开支也占据了相当大的比重。《奏销黄册》记载所需"青白石料并骡桂共银一千九百五十五两五钱九分二厘",所需"豆渣石、红砂石、虎皮石"计三千四百九十二两六钱七分七厘。由于某些砖石热河

---

① 中国第一历史档案馆、承德市文物局编:《清宫热河档案》第 3 册,《热河园内新建文津阁工程奏销黄册》,中国档案出版社,2003 年,第 468—493 页。

本地无法供给,只能藉由京城调送,如尺七方砖、尺四方砖等,"京运砖块并车脚共银七千二两八钱七分",止京运砖石一项就达七千余两,远超木植及其他石料的费用。至于热河本地供给的砖石主要是尺二方砖、旧样城砖、头号板瓦及其他瓦片等,这些石料较易购求,而且用量不大,"本地砖瓦银七百五十八两四钱七分九厘",所费银两也相对较少。

除了基本的物料之外,匠夫工价是建阁最重要的耗费。据《奏销黄册》所载,文津阁建造过程中,共使用大木匠、南木匠、雕匠、镟匠、石匠、凿花匠、瓦匠、砍砖匠、搭彩匠、窑匠、锭铰匠、裁剪匠等二万四千余工,另有运夫、壮夫、堆山夫等二万名。文津阁主要使用石料、木料,因而需要大量的木匠与石匠同步协作,这些匠役工价"共银六千一百五十八两九钱五分五厘"。文津阁主体建筑完竣后,阁内及外檐还需进行必要的涂饰,如镀银、裱糊、内檐装修等,其所费工料并未计算在此前的物料银中,"油画工料银一千七百六十六两九钱四分五厘、裱糊工料银二百十五两九钱六分八厘、内檐装修工料银一千四百六十九两八钱六分六厘、内里书格工料银一千五百九两一钱三分一厘、镀银亮铁槽活计工料银一百五十五两七分五厘",虽然这些涂饰工程耗费不大,但往往较为细致。雍正年间纂修的《工程做法则例》记载有"裱糊"的做法,"糊饰顶槅梁柱装修等项,俱用高丽纸一层,面层所用纸张,临期酌定。糊裱木壁板墙,山西纸托夹堂,苎布糊头层,底二号高丽纸衡顺糊二层,出线角云所用纸张临期酌定",[1] 仅糊裱的做法和用料就如此复杂。因此,文津阁建造过程中诸如高丽纸等非建筑用料的消耗,也有详悉记载,"三号高丽纸二千七百九十二张、宽二尺香色杭细三十六丈九尺九寸四分、宽二尺蓝芝

---

[1]《清工部工程做法则例》卷六十,参见《古建园林技术》1983 年第 1—9 期。

麻露地纱二十五丈四尺九寸七分,值银一千八百九十两一钱三分六厘"。

此外,文津阁耗费的其他工料通计银三万七百九十四两九钱一分八厘,内除槽朽木植折变柴斤抵银九钱一分八厘,净锁算工料银三万七百九十三两九钱九分五厘,加上其他杂料、铁料、车脚钱,文津阁建筑总体开支银七万九千八十九两六钱九分一厘。

文津阁初为庋置《四库全书》而建,其作为藏书楼的性质,却因《古今图书集成》的率先入藏而得到体现,正如乾隆帝所言"文津之名不为孤矣"。《奏为热河文津阁陈设古今图书集成装潢事》称"(乾隆四十年五月十五日)金简奏为请旨事本月十二日奉旨,热河文津阁应行陈设《古今图书集成》一部,着先行装潢,于七月底八月初间送往陈设",① 据此,《古今图书集成》于乾隆四十年七月底八月初即陈设文津阁。乾隆四十九年,第四分《四库全书》纂修完成,乾隆帝谕令陆费墀于临幸热河行宫之前庋置文津阁。乾隆五十年,直隶总督刘峨奏谕,"窃照前准武英殿修书处咨会,奉旨送往热河文津阁陈设《四库全书》,奏明于三月二十日起分为四拨,间十日一起运往,令臣按站雇夫并派员照料等因。当经臣饬委霸昌道玉成赴京领运,送至古北口,交热河道当保接替照料,并将应需抬夫以及绳扛蓆片等项,饬令妥协预备在案",② 由档案可知,文津阁《四库全书》采取分段运送的方式,自京师至古北口一段,由霸昌道领运,至古北口后,热河道负责接替,并运至文津阁庋藏。文津阁《四库全书》达到热河并经武英殿派员清点完毕后,"依前三阁之例,分架陈设",③ 下层两

① 中国第一历史档案馆,《金大人奏为热河文津阁陈设古今图书集成装潢事》,乾隆四十年五月十五日,档号:05—0319—067。
② 中国第一历史档案馆编:《纂修四库全书档案》,"直隶总督刘峨奏奉旨送往文津阁全书已全数运至热河折"(乾隆五十年五月初八日),第1878页。
③ 《御制诗五集》卷十八,《清高宗御制诗》第16册,第3页。

旁分储《四库全书》经部二十架,中间分贮史部三十三架,上层中贮子部二十二架,两旁分贮集部二十八架。[①] 至此,文津阁终于汇聚了清代纂修的两部大型图书。

二、文津阁的修缮与《四库全书》的移置

文津阁建造告竣并贮藏《古今图书集成》《四库全书》后,又历经了嘉庆、道光、咸丰、同治、光绪时期的修缮。正是这些整修和补砌,文津阁以及《四库全书》才能够历经几百年留存至今,成为至为珍贵的文化瑰宝。

(一)嘉庆时期

嘉庆时期,文津阁曾进行两次修缮,因距离兴建年岁不长,文津阁损坏较轻,工程较小。避暑山庄档案记载"(嘉庆二十三年十一月初四日)揭瓦文津阁书楼六间、拆修花台一座",[②] 揭瓦的目的是防止雨水渗漏,这是文津阁历次修缮均需进行的工程。嘉庆二十五年六月初六日,《奏为热河应行续修活计恭折》称"文津阁东面找抹白灰院墙五段,凑长十九丈",[③] 抹墙只是简单的涂饰白灰。因此,嘉庆时期文津阁的修缮仅进行了简单的修补,并未涉及大型土木的抽换等。

(二)道光时期

道光以后,清代帝王不再北巡,沿途行宫也几乎未再使用。道光时期裁撤了多处行宫,避暑山庄作为北巡路线中最大的行宫,其中宫囿亭阁年久失修,多处建筑坍塌,亟需修缮。文津阁作为庋置《古今图书集成》和《四库全书》之所,稍有损坏,便直接威胁所藏典籍。虽然道光皇

① 黄爱平著:《四库全书纂修研究》,中国人民大学出版社,1989年,第36页。
② 避暑山庄档案,嘉庆二十三年十一月初四日。
③ 避暑山庄档案,嘉庆二十五年六月初六日。

帝不再驻跸避暑山庄，但对文津阁建筑的修缮及《四库全书》的安危相当重视。道光十八年正月十八日，热河总管上奏称文津阁有房间坍塌，书籍久置不便，道光皇帝即下令热河总管寻找地势高且干燥清爽的宫殿存贮书籍，"惟文津阁所贮书籍浩繁，该处房间坍塌，未便久置，致成槽朽，着耆英、福泰于各处房间高爽之地，不必拘定于一处，妥为分置"。[①]道光帝尤为关注阁内所藏《四库全书》及《古今图书集成》，重又谕示"勿任残缺散失"。经耆英、福泰奏明，拟将《四库全书》庋置于五福五代堂，《古今图书集成》贮于烟月清真楼，"拟《四库全书》分贮勤政殿并后之五福五代堂，均用原架妥为位置。查勤政殿、五福五代堂高爽宽敞，不但可敷存放，亦定以壮观瞻。至《古今图书集成》五百余函，共十二架，拟存贮于勤政殿前之烟月清真楼，如此分置，当不致有残缺散佚之虞"。[②]如此规划，既能确保存贮书籍无虞，又能按期修缮文津阁。但由于五福五代堂遭受雨水，出现坍塌，"惟查五福五代堂后巷抱厦天沟，现经雨水坍塌，碍难移贮"。[③]因而移贮书籍一事暂时搁置，文津阁的修缮工程也相应延滞。此后，热河总管仔细查勘，发现"五福五代堂头停渗漏，抱厦天沟坍塌，勤政殿、烟月清真楼均有情形甚重"，[④]若移贮书籍，必须重新修理。如此一来，修缮文津阁前还需整修勤政殿、五福五代堂以及烟月清真楼等，显然增加了用度。此外，考虑到文津阁损坏渗漏情形并不严重，仅"头停

---

① 中国第一历史档案馆，《奏报遵旨相度分贮文津阁藏书处所并查明法商生息银两情形事》，道光十八年正月十八日，档号：03－3649－036。
② 中国第一历史档案馆，《奏报遵旨相度分贮文津阁藏书处所并查明法商生息银两情形事》，道光十八年正月十八日，档号：03－3649－036。
③ 中国第一历史档案馆，《奏请俟雨后时查看情形再行酌办文津阁书籍移贮五福五代堂事》，道光十八年七月二十三日，档号：04－01－14－0063－035。
④ 中国第一历史档案馆，《奏请勘修文津阁等处事》，道光十九年十月二十日，档号：03－3636－044。

渗漏,椽望槽朽",其他建筑如"地脚山墙均尚坚固",若略为粘修,"即属完整",并且移贮书籍浩繁,还需做到按原式庋置,以确保书籍不致错乱,"阁内三层分置书架一百一十五架,俱系随式成做嵌安,高矮尺寸不一,移置他处难以一律合式,门类恐有综差"。因此,耆英上奏"应何办理之处,未敢擅便"。①

道光二十年五月初十日,《奏为遵旨勘估热河文津阁应修之处请准动支生息项下办理事》称"挪移一百五十架书籍,非搭天桥不能出入,所需工料、运费匪轻,书架尺寸款式亦不相符,若另制新架,更兹靡费",由于挪移书籍所费太多,加上此前热河总管奏折中所称移置书籍恐有错乱,因此,道光帝谕令"自应毋庸另议移置他处",②最终决定不再移贮《四库全书》和《古今图书集成》,文津阁的修葺工程也最终得以敲定。经过详勘,文津阁棚顶并无渗漏痕迹,"惟前后廊并下层偏厦均系渗漏,椽望槽朽",因而修复工程也较为简略,"上层前后廊、下层偏厦廊,拟用架木擎支保护,上下层头停拟用架木棚搭苫",这次修缮的物料、工价等耗费,按照热河时价,共"估银七百八十七两二钱一分二厘"。

从道光朝的修缮来看,最初设想移贮文津阁书籍,想必整修工程相当庞大,但由于移置的藏书处仍需修复,耗费颇大,因而在决定使用木架保护文津阁偏厦和头停后即告结束。而且,从道光皇帝的谕令中可以窥见,工程用度是制约文津阁修缮的最重要因素,这与道光朝逐渐废弛热河沿途行宫密切相关。

---

① 中国第一历史档案馆,《奏请勘修文津阁等处事》,道光十九年十月二十日,档号:03-3636-044。
② 中国第一历史档案馆,《奏为遵旨勘估热河文津阁应修之处请准动支生息项下办理事》,道光二十年五月初十日,档号:04-01-37-0100-010。

（三）咸丰时期

咸丰时期，经热河总管查勘，文津阁所贮《四库全书》《古今图书集成》等均与陈设时相符，并无散佚，"至文津阁藏书处所，敬谨阅看，凡三层，上层藏子部一千五百八十四函，集部二千零十六函，中层藏史部一千五百八十四函，下层藏经部九百六十函，《图书集成》五百七十六函，《总目》二十函，《考证》十二函，《全唐文》五十一函，陈设书四十九函，通共藏书七千二百五十二函，详细查点数目相符，查阅卷帙一律完整，并无损伤短少"。另查得文津阁建筑"琉璃头停瓦片脱节，椽望槽朽，顶棚已有数处湿漏痕迹，情形较重"，在朝廷尚未最终决定修复之前，"暂用荆笆席片遮挡"，这一权宜之计"徒縻钱粮，仍虽免其渗漏，殊非慎重"。① 从这里可以看出，文津阁修缮应该有后续的计划，但咸丰年间的档案再无记载。幸运的是同治五年的奏谕揭示了此次修缮的具体做法，"拟揭瓦头停添补瓦片，更换椽望，以期经久，于现藏书籍可保无虞。至油饰外檐零星各工，似可暂缓，俟库存充裕，再行筹办。"此后，针对揭换瓦片的物料又进行了调整，"檐头换用布瓦，余用旧琉璃瓦"，估需耗费"工料实银三千九百七十一两三钱七厘"。② 但文津阁的整修并未具体实施即已作罢，"（咸丰十一年十月十一日）奉上谕所有热河一切未完工程，着即停止"。③

（四）同治时期

文津阁虽经嘉庆、道光年间的修缮，却仅是修补渗漏，预防倾圮等，咸

① 中国第一历史档案馆，《奏请派员勘估文津阁修理工程事》，咸丰九年二月初八日，档号：03—4520—041。
② 中国第一历史档案馆，《奏为会勘文津阁应修要工酌拟做法并将估需工料银两缮单呈览事》，同治五年八月初四日，档号：04—01—37—0110—025。
③ 中国第一历史档案馆，《奏为会勘文津阁应修要工酌拟做法并将估需工料银两缮单呈览事》，同治五年八月初四日，档号：04—01—37—0110—025。

丰时期整修尚未开始即胎死腹中。因此,自乾隆四十年建造完成,直至同治年间,文津阁历经百余年而未加整体修葺,渗漏、坍塌情形较为严重。同治五年六月十二日,《奏为文津阁渗漏情形愈重势难再缓拟请勘估筹修事》记载:"文津阁藏书楼六间,头停渗漏,琉璃瓦片脱落,间有破碎,椽望槽朽,上下层檐头坍塌,山墙歪闪,于本年五月间迭经大雨淋坍大脊二丈余,渗漏情形较前尤重。"与道光、咸丰时期相比,此时文津阁不仅渗漏严重,而且墙体闪裂、瓦片破碎、屋檐坍塌,若不及时修葺,阁中藏书难保无损。同年八月初四日,热河总管再次上奏,"文津阁一座六间重檐硬山下层三面仙楼,现在头停渗漏,花脊倾陷,上下层檐头坍卸,椽望槽朽,琉璃瓦片破碎不齐,山墙鼓闪,阶条走错,油饰爆裂,内外门窗顶隔雨渍殆徧,间形折损,糊饰亦多脱落,情形甚重,实属必不可缓之工"。① 这次陈情引起重视,朝廷立即派员勘估,并拟定修缮工程清单,"今拟头停揭瓦拆换扶脊,木挑换槽朽桁条,上下层檐飞花架脑椽五成,换安上下层檐飞花架脑顺望板五成,补安押飞尾横望板前后檐连檐瓦口五成,装修拆安上层前后檐三抹,槛窗十二槽,内里前后金落地罩十槽,前后廊进深夹堂板十槽,随门口十座,西梢间前后金面阔夹堂板二槽,随门口方窗桶各一座,楼口上三面圆式直档棚干三扇,并内里木顶隔挑换槽朽木植,黏补花心二成,干磨水磨见新补砌,前后廊墀头券门石料,露明处就身占斧扁光,见新补砌梢子拔檐博缝,共估需工料实银六千六百四十二两五钱九分二厘"。② 从这份拟修工程清单来看,文津阁的修缮仍只限于书阁本身,以期迅速保护书籍,至于墙体

① 中国第一历史档案馆,《奏为会勘文津阁应修要工酌拟做法并将估需工料银两缮单呈览事》,同治五年八月初四日,档号:04—01—37—0110—025。
② 中国第一历史档案馆,《呈文津阁拟修工程清单》,同治五年八月初四日,档号:03—4987—017。

闪裂、油饰爆裂等情形,由于不直接关涉保全书籍,并且"所费太巨,非克日所能告成,自应先其所急",① 故而山墙、阶条、油饰等工均拟缓办。

勘估、拟修工程清单完成后,文津阁修缮逐步实施,由于此次修缮工程颇大,因而需将阁中藏书暂时移置他处,"兹于十一月十四日领解到滦,发交商人预购物件,现在已将阁内庋藏《四库全书》暂行移置临芳墅殿内妥为安顿",据此,《四库全书》被移往临芳墅殿,至于《古今图书集成》,尚不详移置处所。此后,钦天监预选开工吉期后,文津阁修缮于"同治六年二月二十七日辰时"兴工,② 并于"五月初七日巳时敬谨合龙,其余零星各工旋亦陆续修竣"。③

同治六年六月十八日,文津阁的主体修复完竣后,此前酌定暂缓办理的油饰、墙体、阶条等工程也逐步进行,"再查文津阁工程原估做法并无油饰活计,现既装修完竣,所有上下檐前后椽望一律换新,若不加以油饰,不惟有碍观瞻,且恐难期巩固,当饬按例估需工料银三百六十一两一钱八分五厘,又周围院墙因被水冲刷闪裂五段,共凑长三十七丈五尺,随墙圆光门口一座,木植槽杓亟应拆砌齐整,庶免山水灌入院内,浸损房基,现估添换木石砖瓦等料,估需工料银二百六十八两四钱三分六厘,二共需银六百二十九两六钱二分一厘,除前工项下存银六十一两九钱一分六厘,尚需银五百六十七两七钱五厘",④ 同治六年十一月十四日,随着

---

① 中国第一历史档案馆,《呈文津阁拟修工程清单》,同治五年八月初四日,档号:03-4987-017。
② 中国第一历史档案馆,《奏为遵旨兴修文津阁要工请饬钦天监预选开工吉期事》,同治五年十一月十九日,档号:03-4987-037。
③ 中国第一历史档案馆,《奏为遵旨承修文津阁工程完竣验收造报事》,同治六年六月十三日,档号:03-4988-026。
④ 中国第一历史档案馆,《奏为四库全书移安文津阁妥协并请公项支给晾抖藏书费用事》,同治六年十一月十四日,档号:03-4988-055。

油饰、补砌山墙等工程的结束,文津阁工程最终完竣,并将《四库全书》六千八百五函重新贮藏。但由于其中沾受潮湿二十六函,需抖晾干燥,于是恢复抖晾书籍成例。"惟查文津阁所藏书籍,从前每届夏季遵照文渊阁事例抖晾一次,嗣因余平归公抖晾人等茶水一切无项可给,遂即停止,迄今几二十年,诚恐日久不行抖晾,书籍渐臻虫敝,应请自同治七年为始,仍复抖晾。"①

　　文津阁经过同治六年的整体修葺,外墙、阁中建筑均进行补修,各种椽望也经过油饰活计而焕然一新,阁中藏书得保无虞。特别是恢复文津阁每年夏季抖晾书籍的成例,这对于《四库全书》的护持,很有裨益。

（五）光绪时期

　　光绪朝曾有两次修缮文津阁的动议,但第一次修缮却因暂缓修葺为由,最终未能实施。《光绪实录》记载,"（光绪二十年五月）热河都统庆裕等奏,绥成殿、文津阁即应择要修葺。惟本年方向不宜,拟先行设法保护"。② 由此可知,光绪二十年,绥成殿、文津阁经热河总管勘估并呈奏光绪帝,而且确已谕令整修,但由于"方向不宜",未能动工。光绪二十年五月二十六日,热河总管世纲奉命详细查明文津阁并园内各殿宇收贮、陈设书籍,并缮写清单呈览,此亦能佐证应有修缮之举。至光绪二十五年六月,"热河正总管延曾等奏,绥成殿、文津阁两处要工,自奉暂缓修葺之谕又阅五年,情形增重,恳饬查勘估修前项工程"。③ 囿于史料,光绪二十

---

① 中国第一历史档案馆,《奏为四库全书移安文津阁妥协并请公项支给晾抖藏书费用事》,同治六年十一月十四日,档号: 03—4988—055。
②《德宗景皇帝实录》卷三百四十二,光绪二十五年五月,《清实录》第56册,第372页。
③《德宗景皇帝实录》卷四百四十七,光绪二十五年六月,《清实录》第57册,第896页。

年的修缮计划和勘估银两等无法知悉,但这次未果的动议,直接导致光绪二十五年十一月的修缮。

光绪二十五年八月初七日,《奏为奉旨查勘绥成殿文津阁要工情形事》称:"文津阁计三起书籍六间,前后抱厦,内里插金。群楼前后抱厦楼顶瓦片均皆脱落,后檐拉椽走错,插栿望板槽朽,西二间地脚沉陷,大门三间瓦片脱落,椽望槽朽无存。"① 奏折中所称"后檐拉椽走错""地脚陷落"以及"大门三间瓦片脱落"等均为文津阁新出现的损伤,相较椽望槽朽、山墙歪闪、油饰爆裂,更易导致建筑的倾圮。因此,奏谕上呈后不久,朝廷即派员查勘,并拟定修缮做法。"勘得文津阁计书楼六间,内正楼五间,连脊梯楼一间,前后廊、前后插金,群楼一层,顶楼一层,均排列书架。楼顶上下檐瓦片均皆脱落,后檐大木走错,插栿望板槽朽,西二间地脚沉陷,山墙闪裂。现拟头停上下楼檐满揭瓦,山墙拆砌石料归安,挑换大木归安见新,满换椽望,前后檐装修,内檐装修,书架隔断,均沾修整齐,满烫蜡见新,悉照旧式。绘画糊饰、油饰,照旧成做。文津阁前大门三开,大木歪闪,瓦片脱落,椽望槽朽无存,现拟拆修挑换大木,满换椽望,归安石料补砌山墙,沾修门扇,照旧油饰周围群墙。随元光门拆砌鼓闪,补砌坍塌,照旧抹饰。内有通泮池水沟一道,挑通淤塞。以上各项核实估需工料银一万五千七百九十五两。"② 由其拟修工程可知,此次修缮远超同治时期,整修的层面扩大,涉及墙体、椽望、瓦片、油饰,还包括沾修门窗、挑通水沟、书架隔断、烫蜡见新等,估需的银两也是同治六年修缮的

---

① 中国第一历史档案馆,《奏为奉旨查勘绥成殿文津阁要工情形事》,光绪二十五年八月初七日,档号:03-7164-013。

② 中国第一历史档案馆,《奏为奉旨勘估绥成殿文津阁要工做法及所需银两事》,光绪二十五年十月初九日,档号:03-7164-018。

二倍以上。经钦天监择定吉期,于"本年十一月二十四日戊辰宜用巳时兴工"。至于阁中所藏《四库全书》一百十五架六千八百五函,则挪至万壑松风殿暂置。"经奴才踏勘得万壑松风殿宽广严密,可以存放,拟遵于二十四日暂将书籍挪移此处,按函尊藏,以便兴工。"① 由于工程规模浩大,此次修缮历经一年方才修竣,光绪二十六年十二月十六日,"嗣于本年十一月二十一日卯时均各敬谨合龙,其余零星各工及油绘棚饰旋亦陆续完竣"。② 光绪二十七年正月初三日,挪移至万壑松风殿的文津阁书籍,也照式移贮,"前经奏明挪存万壑松风殿之书籍,已经奴才移知热河总管督饬官兵,照旧运回文津阁,按函尊藏"。③ 至此,文津阁藏书楼及《四库全书》重又整饬一新。尤为重要的是,世纲呈览的文津阁及园内殿宇的陈设书籍清单,完整地登载了文津阁及避暑山庄所藏书籍,成为研究文津阁《四库全书》最为重要的史料。

综上所言,文津阁自乾隆年间肇建,历经百余年的风雨侵蚀,至今仍岿然屹立,阁中所藏《四库全书》完好无损,这些极具价值的文化遗产,皆因历代的修缮得保无虞。文津阁《四库全书》是北方四阁中最后完成的一部,距文渊阁《四库全书》成书已有三年之久,对已发现的讹误、遗漏等皆有补正,因而最为完善。此外,文澜阁《四库全书》遭到焚毁后,亦曾据文津阁补抄。于此言之,文津阁的修缮对于其他诸阁《四库全书》的流传也有助益。不可忽视的是,从各朝的拟修举动来看,工程的用度一直制

---

① 中国第一历史档案馆,《奏为兴修绥成殿文津阁奉移圣容并挪移四库书籍情形事》,光绪二十五年十一月十二日,档号: 03-7164-029。
② 中国第一历史档案馆,《奏报承修热河绥成殿文津阁两处工程完竣业经验收事》,光绪二十六年十二月十六日,档号: 03-7164-044。
③ 中国第一历史档案馆,《奏为热河绥成殿文津阁工竣移知热河总管择吉奉移圣荣等事》,光绪二十七年正月初三日,档号: 03-7164-045。

约着修缮，道光年间正是考虑到耗费巨大，所以才简单修补就草草了事。即便经费掣肘，贪污仍时有发生。咸丰年间避暑山庄修葺工程尚未告竣即宣告停止，但耗费银两却已达数十万两。《咸丰朝上谕档》记载"热河修理各工，原估需银三十万二千七百余两。惟文津阁一处，曾经奏派司员勘估，此外各工均未派员监修核算，仅凭商人自行开单呈准。现在原估未修处所尚多，而领过银两，已至二十六万四千余两。"①这样巨大的耗费，不仅增加了清廷的财政支出，也平添了百姓的负担。

三、小结

文津阁是七阁中最早肇建的藏书楼，建造的物料和耗费，对其他诸阁的兴建有着直接的影响，因此，对于建阁的所费物料及其开支的揭示，能够准确知悉文津阁的具体用度，为研究其他藏书楼提供借鉴。另外，通过尚未公开出版的档案史料，勾勒了文津阁历经的多次修缮，同时，在这些修缮工程中，文津阁藏书多被移置他处贮藏，不仅有效保全了建筑本身，而且使得《四库全书》得以留存。

第二节　文溯阁《四库全书》的撤改与补函

文溯阁位处盛京（今辽宁沈阳），乾隆四十七年正月开始兴建，至是年十一月，第一拨《四库全书》及《古今图书集成》运往文溯阁庋藏，其作为皇家藏书楼的规模开始显现。《四库全书》入藏文溯阁后，经历了一系列的补函、复校与撤改等，直至嘉庆十二年《圣制文三集》和《排架图》归架入函，才最终成帙。关于文溯阁乃至七阁全书的研究，成果相当

---

① 中国第一历史档案馆编：《咸丰朝上谕档》第 11 册，广西师范大学出版社，2008 年，第 495－496 页。

丰富，但学界研究均将关注点集中在乾隆五十二年的禁毁书抽改与乾隆五十五年至五十七年的两次复校，① 而在禁毁书之前以及复校过程中甚至是嘉庆补函期间，有关文溯阁书的撤改等情形，却付之阙如。本节爬梳史料，力图较为完整地展现文溯阁《四库全书》成帙的全过程。

一、文溯阁《四库全书》缮竣时间再探

乾隆三十八年二月，清高宗诏开四库馆，正式编纂《四库全书》。乾隆四十六年十二月六日，第一分《四库全书》告成，入藏宫内文渊阁。文溯阁《四库全书》于乾隆四十七年九月左右缮竣，仅次于文渊阁成书。学界认为文溯阁书缮竣于乾隆四十七年十一月二十八日，其观点源于《纂修四库全书档案》所载："(乾隆四十七年十一年二十八日)自本年二月二十七日起，除《永乐大典》及各馆未办成书酌留空函外，陆续共进呈过三万二千册有零。该员等俱各奋勉出力，昼夜赶办，并无贻误稽延。所有第二分应缮各书，业经全数呈览。"② 笔者认为，这份档案记载的文溯阁《四库全书》缮竣时间明显晚于实际告成时间。首先，该档案并非直接上奏指陈文溯阁书完竣，而是为在缮写第二分全书的馆臣请旨恩叙，其称"业经全数呈览"云云，皆已表明第二分《四库全书》定早于乾隆四十七年十一月二十八日完竣；其次，文溯阁《四库全书》的运送入藏诸事在乾隆四十七年九月十一日已有谋划，馆臣料想九月盛京文溯阁兴建诸事

---

① 黄爱平老师《四库全书纂修研究》首次全面利用清宫档案再现了各阁的复校情形，但很多有关文溯阁书补函、撤改的重要过程，未见叙述。此后学者均循此，论述内容与过程皆不出其右，如张瑞强：《文溯阁〈四库全书〉的两次复校》，《社会科学辑刊》1996 年第 3 期；郭向东：《文溯阁〈四库全书〉的成书与流传研究》，西北师范大学博士论文，2004 年。

② 中国第一历史档案馆编：《纂修四库全书档案》，"多罗质郡王永瑢奏第二分应缮全书缮校全竣折"(乾隆四十七年十一月二十八日)，第 1686 页。

即能完备,故上奏请于九月下旬运送盛京,"(乾隆四十七年九月十一日)谨拟先将《古今图书集成》五百七十六函,并《四库全书》一千函,作为第一拨,即于九月下旬起程。其余《四库全书》五千一百四十四函,分作四拨陆续起运。"① 但此后又重新预设起运时间,"(乾隆四十七年十月初三日)臣等将应送盛京文溯阁收贮之《四库全书》分作五拨,启程日期,公同各总裁商酌,其第一拨拟于本年十月二十日起运,第二拨于十一月二十日起运,第三拨于明年正月初五日起运,其第四、第五拨运送之书,照例间月一起行走,至三月初五日可以全数运竣"。而第一拨全书确已于乾隆四十七年十一月十三日运到盛京,"由京运到第一拨文溯阁陈设《古今图书集成》《四库全书》一百二十四抬,共《古今图书集成》五百七十六函、《四库全书》一千函、书匣一千五百七十六个"。② 由此可以判断,第二分《四库全书》应于乾隆四十七年十月二十日开始运往盛京,而其完竣时间当早于此。问题在于,如果第二分全书并非全竣时才开始起运,而是将已经缮竣书籍先行运往,那么前面的推论就明显有误。但这里似乎有个悖论,既然是先行起运已缮竣书籍,为何又将第一拨起运时间由九月下旬改为十月下旬,莫不是九月下旬第一拨书籍仍未完成?既然第一拨运送之书十月尚才完竣,十一月二十八日又岂能缮竣全书?纠葛之下,最合理的解释应该是馆臣预想九月下旬之前,文溯阁运送书籍之事的准备工作能够完成,故而将起运时间定为九月下旬,但实际情形却是各项事宜(可能与文溯阁兴建有关)至十月方才完成,故而重新确定十月二十

---

① 中国第一历史档案馆编:《纂修四库全书档案》,"多罗仪郡王永璇等奏运送盛京文溯阁陈设全书事宜请旨遵行折"(乾隆四十七年九月十一日),第1638—1639页。

② 杨丰陌、赵焕林、佟悦主编:《盛京皇宫和关外三陵档案》,辽宁民族出版社,2003年,第123页。

日为第一拨起运时间。此外，既是分拨运送，料想应该遵照经史子集缮写的既定顺序，否则必致错乱。据档案记载，第一拨全书中已有《国朝宫史》《御制文初集》等史部、集部书籍，"着将第一拨送往盛京陈设《四库全书》内有《国朝宫史》三套三十八册、《御制文初集》二套八册撤回删改后另行送往陈设"，既已遵照经史子集之序，那运送庋藏必须是全书完竣。最后，重审档案所述"《四库全书》一千函，作为第一拨……其余《四库全书》五千一百四十四函"，明确将《四库全书》六千一百四十四函列明，若非全部缮竣，焉能预知阁书的函数？当然，装函书目的预知可能与第一分缮竣的文渊阁书有关，但七阁《四库全书》具体函数多有不同，据乾隆后期馆员清点文溯阁书的情形，"统计经史子集共一百零三架，六千一百四十四函"，[①] 所记文溯阁函数与前述档案一致，这说明运送文溯阁书时，全书已经缮竣。因此，在第一拨书籍运送时，第二分《四库全书》应该已经全部缮竣，大致缮竣时间或许应在九月下旬，但不会晚于十月二十日，故而前贤认为乾隆四十七年十一月二十八日缮竣文溯阁书或有商榷的余地。

　　第二分《四库全书》入藏文溯阁后，与其他诸阁一样，经过了多次复校和撤改，而这些抽删、换改之举确也降低了阁书的讹误并保证了书籍的完整。稍有不同的是，文溯阁书在运送过程即有撤换删改。乾隆四十八年正月初五日，《承办四库全书事务处为撤回删改第一拨送往盛京陈设之〈四库全书〉内〈国朝宫史〉〈御制文初集〉事咨盛京内务府》载："本处总裁梁、董奉旨着将第一拨送往盛京陈设《四库全书》内有《国朝宫史》三套十八册、《御制文初集》二套八册撤回删改后另行送往陈

① 阿桂、刘谨之纂：《盛京通志》卷二十，文渊阁《四库全书》第 501 册，第 350 页。

设。今本处现在解送三拨全书,所有撤回书籍,贵处即查明交本处送书官员带回删改。相应移咨查照可也。"① 档案称撤回第一拨《四库全书》中《国朝宫史》与《御制文初集》两种,另行造送陈设,这是目前档案中最早的关涉文溯阁书撤改的记载。《国朝宫史》何时陈设文溯阁,尚无档案印证,但《御制文初集》一直有函无书。乾隆五十三年,军机大臣遵查文源阁书,一并查明文溯阁留空各书,所附空函书补写书单中录有《御制文初集》。也就是说,自乾隆四十八年将文溯阁《四库全书》中《御制文初集》撤回后,直至乾隆五十三年对北四阁的全面复校,仍为空函。

二、文溯阁《四库全书》复校前的撤改

据档案记载,《四库全书》的全面复校工作缘起于乾隆五十二年五月高宗发现文津阁《四库全书》"讹谬甚多",故下令重加校阅。北四阁中,文溯阁的复校工作最晚进行,直至乾隆五十五年三月,原任《四库全书》总纂陆锡熊前往盛京校阅书籍,阁书复校才正式开始。但通过检诸档案,发现早在全面复校开始前,文溯阁已经开始撤改书籍并补函归架以及改正各书提要后衔名等举措,这是前人研究尚未关注的。

其一,乾隆五十年撤改书籍。《关于文溯阁〈四库全书〉旧档史料》记载:"(乾隆五十年三月)四库全书馆咨,为奉旨将文溯阁陈设各书开列书名卷数清单,按卷包封妥协,毋致损污,遇有便员,即行赍送馆,以便一律照改,由四库全书馆为遵旨咨取书籍事。查《四库全书》内有奉旨改正应行四阁画一之处,业经陆续遵办,所有文溯阁陈设各书,前经奏明行文盛京将军移取原书改正,发往归匣。等因。"② 并附清单:《御注孝经》《御制

---

① 杨丰陌、赵焕林、佟悦主编:《盛京皇宫和关外三陵档案》,第123页。
② 孙彦、王姿怡、李晓明选编:《四库全书研究》,国家图书馆出版社,2010年,第315—350页。

资政要览》《御制人臣儆心录》《御注道德经》《御纂内则衍义》,以上五种全部连匣取。《钦定日下旧闻考》卷六十七,《钦定国子监志》全部,《钦定大清通礼》卷九、卷三十三、卷三十四,《钦定大清会典》卷二十五、卷四十五、卷五十八,《钦定大清会典则例》卷五十九、卷八十二、卷九十八至一百一。经部:《苑洛志乐》卷一。史部:《皇王大祭》卷九,《百官箴》卷一,《三国蜀志》卷六,《资治通鉴后编》卷一百五,《海塘录》卷首一、卷首二、卷一,《宋史》卷二十四。子部:《意林》卷一,《东林列传》卷一,《孔丛子》卷下。集部:《复古诗集》卷四,《张文贞集》卷八,《倪文贞集》卷一,《历代诗话》卷十八、卷二十。又经部《合订删补大易集义粹言》首册。据此,以上二十六种书籍或全部或某些卷次需撤回四库全书馆重新缮写,这项工作于是年十二月三十三日完成,并择期派员运送文溯阁归架。《承办〈四库全书〉事务处为送遵旨改正文溯阁〈四库全书〉内之书请查收入函归架事咨盛京内务府》称:"(乾隆五十年十二月三十日)准贵处送到遵旨改正文溯阁陈设《四库全书》各卷书函数前来,今本处照单更正,除《日下旧闻考》《国子监志》二种另送外,所有《御注孝经》等书业已改正妥协,交便员赍送贵处查收入函归架可也。"[1] 经与前述档案所附清单核对,此次改正之书多出《御纂孝经集注》一部、《孝经注》一部、《日知会说》一部、《三事忠告》一部、《老子说略》一部。据查这五种书籍均属二十六种内所附。而《钦定大清会典》《钦定大清会典事例》较前清单,撤改卷次或有不同或有增多,"《钦定大清会典》卷二十二至五、卷四十五至八、卷五十七至六十。《钦定大清会典则例》卷五十九至六十,卷九十八至九,卷一百,卷一百一"。[2] 至于《日下旧闻考》《国子监

① 杨丰陌、赵焕林、佟悦主编:《盛京皇宫和关外三陵档案》,第124页。
② 杨丰陌、赵焕林、佟悦主编:《盛京皇宫和关外三陵档案》,第124页。

志》两种另行造送，则别有因由。乾隆四十七年，《国子监志》已经办理完竣，等待缮写入《四库全书》。《办理四库全书档案》录有乾隆四十七年二月二十七日军机大臣奏折，其"业经办完写入《四库全书》各书单"下称"《满洲祭祀书》《国子监志》《临清纪略》，已经武英殿刊竣"。① 《日下旧闻考》于乾隆四十八年办竣，"（乾隆四十八年二月初五日）大学士英廉等奏《日下旧闻考》奉命纂辑告竣，所有誊录、供事等均请议叙一疏，奉谕旨：准其议叙"。② 据上所述，乾隆五十年撤改文溯阁书时《国子监志》《日下旧闻考》已经办竣，为何不在十二月三十日改正书籍之中？这与此后清高宗的一条谕令相关。乾隆四十九年七月十六日，"现在奉旨建立辟雍，明岁仲春举行临雍大典，所有一切制度、译注、乐舞、讲书，俱应详悉补入《会典》《国子监志》《日下旧闻考》等书，并续写入《四库全书》，以彰盛典"。③ 由此看来，《国子监志》《日下旧闻考》等在乾隆五十年临雍大典之后，必将再次进行补缮，以增入译注、乐舞、讲书等，而这直接导致文溯阁《四库全书》撤改书籍中不可能包括《国子监志》《日下旧闻考》。

其二，乾隆五十一年改正提要后衔名。《盛京将军衙门为武英殿派员改正各书提要后衔名并顺带文溯阁书籍十六箱沿途抬运事宜照奏折办理事咨盛京内务府》称："（乾隆五十一年二月二十七日）准武英殿修书处咨开为知照事，本处遵旨改正各书提要后衔名并顺带补空书籍，派员前往盛京、热河两处分头往办。"① 此次派员前往热河、盛京主要是改正阁书提要后衔名，并且将缮写完成的待补函书籍带往两处归架，"再查二处留空各书现在补写成部者各有一百余函，应即交该员等带往"，② 而盛京文溯阁"应顺带全书计十六箱，于三月初三日启程"。③ 黄爱平认为，空函书籍的缮录归架应在乾隆五十三年文渊、文源、文津各阁《四库全书》的复校工作结束之后进行，并黏贴军机大臣查核的空函补写书单。④ 但根据这份档案，留空书函的补缮并非晚至复校结束，而应该在复校开始前就已经开始。从其记载可以窥见，空函书的补缮应该一直在京办理，造送亦是间续不断，早至上述所载的乾隆五十一年，晚至嘉庆年间，空函书才陆续入函归架。值得注意的是，馆臣在修改提要后衔名之外，仍有一项非常重要的工作，即逐一查对续缮三分全书内指出的讹舛，并照此改正文溯阁全书，"又现在进呈续办三分全书内遇仰蒙皇上指出讹误之处，臣等逐一另记档案，应即交此次前往之员照单查对改正"。⑤ 乾隆四十九年以后，续办三分《四库全书》陆续抄写完成，但由于乾隆帝发现某些书籍仍有"荒诞不经"等违碍字句，于是谕令严加查察。鉴于续缮三分全书中的讹误，乾隆便下令四阁"一律遵查照改"。因此，文溯阁《四库全书》在改正提要后衔名的同时，仍需遵照续办三分全书内的讹误，一体查改。

三、文溯阁《四库全书》的复校与撤改

乾隆五十二年五月，乾隆帝因文津阁《四库全书》"讹谬甚多"，下令

---

① 杨丰陌、赵焕林、佟悦主编：《盛京皇宫和关外三陵档案》，第 125 页。
② 杨丰陌、赵焕林、佟悦主编：《盛京皇宫和关外三陵档案》，第 125 页。
③ 杨丰陌、赵焕林、佟悦主编：《盛京皇宫和关外三陵档案》，第 124 页。
④ 黄爱平著：《四库全书纂修研究》，第 252 页。
⑤ 杨丰陌、赵焕林、佟悦主编：《盛京皇宫和关外三陵档案》，第 124 页。

内廷四阁重加校阅,而文溯阁的复勘工作开始于乾隆五十五年三月。关于文溯阁的两次复校,学界研究较多,张瑞强《文溯阁〈四库全书〉的两次复校》集中探讨复校之事,但止于介绍复校的开始与简要的过程,至于复校官张焘在第二次复校时做出的贡献,全然没有提及。① 通过检诸档案发现,在文溯阁全书复校过程中,大量典籍被撤回武英殿重新缮写,这种情形在一定程度上造成了各阁书底本的改变。因此,对文溯阁《四库全书》复校工作的揭橥,能够还原阁书历经的撤换和补函的过程。

经过近四个月的重校,至乾隆五十五年七月,文溯阁《四库全书》已经"全数校毕,复行签核亦已次第竣事。计阅过书六千一百余函,此内点画讹误,随阅随改外,查出誊写错落、字句偏谬书六十三部,漏写书二部,错写书三部,脱误及应删处太多应行另缮书三部,匣面错刻、漏刻者共五十七部"。② 乾隆五十六年,高宗偶阅文津阁《四库全书》内"扬子《法言》一书其卷一首篇有空白二行,因检查是书卷次核对,竟系将晋唐及宋人注释名氏脱写",继之"着纪昀亲赴文渊、文源二阁,将扬子《法言》一书检出……一体抽阅填改",③ 于是,由文津阁《法言》书籍的脱漏,再次导致了北四阁的全面复勘。然而,这与初次复校文溯阁书籍的时间仅距一年,撤换改匣以及补函书籍刚刚赔写完毕。于是,清高宗着令张焘先行查阅文溯阁书,"若讹阙较多,断非一人所能办理,即令呈明军机处,请旨仍令陆锡熊及前此同往看书各员前赴盛京,复加校阅"。④ 但陆锡熊深知文渊、文源诸阁阙漏尚多,唯恐文溯阁亦多舛讹,在张焘呈报查阅文

---

① 张瑞强:《文溯阁〈四库全书〉的两次复校》,第103—104页。
② 王重民辑:《办理四库全书档案》,"乾隆五十五年九月十六日军机大臣阿桂奏折"。
③ 王重民辑:《办理四库全书档案》,"乾隆五十六年七月十八日谕"。
④ 王重民辑:《办理四库全书档案》,"乾隆五十六年十月十日军机大臣奏折"。

溯阁书前,即主动提出"文溯阁全书自亦应一体覆加详核"。[①] 这是众所周知的有关文溯阁的两次复校工作,但被忽略的是文溯阁第二次复校之前,张焘对于阁书的查阅以及奏报的撤改书籍等详情。

乾隆五十六年十一月,张焘奉旨查阅文溯阁全书,"奉旨校文溯阁全书所有应行抽换各书,现交礼部员外郎张,照原议赍送,并先行抽阅。今定于十一月启程,除《总目》一部应俟刊刻告竣再由武英殿送往外,相应将现送各书开列清单咨明,希即会同查办归架"。[②] 并附有赍送书册清单:《简明目录》十七册,应归函。《四库全书考证》七十二册,应归函。《排架图》四册,应陈设。《春秋本例》《春秋例要》合一函,共五册连匣,应归架。《大隐居士集》《浮生集》合一函,共五册连匣,应归架。《九家集注杜诗》十二册,应归函。《纲目三编》十八册,应归函。《元明事类钞》二十四册,应归函。《元丰九域志》七册,同。《数学九章》十二册,同。《东里集》三册,应归函。《周髀算经》一册,同。另送到《目录》手卷四个,檀匣一副,应陈设,将原手卷撤回。又另送袖珍《简明目录》四函,此系新添办之本,应照三阁例在御案陈设。又《曾子》一册,应归函,将原书撤回。由档案可知,此次抽阅发现的撤改书籍多至十六种,均是经馆臣带回由礼部负责承办缮写的。至乾隆五十七年闰四月二十二日,刘权之赴盛京重校文溯阁时,奏称"除《南巡盛典》《八旗通志》《四库全书总目》三种尚在改缮未经送到外,其余撤回各书俱已发来照存"。[③] 此亦可证明乾隆五十七年再次复校之前,经张焘抽阅检核,文溯阁多部书籍已撤换并归架完毕。

① 中国第一历史档案馆编:《纂修四库全书档案》,"左副都御史陆锡熊奏拟赴盛京覆阅文溯阁全书折"(乾隆五十六年十二月十一日),第 2277 页。
② 孙彦、王姿怡、李晓明选编:《四库全书研究》,第 16—18 页。
③ 中国第一历史档案馆,档号:03−9675−073。

在四库学研究中,探讨各阁书乃至与武英殿聚珍版之间的异同是比较重要的议题,那么撤改书籍情况亦是影响阁书异同的因素之一。以《四库全书考证》为例,现存进呈本、各阁本和武英殿聚珍本。根据《四库全书》编纂的过程,进呈本与各本应该是一致的,而武英殿雕版时亦直接以进呈本刷印。颇具诡异的是,以上三个版本之间的书目名称、分类以及具体内容存在很大不同;更为奇怪的是,《四库全书考证》本在乾隆四十八年随《四库全书》一起庋藏入文溯阁,但在比勘版本时发现涉及乾隆五十二年的校改,这与实际的庋藏时间自相违伐。因此,文溯阁《四库全书》的撤改记录成为解答《四库全书考证》阁本的庋藏时间与实际内容的修改时间不符、阁本与进呈本之间的异同等问题的关键。正是由于《四库全书考证》曾于乾隆五十六年被撤回礼部另缮,并于该年十一月归架,因而吸纳了乾隆五十二年的校改成果。循此,笔者认为,窥探阁本的异同时,有必要追溯各阁撤改书籍的具体差异,这样才能更为准确地判断阁本之间存在不同的因由,不可简单地推测是阁本所据底本不一而致。

四、嘉庆时期续缮书籍与补函

　　两次复校之后,各阁全书的缮补工作基本结束,但终乾隆一朝,各阁《四库全书》仍有空函。直至嘉庆时期,相关书籍的撤换、补函才最终完成。

　　首先,嘉庆三年至嘉庆五年的撤换书籍。学界认为,嘉庆朝的续补工作开始于嘉庆八年。① 嘉庆八年四月初二日,清仁宗颁布谕旨:"《四库全书》内恭缮皇考高宗纯皇帝圣制诗文存贮诸阁,奎文炳焕,垂示万古。惟《圣制诗》自四集以后,《文》自二集以后,俱未缮写恭贮,理宜敬谨增入。

---

① 黄爱平《四库全书纂修研究》、吕坚《〈四库全书〉空函书补缮经过》等均认为嘉庆八年才纂办《四库全书》空函书籍。

此外如《八旬万寿盛典》及续办方略、纪略等书,亦应一体缮入庋藏。尚书纪昀系纂办《四库全书》熟手,着即详悉查明,开单具奏。"①这被认为是嘉庆朝续办《全书》的先声。此后纪昀上奏,开列纂办书籍清单,并拟定各项办理章程,正式开启续办工作。据档案记载,在嘉庆八年全面清查、续办《四库全书》撤改、空函书籍前,文溯阁仍有两次抽换之举。嘉庆三年二月十六日,据武英殿修书处移称:"发往盛京陈设《四库全书总目》一部;又盛京文溯阁《四库全书》留空匣内应入《八旬万寿盛典》一部、《南巡盛典》一部;又有应换各书《异域录》一部、《性理大全》一部、《史记正义》一部,以上三种将原书撤出照数缴回外,将新发往三种书籍按名入匣;又有奉旨抽换《四库全书·礼器图》内目录一本并卷九一本撤来抽换;又《五体清文鉴》内卷九畋猎类、卷十六痛疼类、卷二十二打牲器用类、卷三十一兽类,以上四卷亦撤来送殿抽换,仍交该员带回。"②由此可见,乾隆时期遗留的空函书如《八旬万寿盛典》《南巡盛典》等已经缮毕并归架阁中,而发往陈设的《四库全书总目》则于乾隆六十年刊刻完竣,嘉庆三年入藏文溯阁亦符合常理。但是,《性理大全》早在乾隆五十七年的二次复校时已经发现,"文溯阁书籍人员事竣回京,并撤回《性理大全》书籍",③至乾隆五十九年,《性理大全》缮写完毕,"另缮《史记正义》《性理大全》并提要及换写各卷页统……今俱缮毕",④并遇便员来京"带交奉天府丞检点抽换"。但通过上述撤改书籍记载可以发现,《性理大全》始终未能补入文溯阁空函中,至嘉庆三年再次查阅并撤换书

① 中国第一历史档案馆编:《纂修四库全书档案》,"礼部尚书纪昀奏拟续缮四库全书事宜十条折"(嘉庆八年四月初七日),第2375页。
② 杨丰陌、赵焕林、佟悦主编:《盛京皇宫和关外三陵档案》,第134页。
③ 孙彦、王姿怡、李晓明选编:《四库全书研究》,第24页。
④ 孙彦、王姿怡、李晓明选编:《四库全书研究》,第25页。

籍时,《性理大全》仍为空函,"又应抽换之《性理大全》原书十函俱系空函,查乾隆五十七年礼部侍郎刘在文溯阁校书时称此书需当到京赔写,已携入京,今收发档案并无此项书籍"。① 此后,文溯阁书又因《韵府拾遗》的修改再次抽换书籍,嘉庆五年五月二十日,"据武英殿移称,本处奉旨《韵府拾遗》内第六册二十八韵改为二十八俭韵,并将《佩文诗》内二十八炎韵亦着改为二十八俭韵……本殿业经改刻,其各处陈设书籍均需一体抽换,相应移会贵司转传知盛京库存《韵府拾遗》即将第六册二十八韵一本,并《佩文诗韵》一本查出持送本殿,以便抽换领回陈设"。② 应该说,嘉庆八年全面续纂之前的两次撤换校改,只是零星地对个别书籍的补缮,但在整个文溯阁《四库全书》逐渐完善的过程中,每次撤改都极其重要。

其次,嘉庆八年至嘉庆十一年全面续缮空函书。嘉庆八年,纪昀开列续缮书单及拟定章程后,嘉庆皇帝以为续补书籍卷帙繁多,明确谕令以乾隆六十年为断,此后书籍概不入四库,"此次应行缮补之书,总以乾隆六十年以前告成者为断,其余各书,一概毋庸列入"。③ 这份谕令直接规定了《四库全书》所收书籍的下限,也简化了续缮工作。经馆臣查验,《圣制诗五集》《八旗通志》《平定廓尔喀纪略》《安南纪略》《巴勒布纪略》尚未校勘装函;《圣制诗馀集》《圣制文三集》《圣制文馀集》尚未缮写;本应入四库的《天禄琳琅续编》《石渠宝笈续编》《秘殿珠林续编》《西清续鉴》《宁寿鉴古》《衢歌乐章》《孚惠全书》等七种,"均系内廷鉴藏裒辑

---

① 杨丰陌、赵焕林、佟悦主编:《盛京皇宫和关外三陵档案》,第134页。
② 杨丰陌、赵焕林、佟悦主编:《盛京皇宫和关外三陵档案》,第135页。
③ 中国第一历史档案馆编:《纂修四库全书档案》,"军机大臣庆桂等奏酌议续办四库全书事宜情形折"(嘉庆八年四月二十日),第2381页。

之书,似可毋庸补入"。[1] 此后,由于《平定廓尔喀纪略》《安南纪略》《巴勒布纪略》函数较多,原未留空,需"移动史部数十架数百函之书方能腾挪归入",[2] 嘉庆帝以三种书籍"事在《四库全书》告成以后,且均已颁行"为由,[3] 谕令毋庸补入。这样一来,此次缮补书籍仅《圣制诗五集》《八旗通志》《圣制诗馀集》《圣制文三集》《圣制文馀集》五种。但由于《八旗通志》《圣制诗五集》卷帙繁多,直至嘉庆十一年才由吴裕德校缮完竣,"《四库全书》空函内应补之《圣制诗文集》及《八旗通志》等书七份前经奉旨交吴裕德一手承办校缮……谨将原书一千七百八十本恭呈御览,俟发下后交懋勤殿用宝……遇便员带往各该处"。[4] 嘉庆十二年三月初一日,文溯阁空函书《圣制文三集》及重缮之《排架图》俱已改办完竣,[5] 送到归架。至此,文溯阁《四库全书》的所有撤换书、补函书全部完成,阁书最终成帙。

五、小结

综观文溯阁《四库全书》撤换、补函书籍的全过程,无论是庋藏入阁的撤改,还是复校时的抽删、留空书籍的办理,馆臣为确保阁书的完整,进行了大量工作,特别是陆锡熊、张焘、吴裕德等,更是直接负责文溯阁书籍的复校、查阅和补缮。正是由于繁复的删改、补函,才极大地减少了阁书的讹误,并为后世留下极为珍贵的文化瑰宝。对文溯阁《四库全书》

---

① 中国第一历史档案馆编:《纂修四库全书档案》,"军机大臣庆桂等奏查明四库全书空函及应增书籍情形折"(嘉庆八年五月初九日),第 2383 页。
② 中国第一历史档案馆编:《纂修四库全书档案》,"军机大臣庆桂等奏查明四库全书空函及应增书籍情形折"(嘉庆八年五月初九日),第 2383 页。
③ 中国第一历史档案馆编:《纂修四库全书档案》,"军机大臣庆桂等奏查明四库全书空函及应增书籍情形折"(嘉庆八年五月初九日),第 2383 页。
④ 孙彦、王姿怡、李晓明选编:《四库全书研究》,第 28—29 页。
⑤ 杨丰陌、赵焕林、佟悦主编:《盛京皇宫和关外三陵档案》,第 139 页。

撤改与补函工作的揭示,能够更加清晰地辨别不同典籍改缮和重新入藏的过程,为四库学中探讨的阁书相异的情形提供新的佐证。同时,撤换阁书细节的展现,亦能够开启新思路的窥测,如现藏中国国家图书馆、天津图书馆和辽宁省图书馆的文溯阁抄本《四库全书总目》,极有可能为文溯阁撤换时留存,有待继续探究。

第三节　《文宗阁〈四库全书〉装函清册》的性质与价值

文宗阁为江南三阁之一,位处镇江金山寺,肇建于乾隆四十四年。咸丰三年,太平军攻占镇江,文宗阁及阁中所藏《四库全书》《古今图书集成》一同毁于战火,片纸不存。幸运的是,藉助嘉庆时期抄录的《文宗阁〈四库全书〉装函清册》,仍可窥见文宗阁《四库全书》的装函情况。

中国国家图书馆所藏《装函清册》(索书号:12915)不分卷,清抄本,分经史子集四册,无界栏、版心,史部、子部、集部有多处签条标注"未到",经部首页钤有"莫友芝""柳蓉春经眼印"及"南通冯氏景岫楼藏书"印。此外,国图古籍馆另藏有抄本《装函清册》四册(索书号:目320.5/8096),不详抄写时代,朱丝栏,白口,版心墨笔题写页数,每部首题"文宗阁四库全书经部／史部／子部／集部目录",仅钤"国立北平图书馆"朱文印。经对比,两抄本内容完全一致。关于这部《装函清册》,仅有王菡《文宗阁〈四库全书〉装函清册说略》一文提及,[①]但其论述多有不确,如对该《装函清册》抄写时间的推断有误等。同时,《装函清册》中著录的文宗阁《四库全书》书籍函数、书目

---

① 王菡:《文宗阁〈四库全书〉装函清册说略》,《文献》2002年第3期。

等,经与陈垣抄写的文津阁《四库书目考异》及分别由吴恒聚、金裕新造送的《文澜阁〈四库全书〉书目清册》(《文澜阁〈四库全书〉书目清册》大陆地区存有两种,即嘉庆年间的吴恒聚造送本与光绪年间金裕新造送本,由于吴恒聚本不易得见,故本节以金裕新本为据)比勘,发现很多书目著录名称及书籍装函、合函书籍不同等情况。因此,作为研究文宗阁《四库全书》最重要的史料,这部《装函清册》值得深入探讨。

一、《装函清册》的真伪鉴别

自《四库全书》纂修以来,没有任何藏书目录或文人题跋提及《装函清册》。黄爱平曾参稽该书论证南三阁《四库全书》中禁毁书的异同,关于其来源却未着笔。目前能检索到《北京图书馆普通古籍总目·目录门》著录为"佚名编,朱丝栏抄本,四册",[1] 但另外一部抄本不见著录。此后《清史稿艺文志拾遗》亦记载该《装函清册》,并录作"四卷"(应有误)。[2] 后经王菡研究,才逐渐揭示其具体面貌。从以上所述来看,《装函清册》自嘉庆以来长达二百年的时间,绝少有学者知悉,因此真伪难识。梁启超在辨别伪书时曾称"其书前代从未著录或绝无人征引而忽然出现者,十有九皆伪",[3] 若循此言,《装函清册》长期不为人知,很有可能系时人或后人伪撰。但经详加鉴别,该书不可能是伪作。

首先,《装函清册》著录的是文宗阁《四库全书》的庋藏书目,并非普通人所能窥见和抄录的。如所周知,乾隆时期办竣七阁《四库全书》后,北四阁久藏宫禁园囿,非寻常人所能得见,南三阁虽称供士人借读,但真

① 北京图书馆普通古籍组编:《北京图书馆普通古籍总目·目录门》,书目文献出版社,1990 年,第 85 页。
② 王绍曾主编:《清史稿艺文志拾遗》,中华书局,2000 年,第 950 页。
③ 梁启超著:《中国历史研究法》,上海人民出版社,2014 年,第 80 页。

正阅览《四库全书》者寥寥无几，遑论抄录所载书目。

其次，《四库全书》还未编纂完成时，馆外即已有《四库全书总目》《四库全书简明目录》流传，而且嘉庆二十一年时盐商吴恒聚曾造送《文澜阁〈四库全书〉书目清册》，这样便产生另外一种猜测，或许是别有用心者依据已经刊刻的《总目》或《简明目录》，甚至是文澜阁的《书目清册》伪撰而成。经与诸书对比，发现《装函清册》与《总目》《简明目录》及《文澜阁〈四库全书〉书目清册》的书目记载有很多不同，如《五百家注柳先生集》，《总目》《简明目录》及杭刻《简明目录》皆作《五百家注音辨柳先生文集》；《原本韩集考异》，《总目》《简明目录》皆作《原本韩文考异》，不尽举。由此看来，《装函清册》中存在大量的书目与《总目》《简明目录》所载不同，但均与文渊阁及文津阁《四库全书》著录一致。因此，《装函清册》必定不是简要抄撮《总目》抑或《简明目录》而成。同时，该《装函清册》中有很多书籍名称和排序是文宗阁《四库全书》的特例，与其他诸阁皆不相同，如《白石道人诗集》，《总目》《简明目录》及文渊阁、文津阁《四库全书》、《文澜阁〈四库全书〉书目清册》均作《白石诗稿》；《伐檀集》在文渊阁、文津阁《四库全书》的书目及《文澜阁〈四库全书〉书目清册》中均置于《苏魏公文集》后，文宗阁收藏时却将《伐檀集》置于《山谷集》后。但在《装函清册》中，《山谷集》与《伐檀集》合六函，显然符合阁中书籍的实际庋藏情况；《钦定星历考原》一书，诸阁及《总目》《简明目录》均置于子部术数类，独《装函清册》将其与《钦定历象考成》《钦定仪器考成》等同置于天文算法类。

第三，《装函清册》著录书籍还有一点值得注意，举凡不同作者撰述的同名书籍，皆以作者姓氏并附书籍名称的方式以示区隔。如马令与陆游均著有《南唐书》，《装函清册》著录《陆游南唐书》；茅星来、江永二人撰有《近思录集注》,《装函清册》分别录作《近思录茅氏集注》与《近思录江氏集注》。从这些书名差异、书籍类目等来看,《装函清册》并非抄录其他诸阁目录或者《总目》《简明目录》而成,而是真实体现了文宗阁《四库全书》的实际庋藏。最后,也是最重要的一点,《装函清册》详悉记载各书函数及书籍合函情况,而《总目》《简明目录》及《文澜阁〈四库全书〉书目清册》均没有书籍函数的记载,因而也就不可能成为《装函清册》伪撰的依据。取《装函清册》中记载的书籍函数与陈垣抄录的文津阁书目覆核,基本吻合。陈垣所著《四库书目考异》是其二十世纪二十年代亲自检查文津阁《四库全书》的实际结果,在此之前,没有任何关于各阁《四库全书》书籍装函的叙述,而这两者著录的基本一致,更加印证了《装函清册》记载的可靠,确实为文宗阁《四库全书》的书目装函清册。

因上,可参考表一《书目异同表》:

表一 书名异同表

文渊阁	文宗阁	文澜阁	文津阁	《总目》	《简明目录》
春秋左传谳、春秋公羊传谳、春秋榖梁传谳	春秋三传谳	春秋左传谳、春秋公羊传谳、春秋榖梁传谳	春秋左传谳、春秋公羊传谳、春秋榖梁传谳	春秋左传谳、春秋公羊传谳、春秋榖梁传谳	春秋左传谳、春秋公羊传谳、春秋榖梁传谳
左氏传说	春秋左氏传	左氏传说	左氏传说	春秋传说	春秋左氏传
春秋王霸列国世纪编	列国世纪编	春秋王霸列国世纪编	春秋王霸列国世纪编	春秋王霸列国世纪编	春秋王霸列国世纪编
大学章句、中庸章句、论语集注、孟子集注	四书集注	大学章句、中庸章句、论语集注、孟子集注	大学章句、中庸章句、论语集注、孟子集注	朱子章句	朱子章句
南轩论语解	论语解	南轩论语解	南轩论语解	癸巳论语解	癸巳论语解
排韵增广事类氏族大全	氏族大全	排韵增广事类氏族大全	排韵增广事类氏族大全	排韵增广事类氏族大全	排韵增广事类氏族大全

文渊阁	文宗阁	文澜阁	文津阁	《总目》	《简明目录》
辽金元三史国语解	辽金元国语音义	辽金元三史国语解	辽金元三史国语解	辽金元三史国语解	辽金元三史国语解
十五家词	十六家词	十五家词	十五家词	十五家词	十五家词

二、《装函清册》的抄写时间及其递藏源流

既已辨明《装函清册》的真伪,为便于研究利用,则需要进一步考证其具体的抄写时间。王菡《文宗阁〈四库全书〉装函清册说略》一文认为,"颇疑乾隆五十五年就是用这本清册核对过入阁之书",并推测《装函清册》与"两淮盐政全德奏复遵办文宗文汇阁书籍情形折"(乾隆五十五年十一月初九日)的时间大致相当。① 但此《装函清册》抄写于乾隆五十五年的说法可能有误,应抄写于嘉庆初期,且在嘉庆八年以后,兹分述如下。

首先,从《装函清册》的收书情况可知其不可能抄写于乾隆五十五年。《装函清册》中史部著录《八旬万寿盛典》一函,此书为乾隆帝八十寿辰,于乾隆五十四年开始编纂,乾隆五十七年进呈御览,缮写入阁又当在此之后。《纂修四库全书档案》载"(嘉庆八年四月初二日)《八旬万寿盛典》及续办方略、纪略等书,亦应一体缮入庋藏",② 可知,《八旬万寿盛典》此时并未缮写入阁。《纂修四库全书档案》又载"(嘉庆八年五月初九日)至《圣制诗四集》《圣制文二集》《八旬万寿盛典》《钦定南巡盛典》《千叟宴二集》均先经吴裕德承办,陆续缮写完七分,分别归

---

① 王菡:《文宗阁〈四库全书〉装函清册说略》,《文献》2002 年第 3 期。
② 中国第一历史档案馆编:《纂修四库全书档案》,"谕内阁四库全书内未缮入高宗诗文及续办方略等书着一体增入庋藏"(嘉庆八年四月初二日),第2367页。

架"。① 据《八旬万寿盛典》庋藏诸阁的具体时间应该在嘉庆八年四月初二日至五月初九日间。所以《装函清册》的抄写时间也定当在这段时间内或之后，绝无可能为乾隆五十五年抄写，也不可能以此清册核对过文宗阁藏书。

其次，从《装函清册》中的避讳字可知应抄写于嘉庆时期。《装函清册》在著录《太玄经》《太玄本旨》《宗玄集》等书籍时"玄"改作"元"，此为避康熙帝玄烨讳；在著录《弘明集》《广弘明集》《杨仲弘集》等书籍时，"弘"缺末笔，此为避乾隆帝弘历讳；在著录《建炎以来系年要录》《愧郯录》等书籍时"炎"字改作"炗"，此为避嘉庆帝永琰讳。同时《宁极斋稿》《宁海将军固山贝子功绩录》等"宁"字不避讳，显然不会迟至道光朝。从避讳"玄""弘""琰"而不避"宁"字即可看出，《装函清册》的抄写时间应该在嘉庆朝。

第三，从《装函清册》的书籍装函能够判断其抄写时间应在嘉庆八年十二月初七日后。《纂修四库全书档案》载"（嘉庆八年五月初九日）《圣制诗五集》《八旗通志》《平定廓尔喀纪略》及臣纪昀原单未开之《安南纪略》各书，亦经吴裕德承办，各缮七分，现存武英殿，尚未校勘、装潢归架。惟《圣制诗馀集》《圣制文三集》《圣制文馀集》尚未缮写，卷帙本不多，先据吴裕德告知臣等原系空函应办之书，情愿敬谨各缮七分归架"。② 根据档案所述，嘉庆八年五月初九日，《圣制诗五集》尚存武英殿，并未归架；《圣制诗馀集》《圣制文三集》《圣制文馀集》办竣后还未缮写，因此直

① 中国第一历史档案馆编：《纂修四库全书档案》，"军机大臣庆桂等奏查明四库全书空函及应增书籍情形折"（嘉庆八年五月初九日），第2382页。
② 中国第一历史档案馆编：《纂修四库全书档案》，"军机大臣庆桂等奏查明四库全书空函及应增书籍情形折"（嘉庆八年五月初九日），第2383页。

至此时以上各书并未庋藏各阁。至于《平定廓尔喀纪略》《安南纪略》，嘉庆帝谕令"巴勒布、廓尔喀、安南《纪略》，事在四库全书告成以后，且均已颁行，着毋庸补入"，① 所以各阁均未庋藏。又嘉庆八年十二月初七日"兹据吴裕德称，业将七分全行恭缮完竣，惟从前缮就存贮之《圣制诗五集》《八旗通志》二书，原缮字画多有草率之处，现在已将一分抽换整齐，同此次恭缮之《圣制文三集》《诗文馀集》各一分，一并校完，理合先行呈览。统俟发下后，请旨交懋勤殿用宝，交武英殿按照旧式用分色绸装潢缮签，仍令吴裕德会同内务府官员将书匣面签抽换齐全，依次归架，其排架图一分，亦应一并更正。至文源、文津、文溯三阁及江南三阁应补六分书内《圣制文三集》《诗文馀集》，亦据吴裕德缮办齐全"。② 据此，《圣制诗五集》已经归架存贮，而《圣制文三集》《诗文馀集》（即《圣制诗馀集》《圣制文馀集》）还未进呈。结合前述《八旬万寿盛典》于嘉庆八年四月初二日至五月初九日间归架，至嘉庆八年十二月初七日，仅有《圣制文三集》《圣制诗馀集》《圣制文馀集》仍未庋置各阁。嘉庆九年二月初一日，庆桂因文渊阁空函书籍排架完竣上奏嘉庆帝，"窃查文渊阁《四库全书》应行缮写补入之圣制诗文各集及《八旗通志》，前经原任编修吴裕德恭缮齐全，于上年十二月内奏呈御览"，③ 从庆桂的奏疏可知，《四库全书》所有空函书籍的办理始告完竣，《圣制诗文集》也至此全部排架完成。《装函清册》录有"《御制诗馀集》三函，《御制文三集》《御制文馀集》一函，

---

① 中国第一历史档案馆编：《纂修四库全书档案》，"军机大臣庆桂等奏查明四库全书空函及应增书籍情形折"（嘉庆八年五月初九日），第 2384 页。
② 中国第一历史档案馆编：《纂修四库全书档案》，"军机大臣庆桂等奏办理文渊阁空函书籍告竣折"（嘉庆八年十二月初七日），第 2385 页。
③ 中国第一历史档案馆编：《纂修四库全书档案》，"军机大臣庆桂等奏文渊阁空函书籍排架完竣折"（嘉庆九年二月初一日），第 2386 页。

《御制诗五集》十二函",很显然,《装函清册》的抄写应该在各阁空函书籍办理完竣之后,即嘉庆八年十二月初七日之后。但颇具吊诡的是,《八旗通志》依旧著录的是乾隆时期的书籍函数,似乎没有经过嘉庆八年的补函。《清内府刻书档案史料汇编》载"(嘉庆八年五月初九日)惟《八旗通志》一书,重经添纂,自应归入史部。查史部架内《南巡盛典》原定十四函,迨书成归架只有七函,尚余空七函;《八旗通志》原定十九函,今重纂之书增多七函。二书均在三十架、三十一架,次序相连,以《南巡盛典》余出之七空函,归入《八旗通志》增多七函之书,适相符合,只须改刊数十匣面,彼此均无窒碍"。① 由这条记载可知,嘉庆八年时曾将《八旗通志》重新缮写装函,而且函数由最初的十九函增加至二十六函。陈垣核对文津阁书目及函数时录作"《八旗通志》三百四十二卷目录二卷卷首十二卷,二十八函",并称"无'文津阁宝',无'避暑山庄'印,无'太上皇帝之宝',当非原阁藏本",② 陈垣所录文津阁《八旗通志》,即为嘉庆八年重经添纂而补入的,但函数却与档案记载的二十六函略有差异。《装函清册》著录《八旗通志》十九函,仍是乾隆时期庋藏的函数,而未经嘉庆八年的补函,与上文推论的抄写于嘉庆八年十二月初七日后抵牾。但这极有可能是由于馆臣补函工作未及措意而致,《八旗通志》的补函以及重新校改文字讹误等直至嘉庆十一年才最后完成,因而其书籍函数可以认为是馆臣的疏漏。当然,也有可能存在另外一种情况,即文宗阁《八旗通志》确已经过了补函,但函数并未增加,文宗阁与文津阁其他书籍函数差异的情况也存在,亦可佐证。如《钦定文献通考》,文宗阁录为二十三函,文津阁为十九函,相差四函;《清通志》,文宗阁录为十六函,文津阁六函,

---

① 翁连溪编:《清内府刻书档案史料汇编》,广陵书社,2007 年,第 430 页。
② 陈垣著,陈智超编:《陈垣四库学论著》,商务印书馆,2012 年,第 155 页。

相差十函之多。

综上，从著录书籍的办理时间、避讳情况，加之结合嘉庆八年的关于《圣制诗文集》的补函工作，推定《装函清册》应当抄写于嘉庆初期，且晚于嘉庆八年十二月初七日。同时，《装函清册》中只列明书籍名称和函数，而且将一些本已抽毁的书籍如《国史考异》《闽小记》《书画记》《读画录》等皆以签条标注"未到"。很显然，这部清册的目的是逐一核对文宗阁庋藏各书是否仍有未入架，结合上文推测其抄写时间为嘉庆八年之后可知，《装函清册》应该是嘉庆时期补函工作后，馆臣再次核对造送之举，目的是清查文宗阁《四库全书》的空函情况。

自清代以来，虽然公私藏书目录均不见载《装函清册》，但经部首页的钤印为了解其递藏源流提供了极大的帮助，可以循此爬梳史料，以勾稽这本部书册辗转流播的过程。

王菡指出《装函清册》与莫友芝有很大关联，有可能该《装函清册》即是莫氏在同治四年踏访文宗阁时所得。但检阅莫氏日记及其藏书目录，不见关于《装函清册》的记载。试以常理推论，若莫友芝此行镇江得文宗阁劫余之物，想必定是件震动学界的大事，至少应该是令莫氏喜出望外的，如此重要之事却不见于日记记载，实难理解。而且，莫氏日记多处记载文宗阁《四库全书》事，如多方打听关涉镇、扬两《四库全书》被燹缘起等。若此行确有所获，断不会不见日记记载。但《装函清册》确实钤有"莫友芝"印，因而莫友芝定曾亲阅。莫友芝故去后，影山草堂藏书由其子莫绳孙掌管，编纂并刊印了莫友芝编撰的《邵亭知见传本书目》《宋元旧本书经眼录》等。莫绳孙晚年家境没落后，影山草堂藏书相继散出，先后被端方、潘景郑等人收去数部，其余被博古斋书肆主人柳蓉春购去。陈乃乾曾撰有《上海书林梦忆录》，称"其时三马路惠福里弄口有博古斋书肆,与古书流通处仅隔数武地,新得莫友芝藏书,插架亦富"。[①] 由此可知,莫友芝藏书多归于柳蓉春博古斋书肆,虽未能逐一记载柳氏购入书籍目录,但据现存书籍的藏书印亦能佐证,如《隋文纪》即钤有"莫友芝印""莫印彝孙""莫印绳孙""柳蓉春经眼印""博古斋收藏善本书籍印"等,此书即为柳氏购入之书,这与《装函清册》经部所钤"柳蓉春经眼印"亦相吻合,史实与实物相证,足以说明此清册确由莫氏辗转流入柳氏之手。柳蓉春病故后,藏书其子柳企云继承,然而柳企云"有神经病,初则广置田产,忽而长斋绣像,曾不数年,隳其家业"。[②] 此后藏书由柳蓉春妻殷氏、柳企云妻顾氏及柳蓉春女柳月娥管理,此时博古斋书肆早已不复当年,至一九三九年歇业。博古斋书肆在柳蓉春经营时,即有将所藏古籍善本售卖之举,一九一七年柳蓉春曾将《续传灯录》送交嘉业堂主人刘承幹阅览,以求售卖,"翰怡夜示《续传灯录》二册,博古斋送阅"。[③] 此外,柳蓉春藏书还陆续售卖与傅增湘、周叔弢等人,《藏园群书经眼录》著录"《芝省斋随笔》,四册,稿本,柳蓉春送阅,壬子二月望",[④]《何博士备论》不分卷,周叔弢购自柳蓉春手,甲子"。[⑤]《装函清册》钤有"南通冯氏景岫楼藏书"印,猜测可能是博古斋书肆经营不济时流出,至于因何故递藏入冯氏景岫楼,尚无史料证明。

三、《装函清册》的价值与不足

《装函清册》是关于文宗阁《四库全书》的唯一留存文献,对研究文

① 陈乃乾撰:《上海书林梦忆录》,收入宋原放主编:《中国出版史料:近代部分》第 3 卷,湖北教育出版社,2004 年,第 344 页。
② 陈乃乾撰:《上海书林梦忆录》,第 344 页。
③ 项文惠著:《嘉业堂主:刘承幹传》,浙江人民出版社,2005 年,第 49 页。
④ 傅增湘撰:《藏园群书经眼录》卷九,中华书局,1983 年,第 771 页。
⑤ 傅增湘撰:《藏园群书经眼录》卷七,第 567 页。

宗阁《四库全书》收储书籍及其庋藏情况具有重要价值，同时也可与文津阁书籍函数、文澜阁《书目清册》等进行比较研究，以窥探三阁《四库全书》在书目名称著录、书籍装函差别以及关于禁毁书等方面的问题。

首先，《装函清册》与文渊阁、文津阁、文澜阁《四库全书》相比，在收书数量上并不能完全相符。经逐一查阅，文宗阁《四库全书》经部春秋类无《春秋例要》；史部谱录类无《重修宣和博物图》《宣德鼎彝谱》及《东溪试茶录》；子部杂家类无《乐庵语录》；集部别集类无《杜诗攟》。这六种书籍既非禁毁书，也不是乾隆后期才敕撰办理的，不知为何不存于文宗阁中。此外，文渊阁、文津阁均有一处有函无书，即《四库全书》办理时唯一的空函书籍《日讲诗经解义》，《简明目录》亦有目无卷数，并注云提要原阙，但文宗阁《四库全书》未见著录《日讲诗经解义》，更无关涉此书空函的记载，仅此而言，文宗阁《四库全书》弥补了这一缺憾。总体说来，七阁《四库全书》成于众手，且办理时间持续较长，各阁收书小有异同也属情理之中。

其次，文宗阁《四库全书》中禁毁书的删削，也能体现出复校时遗留的一些问题。乾隆五十二年，由于李清违碍著作的发现并遭禁毁，乾隆帝谕令四库馆臣全面复校七阁《四库全书》，对禁毁书籍及办理时遗留的问题逐一检核，诸如《国史考异》《读画录》等违碍书籍被抽删。因此，文渊阁《四库全书》、文津阁《四库全书》及《文澜阁〈四库全书〉书目清册》中皆不存禁毁书，甚至空函亦被抽出。但在《装函清册》中，《闽小记》《国史考异》《读画录》《书画记》《印人传》等皆有签注"未到"，这说明《装函清册》在抄写时，文宗阁《四库全书》中依旧存有以上禁毁书的空函。当然，应该注意的是，抄写者似乎没有意识到这些书籍均为禁毁书，而并非未到，因此其签注"未到"似乎不明《四库全书》纂修的特殊情形。同时，仍有一些禁毁书存于文宗阁《四库全书》中，如《装函清册》著录

"《书影》一函、《同书》一函",且没有签注"未到"。周亮工所著《书影》
《同书》及《读画记》《闽小记》《印人传》均在乾隆五十二年禁毁,可能文
宗阁《四库全书》在复校时偶有失检,由此也可发现各阁办理书籍及复校
情况不一,南三阁复校工作略显草率,遗留的问题仍然很多。

第三,文宗阁《四库全书》的书籍函数、书籍次序及合函情况亦与其
他诸阁存在不同。前文述及《装函清册》有可能是嘉庆初年进行补函工
作后再次清查各阁书籍函数的结果,作为留存的关于文宗阁《四库全书》
的重要史料,结合与文津阁书籍的装函情况,可以大致了解文津阁、文宗
阁在书籍装函、合函等方面的差异。可参考书籍合函差异情况(以经部
为例,见表二)和书籍装函差异情况(以史部为例,见表三)如下:

表二 书籍合函差异情况(经部)

文宗阁	文津阁
《周易口决义》《周易举正》《易数钩隐图》合1函。	《周易口决义》1函,《周易举正》1函,《易数钩隐图》1函。
《易说》《易图说》合一函,《古周易》《易传灯》《易稗传》合1函。	《易说》1函,《易图说》《古周易》《易传灯》《易稗传》合1函。
《东谷易翼传》《易学启蒙传》合1函,《文公易说》2函	《易翼传》1函,《文公易说》《易学启蒙传》合2函。
《易象钩解》《易用》合1函。	《易象钩解》1函,《易用》1函。
《周易札记》《易说》合1函,《周易传义合订》。	《周易札记》《周易传义合订》合1函,《易说》1函。
《读书丛说》《读书管见》合1函,《书义断法》《尚书句解》合1函,《尚书纂传》2函。	《读书管见》《书义断法》合1函,尚书纂传》《尚书句解》合1函。
《诗传遗说》《诗考》合1函。	《诗传遗说》1函,《诗考》1函。
《此木轩四书》1函,《四书逸笺》《乡党图考》合1函。	《此木轩四书》《四书逸笺》《乡党图考》合1函。
《皇祐新乐图记》《律吕新书》合1函,《乐书》4函。	《皇祐新乐图记》《乐书》《律吕新书》合4函。

表三　书籍装函差异情况（史部）

书　名	文宗阁	文津阁
《新唐书纠谬》	2 函	1 函
《元史》	14 函	11 函
《明史》	23 函	20 函
《续资治通鉴长编》	32 函	30 函
《钦定平定台湾纪略》	3 函	4 函
《绎史》	12 函	11 函
《左传纪事本末》	4 函	3 函
《钦定续通志》	32 函	30 函
《御选名臣奏议》	6 函	4 函
《宋名臣言行录》	3 函	3 函
《八旗满州氏族通谱》	5 函	4 函
《胜朝殉节诸臣录》	1 函	2 函
《方舆胜览》	4 函	3 函
《河南通志》	12 函	11 函
《钦定续文献通考》	23 函	19 函
《清通志》	16 函	6 函
《万寿盛典初集》	8 函	7 函
《八旬万寿盛典》	7 函	8 函
《八旗通志》	19 函	28 函

当四库学研究的关注点集中在各阁提要的撰写与内容异同时，文宗阁《四库全书》与其他各阁在收书数量、书籍名称、空函情况等方面的不同恰可反映各阁《四库全书》办理时的差异，而这些差异是此前研究所忽视的。各阁藏书特别是北四阁与南三阁之间的办理差别很大，而且北四阁经过了乾隆五十二年至五十七年的复校，纂修时遗留的错误多被纠正，但南三阁诸如文宗阁却始终保留了最初纂修时的问题，原因在于南三阁虽经复校，但几乎系于陆费墀一人，由其"自出己资"，并令赔办江浙

诸阁"所有面页装订木匣刻字等项",① 南三阁非集众力而为,相较北四阁问题尤多,道光年间杭州商人金裕新重新检查文澜阁书,发现"缺页缺卷,犹连篇累牍",② 这也能证明南三阁书的复校工作确实存在不足。由此可以进一步探讨南三阁《四库全书》的办理和复校详情。此外,陈垣核对的文津阁书目及书籍函数,由于缺少与其他阁藏书装函情况的对比研究,因而更多时候只能作为文津阁《四库全书》的一般性介绍。《装函清册》的发现,直接与文津阁《四库全书》的书籍装函、合函比对,能够了解文津阁、文宗阁具体书籍的装函及合函的差异,说明各阁《四库全书》在缮写入架时确有不同,其中的原因之一可能在于南北各阁用纸不同。南三阁《四库全书》以太史连纸缮写,北四阁用金线榜纸,两者纸幅大小有别,"较之先办之四分,其高矮阔狭不过七八分",③ 因而直接影响了各书的装函。

当然,由于《装函清册》系抄录而成,因而也不可避免地存在抄写轻忽导致的诸多问题,诸如书名错谬、脱误等。如《革除遗史》作《除遗史》,脱"革"字;《马政纪》作《马政》,脱"纪"字;《学史》误作《史学》;《日知荟说》误作《日知荟要》;《数学钥》误作《数学论》;《宝真斋法书赞》作《宝斋法书赞》,误脱"真"字;《高斋漫录》误作《高齐漫录》;《安阳集》误作《安溪集》;《双溪类稿》误作《双溪内稿》;《本堂集》误作《木堂集》等等,因此在重新利用《装函清册》时需要审慎辨别。

通过比勘《装函清册》《文澜阁〈四库全书〉书目清册》《四库书目考

① 王重民辑:《办理四库全书档案》,"乾隆五十二年六月十三日谕""乾隆四十七年十二月二十日谕"。
② 郭伯恭著:《四库全书纂修考》,岳麓书社,2009年,第154页。
③ 王重民辑:《办理四库全书档案》,"乾隆五十二年六月十三日谕""乾隆四十七年十二月二十日谕"。

异》《总目》及《简明目录》中书籍名称及类目排序的差别,可以判断《装函清册》并非摘录抑或依据他书伪撰而成,应该是文宗阁劫后的遗留,具有极高的史料价值。依据其中著录的书籍、避讳和补函情况进而推定《装函清册》应该抄写于嘉庆八年之后。另外,与陈垣抄录的文津阁书籍函数的比对,发现两阁在书籍装函、合函等方面存在差异,并与其他诸阁在禁毁书、所收书目等方面亦有不同,因此,《装函清册》能够反映出文宗阁甚至是南三阁《四库全书》办理时的一些问题。

第二章 《四库全书》早期编纂史事

《四库全书》之编纂,始于清乾隆三十八年二月辑校《永乐大典》,[①]至嘉庆十一年各阁续办书籍的补函工作结束,[②] 在长达数十年的编纂过程中,《四库全书》历经分校官甄别、校阅,复校官、总校官校订,各阁的撤改与复校等,留下大量有关纂修的档案、史料及馆臣校改记录等,成为研究《四库全书》最直接的材料。学界所习知的《纂修四库全书档案》、四库底本书籍、《四库全书总目》残稿等皆为四库修书期间留存,这些材料大大推进了四库学研究,尤其是四库馆的运作和《四库全书总目》的编纂问题,研究成果较为丰富。但四库馆校阅书籍的具体细节,即分校官如何签改、誊录官如何缮录《四库全书》、复校官如何复校和审核分校官的校签、各纂修机构之间的复杂关系等,还有进一步研究的空间。除此之外,四库馆臣在具体书目、提要的编纂和撰写中,常常以己意寓褒贬,甚至不惜改撰作者,这些都是我们在利用《四库全书》以及《四库全书总目》时需要注意的。

---

① 关于《四库全书》的编纂时间,历来存在争议,但黄爱平、张升均认为乾隆三十八年二月,因辑校《永乐大典》而开设四库全书馆,这应该是四库修书之始(黄爱平著:《四库全书纂修研究》,第 101 页; 张升著:《四库全书馆研究》,北京师范大学出版社,2012 年,第 29 页)。
② 文溯阁《四库全书》最终成帙时间略晚于其他各阁,具体情况详参本书第一章第二节。

第一节 《四库全书》编纂、校阅的流程

近来,笔者发现中国国家图书馆藏有题为《附〈太平广记〉〈通志〉等书签讹总档》的四库修书档册,[①] 对研究四库修书期间复校官职任、全书处与荟要处的关联、《四库全书考证》的编纂有重要揭示,主体内容为复校阶段核查分校官签改书籍讹错及誊录官誊抄书籍的记录,涵盖分校官所黏贴校签上的内容、复校官删改增补的校改意见以及销签记录,较为完整地展现四库修书的细节,有助于更加精细化地了解四库馆的运作程序。同时,《附〈太平广记〉〈通志〉等书签讹总档》还分别登载荟要处与全书处的工作信息,较为清晰地勾勒出四库纂修机构的职任及相互之间的关联。

一、《四库全书校档残本》的基本面貌

中国国家图书馆著录为《附〈太平广记〉〈通志〉等书签讹总档》的文献,为稿本,十五册,不分卷,计八百九十六叶,无撰人姓名,有墨笔涂乙痕迹。系由两种截然不同的书写内容汇编而成:一部分内容写于白纸上,无板框、界栏,书写较为随意,常于内容间增删;另一部分内容写于朱丝栏纸上,半叶八行、行二十一字,单鱼尾,版心空白,抄写较为工整,删改较少。第十四册卷端有题名页,题"四库全书馆校档残本"(本节取此题名,以下简称该文献为"《校档》"),并有上书"十五年六月初二日,办事堂穆代李老爷振翥借去"字样的签条。按,李振翥又名缄庵,字云轩,号醉竹,太湖人。乾隆三十八年生,嘉庆六年拔贡,同年中举。七

---

① 索书号:00951。笔者使用的是"中华古籍资源库"公布的电子资源。

年进士及第,选翰林院庶吉士,散馆授编修。历任武英殿提调、国史馆纂修。十三年任浙江乡试副考官,京察一等,再出河南陈州知府。道光间,历任广东、陕西、山东按察使,道光十六年卒。李振翥虽历乾隆、嘉庆、道光三朝,出仕则在嘉庆、道光时期,故而猜测此书题名时间可能为嘉庆十五年或道光十五年。

《校档》登载二十一种书籍的复校签讹记录,第一册为《太平广记》,第二册为《新唐书》《释音》,第三册为《日讲四书解义》,第四册为《孝经注疏》,第五册为《新安志》,第六册为《佩文韵府》,第七册为《御制文初集》,第八册为《鸡肋编》《周易述义》《优古堂诗话》《左传补注》(后三种仅录书名,《左传补注》签讹内容在第十册),第九册为《钦定协纪辨方书》,第十册为《左传补注》,第十一册为《渊鉴类函》《佩文韵府》《佩文斋咏物诗选》《御制文初集》《钦定协纪辨方书》(后四种仅有书名,除《佩文斋咏物诗选》外,其他三书签讹内容分散在第六、七、九册),第十二册为《礼记注疏》,第十三册为《通志》《空同集》《新唐书》《毛诗名物解》《太平广记》《渊鉴类函》(后四种仅录书名,除《毛诗名物解》外,其他书籍签讹信息分散在第一、十一、十四册),第十四册为《新唐书》《释音》(与第二册内容有异,说详下文),第十五册为《尔雅翼》。结合各册登载书名及签讹信息,其中《优古堂诗话》《周易述义》《佩文斋咏物诗选》《毛诗名物解》四种没有具体签讹内容,《优古堂诗话》书名后有"可进呈"三字;《周易述义》书名后有"内《周易述义》无底档,板心全误,发换写";《佩文斋咏物诗选》《毛诗名物解》仅有书名而无任何内容,可能是稿本残缺所致。①

---

① 《校档》第十五册登载《尔雅翼》一书,书名后写有"外有另档一本,系十七卷之二十四卷",可证此书仅为部分校档的汇编。

　　虽然档册的题名时间晚至嘉庆、道光时期，但《校档》应是四库馆修书期间馆臣复校书籍时形成。首先，卷中纸张钤有"吴正有号"印记，属于四库馆常用纸张。据学界研究，类似钤盖"吴正有号""吴正裕号"及"吴正昌号"印记的纸张，为清代内府刻书及四库馆抄书的常用纸张。①目前所知，乾隆四十三年周永年进呈抄本《冰壑诗集》钤盖"吴正有号"，翁方纲《四库提要稿》《复初斋文稿》、美国哈佛大学燕京图书馆藏《四库书目庋藏表》钤有"吴正裕号"印记，台湾汉学研究中心图书馆藏乾隆间抄本《皇朝通鉴长编纪事本末》钤盖"吴正昌号"等。据此可以初步推断《校档》应属清代宫廷遗留，断非外间之物。其次，《校档》中还记有四库修书的专有词汇，如《太平广记》《毛诗名物解》两书后题写"全书处"，《佩文韵府》《钦定协纪辨方书》《渊鉴类函》《佩文斋咏物诗选》《通志》《空同集》《新唐书》《尔雅翼》等书后题写"荟要处"。如所周知，全书处与荟要处乃乾隆间纂修《四库全书》和《四库全书荟要》所设机构，全书处于乾隆三十八年二月设立，荟要处于乾隆三十八年五月添设，是知此书应为四库修书期间的留存材料。最后，《校档》多次出现分校官姓名，如王瑸、张堉、王钟泰、陈墉、汪锡魁、严福等人，均见于乾隆四十七年七月十九日永瑢开列的《四库全书》在馆诸臣职名表，②皆为四库馆分校官。通过《职名表》可知，王瑸原为内阁中书，因参与编纂《四库全书》，

① 详参张宝三：《清代中文善本古籍中所钤纸厂印记研究》，《台大中文学报》2012 年第 39 期，第 213—246 页；张宝三：《纸厂印记在清代中文善本古籍版本鉴定之运用》，《国家图书馆馆刊》2015 年第 2 期，第 35—52 页；宋叶：《传世古籍中"纸号"的搜集和整理》，天津师范大学硕士论文，2018 年，第 11—25 页。
② 纪昀等纂：《武英殿本四库全书总目》卷首《钦定四库全书勘阅缮校诸臣职名》，国家图书馆出版社，2019 年，第 89—132 页。

经议叙后任吏部员外郎；陈墉原任翰林院庶吉士，后改授吏部主事。从这些分校官的职衔变化，推测《校档》是在乾隆四十七年七月十九日前完成，馆臣正是由于参与荟要处和全书处分校、复校事宜，才得以议叙并擢升官职。

更加值得注意的是，由书中的签改内容以及题署的各书名称，可以推断《校档》为复校官审核分校官和誊录人员的修改而形成的签讹记录。各书名称一般题署为"某（书名）复校签讹总记"，如《日讲四书解义复校签讹总记》《礼记注疏复校签讹总记》等，表明记录是在四库馆臣复校阶段撰成的。其中的签改内容大致可以分为两种。第一种属于复校阶段审阅分校官的校签以及核查缮录稿本（核查合格者即可进呈御览）的签讹内容：针对分校官校阅底本的校签，复校官一般直接修改，也有部分书籍核对校签后重新抄写，并注明"共签出刊本讹错 × 条"。如《新唐书》卷一百八十六"十页前五行'李琼出耒阳'，刊本'耒'讹'来'，据《湖南省志》改"，后有馆臣标注"分校"；《佩文韵府》卷四之三"三十三页前七行'幕府董统鹰扬'，刊本'董'讹'昔'，今据《魏书》改"，后有馆臣标注"分校签"；《太平广记》卷二百六十三作"四页前二行'晦不至'，刊本'晦'讹'毅'，今改"，后有馆臣标注"此分校误改"；《礼记注疏复校签讹总记》卷一"《考证》第二页前八行'九锡'，应依原签改'赐'"，卷五"十六页前四行缺'自直'二字，当依原签补。"原签"，即分校黏贴的校签，这就表明复校官核对分校签改，并指出分校官校阅书籍的错误。针对誊录官缮写的稿本，复校官若发现誊录人员抄写有误，就直接签出，如《孝经注疏签讹总记》"共签出刊本六条、缮本二十一条"。第二种是馆臣再次复校的签改：《校档》中仅《新唐书》《释音》校改记录凡两见，核对两次签讹内容，并不完全一致，后一次的内容较前一次有所调整,抄写更加规范,格式也较为整饬。依据常理,四库修书时应先由分校校阅,提出签改意见,后由复校官或者总校官核对,[①]因而会出现多次签改,但《新唐书》与《释音》中出现的两次签改,歧互有别,并非分校与复校的关系,而应该属于复校阶段的前后关系(即进行了两次复校)。

从《校档》登载的书籍内容、题署的"荟要处""全书处"字样以及分校官职名来看,《校档》应为《四库全书》复校时形成。虽然存在两种签讹内容,仍可以统称为四库馆臣校阅书籍的签改档册。《四库全书》收录书籍的底本,或因版本沿袭之讹,或是手民之误,舛错难免。在抄入《四库全书》前,分校官逐一校阅,凡底本有误者,或证之别本,或引据他书,皆出校签。若分校官校改有误,则复校官审核修改,于校签之上再次圈涂。当然,复校官不仅校改分校官的讹错,还需要核查誊录官是否如实据底本和校签抄写。

二、《四库全书校档残本》的成书时间

既然已经明了了《校档》为四库馆修书期间留存,那么有必要考辨其具体的形成时间,以便揭橥其于《四库全书》纂修过程的价值。《校档》中录有多种荟要处办理的书籍,并有馆臣校改,可知其应为荟要处办理《四库全书荟要》期间撰成。据《纂修四库全书档案》记载,乾隆三十八年五月,四库馆诏开不久即下令缮录《四库全书荟要》,"着于《全书》中撷其菁华,缮为《荟要》,其篇式一如《全书》之例",[②]因而于武英殿设立荟要处,并派遣于敏中、王际华负责纂修事宜,至乾隆四十四年七月,两分《四

---

① 据研究,武英殿四库馆中负责校书的总校和复校经常互相转换,两者并无实质的区别(张升著:《四库全书馆研究》,第213页)。

② 王重民编:《办理四库全书档案》,"乾隆三十八年五月一日谕"。

库全书荟要》缮毕进呈。① 据此,《校档》中属于荟要处的签改内容,应在此机构存在期间形成,即乾隆三十八年五月至四十四年七月之间。

颇为吊诡的是,《校档》中书名题署为"新唐书复校签讹总记"的一页上还题有"(乾隆)四十六(年)至五月初八日销讫,送总裁,发下销讫,又查存疑签,办过一半",据此可知,《校档》于乾隆四十六年五月仍在四库馆销签,因而纂定时间必当延续至此。又查《四库全书荟要》史部正史类收录《新唐书》,其提要的校上时间为乾隆四十二年正月,② 是知《新唐书》于乾隆四十二年正月前已经办理完竣并缮入《四库全书荟要》,这便与《校档》登载的《新唐书》于乾隆四十六年五月初八日的销签记录相违伐。《新唐书》虽经过分校官校阅,于乾隆四十二年抄入《荟要》,但由于《四库全书》仍在编纂,《新唐书》又经四库馆臣校订,直至誊抄定本,故而《校档》中保留了两次《新唐书》校改记录。《校档》中第一次《新唐书》签改注明"荟要",应属于荟要处校阅《新唐书》时的复校记录,而第二次签改作《新唐书复校签讹总记》,应该是全书处进行的复校,第二次签讹时书名中增加"复校签讹总记"六字,题名差异恰能反映两次签讹的区别。再从两次签改的具体内容来看:第一次作"缮本《考证》一页三行应加○,余无误。刊本无签",第二次作"刊本无讹。三页后二行'居'误'居',八页六行'臣'误'诚',以上签出缮本二条"。对比前后两次的内容,《新唐书》的誊录者已经部分采纳了第一次签改的意见;馆臣第二次校签时,删去了加○的内容,并补充多条有关缮本《新唐书》的讹误。

---

① 第一分《四库全书荟要》于乾隆四十三年五月完竣,第二分在乾隆四十四年七月将次告竣(黄爱平著:《四库全书纂修研究》,第 297 页)。
② 于敏中等纂:《新唐书》,《四库全书荟要》第 121 册,世界书局,1988 年,第 1 页。

再如第一次签改中卷二百二十二下与卷二百二十三上皆著录"'苻坚'误作'符坚'";第二次签改卷二百二十三上时,四库馆臣用墨笔勾乙删去此条。由此可知《新唐书》第二次内容较第一次有所删改。据此,《校档》中登载乾隆四十六年五月《新唐书》仍在四库馆销签,应属于全书处复校流程,与荟要处无涉。

《校档》中既存有荟要处复校内容又存有全书处校改,那么其形成时间的下限应该延续至第一分《四库全书》办理完竣之前。《纂修四库全书档案》载"(乾隆四十六年十二月初六日)《四库全书》第一分现在办理完竣,所有总校、分校人员等,着该总裁查明咨部,照例议叙",[①] 文渊阁《四库全书》于乾隆四十六年十二月首先完竣,因而馆臣复校书籍以及在馆销签等,皆应在此之前,据此可以断定《校档》的形成时间应早于乾隆四十六年十二月。

另据《校档》中登载的其他信息,也能判断大多内容在乾隆四十六年形成。《校档》录《礼记注疏》签讹信息,并注明已销签三次,另空白处附注"辛□"二字,字迹漫漶难辨。此外,《校档》录《新安志》签讹卷末有"七月上旬交"等字、《周易述义》签讹卷端有"八月十日夜偶笔"、《渊鉴类函》签讹卷末有"以上九月初六日交"等,皆为注明校签的呈交时间,唯独没有记录年份信息。如果结合《新唐书复校签讹总记》中乾隆四十六年五月初八日的销签记录,推测《礼记注疏》附注二字为"辛丑",亦即乾隆四十六年。至于其他未注明年份的校签呈交时间,皆为乾隆四十六年形成的校签,这与第一分《四库全书》于乾隆四十六年办理完竣是吻合的。

---

① 中国第一历史档案馆编:《纂修四库全书档案》,"谕内阁全书第一分完竣所有总校等着总裁查明咨部照例议叙"(乾隆四十六年十二月初六日),第1446页。

虽然这样的猜测略显草率，但似乎各种内容皆相暗合，而《校档》中登载的"程中堂未完签"亦能提供一些佐证。《新唐书复校签讹总档》中出现"程中堂四签 销讫""程中堂九签""程中堂二十一签""程中堂四十三签"等内容，应是程中堂核查校签后馆臣注明以示赏罚。除《新唐书》之外，《孝经注疏》中另存一处"程中堂未完签"。合二者内容，"未完签"三字颇可玩味。一般来说，如果程中堂由于官职调动，不再核查《四库全书》的签讹内容，换一馆臣注明即可，似不必一定强调是程中堂尚未完成的签改。而且，程中堂核查的内容并非某一书的某几卷，而是多部书的体量，既然被称为"中堂"，猜测应该在四库馆担任要职。《新唐书》中尚称"程中堂四签 销讫"，至《孝经注疏》已经标明"程中堂未完签"，极有可能是这位程姓馆臣（尊为中堂大人）在核查《孝经注疏》签讹的过程中故去，其经手之签尚未完成，故而《校档》予以登载言明。

在清代，内阁大学士、协办大学士、军机章京等皆可称"中堂"。根据"中堂"称谓的变化，可以逐个查验《四库全书》职名表中符合条件的四库馆臣。据乾隆四十七年开列的馆臣名单，程姓馆臣有"总裁程景伊""总目协勘官程晋芳""缮书处分校官程炎"，其中符合"中堂"之称谓的只有程景伊一人。《纂修四库全书档案》载"乾隆三十九年十月十九日，内阁奉上谕：协办大学士、吏部尚书程景伊、兵部尚书嵇璜，俱着充四库全书处总裁"，[①]其后程景伊多次因校书被罚俸，最晚的一次记载为乾隆四十五年六月十一日，"程景伊、王杰、曹秀先、周煌、谢墉、窦光鼐俱

---

① 中国第一历史档案馆编：《纂修四库全书档案》，"谕内阁着程景伊嵇璜充四库全书处总裁"（乾隆三十九年十月十九日），第 275 页。

着罚俸六个月"。① 同年七月,程景伊卒于四库馆总裁任上,② 因而由其校改的签讹内容尚未完成,故而在乾隆四十六年汇编的《校档》中著录有"程中堂未完签"。此外,《于文襄手札》中记载总裁阅看校签一事,亦可为证。"校对遗书夹签,送总裁阅定,即于书内改正,此法甚好。可即回明各位裁酌定而行,即或将涂乙之本进呈,亦属无碍,惟改写略工,以备呈览",③ 由此可见总裁是需要阅看校签并最终酌定校签内容的,故而《校档》中多次出现销签的"程中堂",应为总裁之一。

但既然乾隆四十五年七月程景伊已故去,那么为何在乾隆四十六年五月初八日《新唐书复校签讹总记》中仍出现程中堂"四签""二十一签""四十三签"的内容呢?重新来看《新唐书复校签讹总记》书前的记载,"(乾隆)四十六(年)至五月初八日销讫,送总裁,发下销讫,又查存疑签,办过一半",察此内容,《新唐书》应是分批送交总裁阅看销讫,因而书中多处出现程中堂销签的记载,程景伊生前应未能将《新唐书》校签销讫,故直至乾隆四十六年五月时,程景伊虽已亡故,但《新唐书》仍然继续送往总裁处阅看,所以最终销讫的时间晚于程中堂故去时间。

三、从《校档》看《四库全书》的校阅流程

从《校档》的具体内容和性质来看,其对四库馆校阅书籍的运作、复校官的职责和《四库全书考证》的编纂,特别是针对荟要处的研究,具有重要价值。兹分述如下:

---

① 中国第一历史档案馆编:《纂修四库全书档案》,"谕校书错误之总裁程景伊、王杰等着分别罚俸"(乾隆四十五年六月十一日),第1172页。
② 马子木著:《清代大学士传稿(1636—1795)》,山东教育出版社,2013年,第352—353页。
③ 于敏中撰:《于文襄手札》第19通,国立北平图书馆,1933年影印本。

（一）复校官及其职责

乾隆三十八年开馆后，四库馆由纂修官和分校官校阅书籍，[①]主要进行版本鉴别、内容辨伪、讹错考证，其中最为广泛和普遍的工作便是讹错的考证。针对《荟要》与《四库全书》办理中分校官事责过重且无人稽核的问题，十月十八日永瑢等奏请添置复校官一职，专门负责核查分校官校书和誊录官誊录的书籍，其中"《四库全书》缮本添派复校官十六员，《荟要》缮本添派复校官六员，均于现在分校各员内，择其校书精确者如数充当"。[②]四库馆初期办理书籍时规定，分校、复校签出的错误，皆附在卷末，并说明签改因由，"如仅系笔画之讹，仅载某字讹某，今校改；如有关文义考订者，并略附按语如下。如此则校办全书更为精当，臣等亦得就其签改之多少，随时抽查，以期无误"。[③]随着书籍校阅的进行，若每书讹错皆附卷末，势必增添馆臣事务，故而后期办理书籍时直接在底本之上校改，并黏签说明。从现存各四库底本之上的校签可知，分校官、复校官校改书籍皆作夹签，并非附于卷末。

乾隆四十年十二月初九，考虑到分校官与复校官彼此相互倚恃，反致挂漏，故而在办书流程中删去复校环节，不再设置复校官，而是"将《荟要》复校通改为分校，所有誊录二百人，均匀分派，每员约管六人，则每日仅各收缮书六千字，尽可从容详校"，此后分校校毕之书，直接由总校稽

---

① 纂修官隶属于翰林院四库馆，职责为校阅底本、版本鉴定、内容辨伪等，但不校改誊抄本；分校官隶属于武英殿四库馆，职责为校对底本和誊抄本，但不包括版本鉴定等前期工作（详参张升著：《四库全书馆研究》，第44页）。

② 中国第一历史档案馆编：《纂修四库全书档案》，"多罗质郡王永瑢等奏议添派复校官及功过处分条例折"（乾隆三十八年十月十八日），第168页。

③ 中国第一历史档案馆编：《纂修四库全书档案》，"多罗质郡王永瑢等奏议添派复校官及功过处分条例折"（乾隆三十八年十月十八日），第169页。

核，"凡各分校已校之书，汇交提调登册"，分发总校"细加磨勘，分别功过，改正舛误"。①

通过档案所载各馆员的办书职责及现存四库底本《晏元献公类要》中黏贴的校书单可知，采进书及内府书的办理流程为：第一步，提调官将底本先发下给分校官校对，分校官对底本作校签；第二步，由分校再发下给誊录誊抄；第三步，誊抄好后交回给分校，由分校校对；第四步，分校校好后，交复校（总校）重校（也会加签）；第五步，复校校好后，送交武英殿提调。②

由上述档案可知，自乾隆四十年十二月初九日后，由于全书处及荟要处皆不再设复校官，复校工作其实由总校官完成。但从《校档》中的签改记录来看，四库馆的办书程序可能并非如此，复校官虽不再添设，但复校工作却由分校官承担。

《校档》显示，《佩文韵府》签讹内容，卷三有"一页后一行'江至浔阳南合为一'，刊本'浔'作'寻'，今改。分校签"；《新唐书》卷一百八十三有"十三页后七行，分校改'挺'，误，仍当依元本作'挺'"。以上内容皆标注"分校"，以证明此签改乃分校官所作，故亦可证《校档》确系复校核查分校官校书的记录，但这里负责稽核分校讹错的究竟是何人？再看《礼记注疏》中的签讹信息，卷目之下署"校对王瑸、张埙、王钟泰、陈墉"等，有些卷末署"分校陈墉、陈墉自校、郭祚炽校、胡予襄校、侍朝校"等。由"校对""自校"等可以看出，以上各员是在承担复校官的职责，即核查分校官是否签改有误。据《四库全书职名表》，王瑸、张埙、王钟泰、陈墉、

① 中国第一历史档案馆编：《纂修四库全书档案》，"大学士于敏中等奏请将《荟要》复校改为分校并添设总校二员折"（乾隆四十年十二月初九日），第488页。
② 张升著：《四库全书馆研究》，第99页。

汪锡魁、严福、侍朝等人皆为缮书处分校官,这说明负责复校工作的馆臣其实就是分校官自身,除了偶尔出现分校官自己核对自己的校签外,多数都是分校官之间互相校对。分校官在复校阶段,逐一查验签改,并不时做出圈涂,修改的范围不仅包括纠错,亦有誊抄格式的换改和增补新的校签。如对《周易述义》提示"内《周易述义》无底档,板心全误,发换写",即该书需要全部换写,无需逐一复校。在分校官复校校签之后,便交给武英殿再次誊抄以供进呈乾隆帝御览,《校档》录《优古堂诗话》一书,只有书题而无签讹内容,且书名后题署"可进呈"三字,由此可知馆臣认为毋庸复校此书,可直接进呈御览。

　　四库馆在乾隆四十年之后的复校职责乃由分校官来充任,虽无复校官之职,却有复校之实。据此,关于《四库全书》的校书过程,其实可以做一些修正,第四步中"分校校好后,交复校(总校)重校(也会加签)",应该是"负责复校工作的馆臣其实就是分校官自身,除了偶尔出现分校官自己核对自己的校签外,多数都是分校官之间互相校对,当然总校官也需要参与复校",分校官核对校签的过程即是承担复校之责,增补校签亦其所为。

(二)签校工作程序

　　张升在研究永乐大典本的办理流程时认为,"分校校勘时,也会签出一些需要修正的地方。办书单中'送校勘复校应修补□十□签',应是指校勘官新校出的问题。那么,这些新加的签条,誊录需要再据以修正原誊录本,然后将所有签条注销,才表示最终完成"。[1]大典本的办理流程同样适用于其他书籍,那么,馆臣究竟怎样修改、增补乃至注销校签,这是四库修书更为细节的过程,囿于史料,尚未见相关叙述。

---

① 张升著:《四库全书馆研究》,第82页。

如所周知，分校官校阅进呈书籍，于底本上修改，并黏贴校签，所以底本上的校签应该是数量最多的，但部分校签随着底本的修改，会在改后去签、省签，因而现在留存在四库底本之上的校签无法反映其校办过程中的原貌。在分校阶段，黏贴于底本上的校签会被移录至专门的档册内。在复校阶段，分校官重新校对底本与誊录本，形成新的签改，并增加新的签讹内容，这项工作其实是在档册上进行的。比如《校档》录《太平广记》签讹信息，卷三百八十九"十页后四行'渚宫'"，复校时，馆臣增"分校改'渚'为'隋'，别卷多作'渚'，写'渚'似不误，俟酌"诸字，意即对此条签改尚有异议，最终仍凭总裁酌定，如于敏中所谓"校对遗书夹签，送总裁阅定"。①《通志》中有多处签改直接标注"省""省去"，属于复校时删去，卷十下"五十七页后二行'慕容垂追败温后军于襄邑'，《晋书》'追'作'击'"，复校圈涂此签改内容，并注明"省"；"五十九页后四行'出神虎门'，《晋书》'虎'作'兽'，后同"，复校删去，并注"省去"。此外，增补的签讹信息，亦可在《校档》中找到，如《礼记注疏》的签讹信息有"卷十六补签一条""卷十七补签"等内容，应属复校时增补。察其内容，凡增补签改，皆小字写于各行之间，或于页中空白处，有些以"△"标于首字之上。分校官黏贴校签，复校时移录、删改、增补校签，最终的目的不在于校签本身的重要性，而是誊录人员以校签为据，销签完毕（销讫）后誊抄入《四库全书》。《校档》显示很多书籍都曾销签，有些甚至不止一次，如《鸡肋编》已销一次、《左传补注》已销一次、《礼记注疏》已销三次。不管是分校阶段还是复校阶段，凡经销讫的校签，即可省去不录，《校档》录《空同集》签讹信息，有"序一页后二行'今之俗既历胡，乃其

---

① 于敏中撰：《于文襄手札》第 19 通，国立北平图书馆，1933 年影印本。

曲乌得而不胡也',二'胡'字拟改'变'字,俟酌",其后复校作"改后去签"。由此看来,《校档》详细记录了分校官黏贴、复校阶段删改、增补以及最终销讫的校改内容,较为清晰地揭示了四库馆臣纂修书籍的工作程序。[①]

(三)《四库全书考证》的编纂

值得注意的是,《校档》还与《四库全书考证》的编纂密切相关。相关研究表明,《考证》乃是馆臣择取黄签汇编而成,而黄签其实就是校签的一种,只不过由于需要进呈御览,所以区别于一般校签。[②]《校档》中《新唐书》和《释音》后有"凡黄签须明白晓畅,进呈时一览了然,若重沓支离,均不足取,倘太简略,又不可以此籍(籍)口急索解,人不可得尚其且暮遇之",据此可知,《校档》是黄签加工过程中的载体之一,很可能是《四库全书考证》成书过程中的重要一环。循此路径,将《考证》与《校档》的校签一一核对,发现二者并不能完全对应。除《考证》所录《新唐书》与《释音》的签改意见均能在《校档》中找到出处外,其他各书的签讹内容,皆互有异同。由于《校档》中《新唐书》与《释音》抄写工整,且抄纸有界栏,与各书不同,猜测这两书应是复校核对签讹记录后,重新誊抄的较为整饬的内容,因此在编纂《考证》时可直接从中选择黄签。而且,《四库全书荟要》中的按语,也与《校档》或《四库全书考证》多有不同。笔者认为这三种签改内容,皆由黏贴在底本上的校签转化而来,在《荟要》与《四库全书》的编纂过程中,有些底本上的校签作为按语抄入《荟要》,部分内容则移录至《校档》。馆臣自底本校签、《荟要》按语、《校

---

① 本文所使用的《校档》,只是同类型文献极少的遗存。期待今后这样的《校档》还会有更多被发现,弥补相关研究领域文献不足的状况。

② 张升著:《四库全书馆研究》,第190页。

档》中选择校签加工成黄签,再将黄签汇编成《四库全书考证》,具体的流程或如下图:

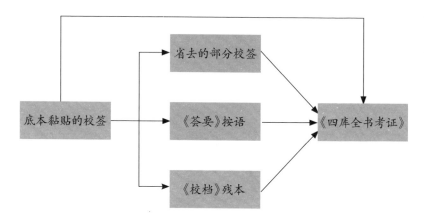

四、荟要处与四库馆的纂修"空间"[①]

四库馆规模庞大,[②] 其运作模式也极为复杂。一般而言,四库馆是以翰林院与武英殿以及其他各种纂修机构共同构成。四库馆类似一个以修书为共同目标而构成的"内在关联"的"空间",翰林院、武英殿位于"空间"的中心。在《四库全书》的纂修过程中,并非全然由四库馆编纂所有书籍,诸如清朝会典、方略以及三通之类的典籍,交付会典馆、方略馆与三通馆承办。那么,各承修机构临时建立起与四库馆的关系。于此言之,以各机构承修书籍的轻重缓急、与四库馆的联结方式及距离四库馆的远近,构成了"空间"的边缘。在这个由修书构成的"空间"中,既有统属关系,又有因承担临时修书职任而建立的相对独立的关联。

---

① 此处所使用的"空间"一词,并非仅限于物理意义,故加双引号显示。下同。
② 因四库馆由翰林院四库馆(四库全书处)和武英殿四库馆构成,因此本文所述的四库馆涵盖二者。

关于荟要处与四库馆的关系,吴哲夫认为,荟要处与四库馆既有从属,又有相对独立的关系,荟要处于乾隆四十二年中期以后由武英殿直接承办,至乾隆四十四年初期,又从武英殿并入四库馆。① 张升《四库全书馆研究》将四库全书处分为翰林院与武英殿两大机构,而荟要处属于武英殿系统。② 除荟要处外,武英殿还辖有收掌处、监造处、聚珍处、校勘翰林处,由此可知荟要处是隶属于武英殿四库馆之纂修机构。

《校档》分别登载荟要处与全书处(翰林院四库馆)纂修《新唐书》的签改内容,通过比较签改内容的异同,并与完竣后收入《四库全书荟要》和《四库全书》中的《新唐书》覆核,可以窥探荟要处与翰林院四库馆(全书处)办理书籍流程的联系与区隔。由于荟要处纂办《新唐书》仅留存卷一百七十六以后的校改意见,因此只能对此卷之后的内容进行比勘,今试举数例,列表四如下:

表四　荟要处、全书处所载《新唐书》校签异同表(部分)

卷次	荟要处校签	《四库全书荟要》	全书处校签	《四库全书》	备注
卷一百八十六	十页前五行"李琼出耒阳",刊本"耒"讹"来",据《湖南省志》改。	李琼出耒阳	无	李琼出来阳	《荟要》改,《全书》未改。《荟要》校改正确。
卷一百九十八	无	后惟岳被杀于王武陵	廿一页五行"后惟岳被杀于王武俊",刊本"俊"讹"陵",今据监本、毛本改。	后惟岳被杀于王武俊	《荟要》未改,《全书》改。《全书》校改正确。

---

① 吴哲夫著:《四库全书荟要纂修考》,"国立故宫博物院",1976年,第10页。
② 张升著:《四库全书馆研究》,第43页。

续表

卷次	荟要处校签	《四库全书荟要》	全书处校签	《四库全书》	备注
卷二百二	无	擢宋贤馆直学士	八页后一行"擢崇贤馆直学士",刊本"崇"讹"宋",据毛本、监本改。	擢崇贤馆直学士	《荟要》未改，《全书》改。《全书》校改正确。
卷二百十六上	二页后二行"最上瑟瑟",刊本"瑟瑟"讹"琴瑟",今改。	最上瑟瑟	无	最上琴瑟	《荟要》改，《全书》未改。《荟要》校改正确。
卷二百二十三下	十五页前八行"以功累表检校尚书右仆射",刊本"功"讹"多",今改。	以功累表检校尚书右仆射	无	以多累表检校尚书右仆射	《荟要》改，《全书》未改。《荟要》校改错误。

由表四的内容可知，荟要处与全书处的校签互有异同，馆臣在办理《四库全书荟要》时校改了《新唐书》的一些内容，并未被《四库全书》采纳。同样，《四库全书》纂修《新唐书》时，馆臣的校改也是荟要处未及措意的，以致形成《四库全书荟要》和《四库全书》收录的《新唐书》各有讹舛，未能整齐划一。由上述校签的歧互可以发现，荟要处与全书处纂办《新唐书》，前后之间并非借鉴和吸收的关系，反而体现出相对独立的纂修权限。

此外，从《四库全书荟要》卷末所载"按语"，亦可看出荟要处办理书籍与全书处的疏离。逐一比勘《荟要》所附"按语"与《校档》可以发现，虽然"按语"内容多数不见于《校档》，但"按语"题写的格式则与《校档》无异。因此，我们认为"按语"亦是馆臣校签的汇总，只是这部分校签改完后即被省去，因而大量内容并不在《校档》的登载范围之内。如《新唐书》

卷一百七十八,有按语作"第八页后八行'臣闻尧舜之为君',刊本'舜'讹'禹',据下文改";覆核《荟要》与《四库全书》,前者作"臣闻尧舜之为君",后者作"臣闻尧禹之为君"。卷一百八十,有按语"第十三页前一行'无敢驰驱',刊本'无'作'不',据《诗经》改";《荟要》本作"无敢驰驱",《四库全书》本作"不敢驰驱"。卷一百八十八,有按语"第一页后五行'陶雅为左衡山将',刊本'衡'讹'衝',据毛本改";《荟要》作"陶雅为左衡山将",《四库全书》沿袭底本之讹,作"陶雅为衝左山将"。按语中的校改,乃荟要处办理《新唐书》的校勘成果,经过核查皆校改正确。遗憾的是,这些精善的校勘意见,并未被《四库全书》吸收,更加表明荟要处与全书处的彼此疏离。

综上所言,《四库全书》的纂修,看似是四库馆的整体运作,但各机构之间并非完整的一体。在编修过程中,荟要处与之关系密切且又彼此区隔,更多的时候呈现一种相对独立的运作模式。四库馆总裁名义上统摄所有纂修机务,由于办书人员众多,四库馆的管理机制规训不了不同机构的办书流程,从而造成纂修"空间"上既紧密关联又相互疏离的复杂情形。

第二节 四库馆臣对作者的改撰

古代社会,由于印制技术受限,书籍屡经传抄、翻刻,因而不无错乱。书籍史研究认为,传抄或翻刻均属于阅读者进行的文本再造,文本只有通过读者才具有意义,且会随读者而变化。[①] 因此,作者的身份很多时候依托于读者存在,经过读者的精心诠释与主体创造而流播,这种诠释和创造并不能简单等同于文本作者或书籍生产者的意图,而是反映读者的

---

① Michel de Certeau. *The Practice of Everday Life*. Berkeley University of California Press,1984,p167-170.

旨趣和心理,并传递读者意欲表达的意义。① 中国的书史发展源远流长,伪撰作者或托名古人之事极易寻见,因人废言、妄加添撰亦是不胜枚举。伪撰作者是书籍史发展中的一种特殊现象,体现了阅读者的精心诠释与主体创造,因此,追溯篡改者阅读文本的心态,揭露伪撰的动机,探明与文本作者之间的纠葛,进而窥探其传递的信息,这将是很有趣味的一项工作。本节所要叙述的《全蜀艺文志》即是其中比较典型的案例。清代篡修《四库全书》前,《全蜀艺文志》的编纂者从无异议,明代及清初的文献记载均作杨慎。直至《四库全书》开始,四库馆臣撰写的提要将作者改为周复俊。在此之前,学界的关注点集中在《全蜀艺文志》的编者究竟是谁,却很少考究产生作者分歧的原因。四库馆臣改撰周复俊为作者,究竟是偶然失检,还是有意为之? 本节尝试分析呈现作者分歧现象的因由,揭示四库馆臣改撰周复俊为作者的动机和用意。

一、《全蜀艺文志》的作者纠纷

关于《全蜀艺文志》的编者身份,王文才、蓝勇、旷天全、杨钊等人已进行过详细梳理,② 从杨慎自序、时人论著记载、后人文集追记、明清目录著作以及流传刻本等出发,确证杨慎为《全蜀艺文志》的作者。但蓝勇先生提出现存嘉靖刻本《全蜀艺文志》作者题为周复俊,似是提出了明代即有周复俊为作者的证据。经仔细查阅,嘉靖刻本中并未出现周复俊撰《全蜀艺文志》的确切记载。

---

① [法]夏特里埃:《文本、印刷术、解读》,收入[美]林·亨特编、姜进译《新文化史》,华东师范大学出版社,2002年,第221页。
② 梳理见于蓝勇《〈全蜀艺文志〉的编者是谁?——400多年前的一桩著作权遗案》(《文史杂志》1997年第1期)、旷天全《〈全蜀艺文志〉编者考论》(《绵阳师范学院学报》2010年第7期)及杨钊《杨慎编辑〈全蜀艺文志〉考释》(《中华文化论坛》2015年第10期)。

中国国家图书馆藏有《全蜀艺文志》嘉靖二十四年刻本,计二十八册,半叶十三行,每行二十六字,白口,单鱼尾,版心题"全蜀艺文志",前有杨慎撰《全蜀艺文志序》,但此书并未署名作者。《北京图书馆藏古籍珍本丛刊》收录该书,添撰作者为周复俊。据查,此刻本末有《四川总志后序》,题"嘉靖壬寅夏四月朔旦按察司副使周复俊撰"等语,猜测或是四库馆臣因该刻本后之《四川总志序》,而误舛为周复俊撰。就嘉靖刻本而言,《全蜀艺文志》附于《四川总志》后,因此,《全蜀艺文志》的作者应根据《全蜀艺文志序》所述,即编者应为杨慎。万历四十七年,吴之皞、杜应芳等重编《四川总志》,以嘉靖二十四年刊本为底本,重加刊刻,半叶九行,行二十字,白口,四周单边,单鱼尾,版心题"全蜀艺文志",前有杨慎序,编者题杨慎。此外,该刻本录有杜应芳重编《四川总志序》称:"辛丑《志》出三先生之手,而《艺文》独属杨太史用修。"[1] 同时,万历四十七年杜应芳等还补编并刊刻了《补续全蜀艺文志》,称"考《蜀艺文志》,史臣杨慎所编",[2] 此书承继《全蜀艺文志》而成,自然不会混淆前编的作者。从这些刊本的记载来看,杨慎为编者并无异议,明代的刻本系统中并未出现周复俊编《全蜀艺文志》的记载,蓝勇先生之言欠妥。值得注意的是,晚近以来部分书目如《嘉业堂藏书志》《增订四库简明目录标注》著录嘉靖刻本《全蜀艺文志》时题为周复俊撰,让人误以为嘉靖刻本即为周复俊,但细审这些书目,皆是沿袭《四库全书总目》,并不是原刻本中题称周复俊,后文将仔细辨别这些书目的因袭详情。

从这些论证材料来看,《四库全书》纂修之前,从未出现周复俊编撰

---

① 黄延贵、张晋生等修:《四川通志》,文渊阁《四库全书》第559册,第23页。
② 杜应芳辑:《补续全蜀艺文志》,明万历四十七年刻本,四川大学图书馆藏,索书号:02115。

《全蜀艺文志》的记载。笔者不揣简陋，稍赘一些佐证。

杨慎所作《周受庵诗选序》称"往年，慎修《全蜀艺文志》载之不能尽也"，此处自述曾编修《全蜀艺文志》，最具说服力。嘉靖二十年，程启充撰《升庵诗话序》，云："升庵在滇，手所抄录汉晋六朝名史要语千卷，所著有《丹铅余录》《丹铅续录》《韵林原训》《蜀艺文志》《六书索隐》《古音略》《皇明诗钞》《南中稿》诸集。"[①]序尾题"嘉靖辛丑阳月"，即嘉靖二十年十月，距杨慎"嘉靖辛丑九月十五日"编纂完成《全蜀艺文志》尚不足月余，其称杨慎著《全蜀艺文志》的记载至为可信。约与杨慎、周复俊同时代的于慎行撰有《明故南京太仆寺卿进阶通议大夫木泾周公墓志铭》，称："（周复俊）著有《元史弼违》《玉峰诗纂》《东吴明贤记》及《泾林诗集》若干卷行于世。别有诗十卷及《泾林杂记》《泾林类记》《四书解》各若干卷藏于家。"[②]一般而言，古人的墓志或由至交密友撰写，或请名家代笔，记载较为可信。周复俊的墓志中载其生平著述，且将家中书稿等一并列入，足见撰志者对墓主的了解。从这份墓志可知，《全蜀艺文志》未在其列，这足以说明，撰志者并不认为《全蜀艺文志》为周复俊所编。

除此之外，学界在研究《全蜀艺文志》的编者身份时，忽略了明代以来学人辑录的《升庵著述目录》。《升庵年谱》所附书目为杨慎之子侄整理而成，此辑为首次编著杨慎著述目录。《续藏书》移录《年谱》书目一百十七种，《全蜀艺文志》在其列。万历时，焦竑辑录的升庵书目，所列著述一百三十八种，《全蜀艺文志》置"外集"中。其后，又于《玉堂丛

① 杨慎撰，王大厚笺证：《升庵诗话新笺证·升庵诗话序》，中华书局，2008年，第1247页。
② 于慎行著：《谷城山馆文集》卷二十，明刻本。

话》中著"（杨慎）所编纂有《蜀艺文志》"。万历末，何宇度在焦竑编目基础上，重新董理书目一百四十种，仅增加两种。同时，明代还流传一卷本《杨升庵著述目录》，《千顷堂书目》《绛云楼书目》《近古堂书目》均有记载，书名卷数皆相同。笔者逐一查阅，《全蜀艺文志》属其列。据王文才先生考证，明代以来流传的《杨升庵著述目录》应为《升庵外集》卷首之目录，即焦竑编目之《升庵著述目录》。[①] 由此，明人辑录的各种杨慎著作目录，皆认为《全蜀艺文志》为其所作，并不存在著作权问题。

二、四库馆臣改撰的作者

清代以来，学人撰述多有论及《全蜀艺文志》，徐乾学《传是楼书目》、朱彝尊《曝书亭集》、《明史·艺文志》等皆署杨慎撰《全蜀艺文志》，特别是《明史》，集众多学者共同纂修而成，而杨慎又是明代著名学者，断不会误题其名。据笔者所见，《四库全书》纂修之前，《全蜀艺文志》不曾出现编者身份的纠葛。[②] 但四库馆臣撰写的提要，或改撰周复俊为作者，或又署名杨慎，模棱两可，由此产生了关于《全蜀艺文志》作者为谁的问题。

现存台湾的《四库全书初次进呈存目》，应为目前所知最早的提要残稿，其记载《全蜀艺文志》提要如下：

---

① 王文才著：《杨慎学谱》，上海古籍出版社，1988年，第148页。
② 此处有一点尚需辨明，据查《清史列传》卷七十一《汪森传》称其所撰《粤西文载》"于形势扼塞、控置得失、兴废利弊，记录尤详，论者谓为明周复俊《全蜀艺文志》之亚"，据王锺翰先生研究，《清史列传》之史源主要为清国史馆大臣列传、《满汉名臣传》及《国朝耆献类征初编》，前两者皆由清国史馆纂修，《耆献类征》亦主要采摭移录国史馆本传及私家碑志行状。进而查检以上典籍，并无周复俊撰《全蜀艺文志》的记载，由于汪森为康熙雍正间人，如果其传有载周复俊撰《全蜀艺文志》，本文的持论便无法立足，但在仔细查验后认为《清史列传》中的叙述或是采信后世之言，并非康熙雍正时即有周复俊撰《全蜀艺文志》的记载。

《全蜀艺文志》六十四卷，明周复俊撰。复俊，嘉靖时为四川按察司副使。博采汉魏以降诗文之有关于蜀者，汇为此书。包括网罗，极为赅备。所载如王象之《舆地纪胜碑目》、罗泌《姓氏谱》、元费著《古器谱》，其书多不传于今。又如李商隐《重阳亭铭》，今本集亦失载，皆可以备考核。诸篇之后，复俊亦间附辨证，如汉初平五年《周公礼殿记》，载洪适《隶释》，并载史子坚《隶格》，详略异同，彼此互见，非同他地志之泛泛采摭。若曹丕《告益州文》与魏人《檄蜀文》，伪词虚煽，颠倒是非，于理可以不录。然此志搜罗故实，例主全收，非同编录总集有所去取，善恶并载，亦未足为复俊病。惟篇末不著贬驳之词，以申公义，是则诚疏耳。①

作为《四库全书总目》的最初稿本，《四库全书初次进呈存目》在现存各阁提要及《总目》之前形成，但这篇提要的撰者却无从查考。经对比，除极个别字词略有小异外，与现存文渊、文津、文溯阁提要及《总目》无甚差别。观此提要可知，馆臣对《全蜀艺文志》评价极高，褒扬其不仅编撰体例谨严，而且所收内容史料价值高，足备考核。《总目》更是评论称"谈蜀中掌故者，终以《全蜀艺文志》与是书（指《蜀中广记》）为取材之渊薮也"，②四库馆臣对《全蜀艺文志》的推崇可见一斑，甚至对其收录伪词杂作等亦不著斥责，仅以"未足为复俊病"开脱。因此，综观现存各种《全蜀艺文志》提要，其作者均题周复俊。

除《全蜀艺文志》提要的记载外，还可以翻检其他书籍提要中引用

---

① 江庆柏等整理：《四库全书初次进呈存目》，人民文学出版社，2015 年，第 178 页。
② 永瑢等撰：《四库全书总目》卷七十，《蜀中广记》提要，中华书局，1965 年，第 627 页。

《全蜀艺文志》的叙述。如《蜀藻幽胜集》,《总目》称:"明傅振商编。蜀虽僻处一隅,而自汉晋以来,文章为盛,宋庆元中有程遇孙等《成都文类》,明嘉靖中又有周复俊《全蜀艺文志》,搜罗赅备,业已巨细兼登。"[①]又如《成都文类》,"以周复俊《全蜀艺文志》校之,所载不免于挂漏",[②]检核文渊阁、文津阁及文溯阁卷前提要,除文津阁未提及周复俊外,其他各阁皆同。与此同时,在《四库全书》纂修中形成的其他衍生品,诸如《四库全书简明目录》《四库全书考证》等,馆臣的记载也如出一辙。如《四库全书简明目录》记载"《全蜀艺文志》六十四卷,明周复俊编。以《成都文类》为蓝本,而补阙拾遗,搜罗较备,间附案语,亦多所考证",[③]"《成都文类》五十卷,宋程遇孙等八人同编。旧题袁说友者,误也。凡分十一类,每类又分子目,颇为繁碎。以《全蜀艺文志》核之,亦尚有挂漏。然使先无此书,周复俊等亦未能成《全蜀艺文志》也"。[④]

当然,四库馆臣对于《全蜀艺文志》作者的记载并不完全一致,仍有多处署名杨慎所撰。文渊阁《四库全书》录《李义山文集笺注》卷前提要称:"炯据《全蜀艺文志》采入,冯浩注本则辨其碑未结衔,又乡贯皆可疑,知为旧碑漫漶,杨慎伪补足之。"[⑤]据提要所言,冯浩误引伪碑,而该碑为杨慎添补,辑入《全蜀艺文志》中。此处记载颇有歧义,似乎杨慎伪补碑铭,与是否撰著《全蜀艺文志》无涉。再看《东塘集》提要,"故厉鹗《宋诗纪事》仅从杨慎《全蜀艺文志》采其《巫山十二峰》诗一

---

① 永瑢等撰:《四库全书总目》卷一百九十三,《蜀藻幽胜集》提要,第1758页。
② 永瑢等撰:《四库全书总目》卷一百八十七,《成都文类》提要,第1699页。
③ 永瑢等撰:《四库全书简明目录》,上海古籍出版社,1985年,第854页。
④ 永瑢等撰:《四库全书简明目录》,第840页。
⑤ 徐树谷、徐炯笺注:《李义山文集笺注》,文渊阁《四库全书》第1082册,第238页。

首"，①在这里，四库馆臣认为杨慎编《全蜀艺文志》，笔者重又覆核其他诸阁提要，皆与此同。

综上所述，《四库全书》的纂修导致了《全蜀艺文志》作者两歧，而且各提要的叙述也未齐一，各阁《全蜀艺文志》提要均以周复俊为作者，而《东塘集》《李义山文集笺注》却仍作杨慎编著。一般而言，《全蜀艺文志》提要的叙述是表明四库馆臣观点的直接史料。各阁、各阶段提要均称"周复俊作"，这足以证明至少在《四库全书》的纂修者看来，周复俊应为《全蜀艺文志》的作者。至于其他提要所作"杨慎《全蜀艺文志》"，或许是因袭他说，但仅有的几处记载，不足以推翻馆臣认同的作者。

行文至此，便产生疑问，四库馆臣为什么将周复俊当作《全蜀艺文志》的编者，依恃的史料或持论的基础何在？笔者发现，《四库全书》收录的《全蜀艺文志》前附有一篇署为周复俊的《全蜀艺文志序》，以此自证周复俊撰《全蜀艺文志》。据查，此序原作《四川总志序》，与杨慎撰写的《全蜀艺文志序》内容相差极大。查核嘉靖二十四年《全蜀艺文志》刻本，其所附《四川总志序》与《四库全书》中所谓的《全蜀艺文志序》相同，且署周复俊撰。此外，通过序的具体内容，亦可知悉其为《四川总志序》，"是知蜀不可以无志，犹国不能无史也。是故首纪帝后，而立极配体昭焉；次之以藩封，而疏潢锡壤渥焉；次之以监守，而分划慎固崇焉；次之以名宦，而授钺载其光焉；次之以郡县，而分茅禀其责焉"。②观此序，叙述大意均是针对《四川总志》而言，可以确知当为《四川总志序》。至此已然明了，《四库全书》所录周复俊《全蜀艺文志序》，只是馆臣替名的《四川总志序》，而本由杨慎撰写的《全蜀艺文志序》，却被馆臣摒弃。

---

① 永瑢等撰：《四库全书总目》卷一百五十九，《东塘集》提要，第1374页。
② 周复俊撰：《全蜀艺文志》，文渊阁《四库全书》第1381册，第2页。

由此看来，四库馆臣题周复俊为《全蜀艺文志》的作者，存在故意作伪之迹。

旷天全先生认为《四库全书》之所以误题周复俊之名，乃是因为抄本系统《全蜀艺文志》署名皆为周复俊，四库馆臣只是因袭旧误致然，看似推论合理，细审之，仍有可商榷的地方。

首先，旷氏认为抄本《全蜀艺文志》可能只是节抄《四川总志》，故而遗去杨慎所撰序，仅存有附在最后的崔廷槐《四川总志序》与周复俊《四川总志序》。据笔者查阅，嘉靖刻本、万历刻本《四川总志》所附《全蜀艺文志》，杨慎序皆在全书之前，并非书后。即使如旷氏所言，仅存书后之序，但崔廷槐之序在周复俊序前，缘何不录崔序而只存周序？

其次，旷氏所言抄本皆题周复俊撰，其胪列的最早抄本为朱学勤《结一庐书目》所载，如所周知，朱氏对《四库简目》用力甚勤，有《朱修伯批本四库简明目录》传世。朱氏如此精于四库目录，私家藏书据《四库简目》而称周复俊不无可能。当然，我们也能从朱氏所批《四库简明目录》中寻找到重要的证据。《朱修伯批本四库简明目录》登载"嘉庆中谭言霭刊小字本《全蜀艺文志》"，[1] 作者署周复俊。据查嘉庆二十二年谭校本《全蜀艺文志》，扉页题"杨升庵先生原本""江陵朱退唐先生校正""嘉庆丁丑重镌"等，没有任何周复俊的踪迹。朱氏显然是根据《四库简目》而改成周复俊。因此，《结一庐书目》所载之抄本《全蜀艺文志》的作者或许亦经过朱氏改易。再者，据笔者所见，清代的抄本《全蜀艺文志》亦有署名杨慎者，如嘉庆元年俞廷举撰《全蜀艺文志序》，云"朱退唐以重刊升庵《全蜀艺文志》问序于余，……所得皆系抄本，搜罗校正，越三寒暑始藏

---

① 朱学勤标注：《朱修伯批本四库简明目录》，北京图书馆出版社，2001年，第846页。

事",由此可知,朱遐唐重刊本《全蜀艺文志》乃是据抄本而重加校雠,从其序言可知,抄本中题署杨慎之名。于此可以窥知,四库馆臣因袭抄本而误题周复俊之名,实难成立。

《四库全书》著录周复俊为作者的提要,如表五:

表五

四库提要 / 书名	《全蜀艺文志》	《成都文类》	《蜀藻丝胜集》
《四库全书初次进呈存目》	周复俊		
文渊阁提要	周复俊		
文津阁提要	周复俊		
文溯阁提要	周复俊	周复俊	
《四库全书总目》	周复俊	周复俊	周复俊
《四库全书简明目录》	周复俊	周复俊	
《四库全书考证》	周复俊		

《四库全书》著录杨慎为作者的提要,如表六:

表六

四库提要 / 书名	《东塘集》	《李义山文集笺注》	《成都文类》
文渊阁提要	杨慎	杨慎	杨慎
文津阁提要	杨慎	杨慎	
文溯阁提要	杨慎	杨慎	
《四库全书总目》	杨慎	杨慎	

值得注意的是,在《四库全书》前开始纂修的《续通志》《续文献通考》亦著录周复俊撰《全蜀艺文志》六十四卷。乾隆十二年,嵇璜奉命纂修《续文献通考》,至乾隆四十九年成书进呈,并于乾隆五十四年缮入《四库全书》。《续通志》于乾隆三十二年纂修,乾隆五十年成书并缮入《四库全书》。于此而言,《续文献通考》《续通志》始纂时间早于《四库全书》,那么是否意味着周复俊为《全蜀艺文志》作者的记载并非始于四库馆臣

伪撰呢？循此思路，我们进一步探寻《续文献通考》《续通志》与《四库全书》编纂的问题。

乾隆十二年，清廷于宣武门设立通考馆，编纂《续文献通考》，"上溯宋嘉定以后，马氏所未备者，悉著于编，为《续文献通考》。大学士张廷玉，尚书梁诗正、汪由敦经理其事"。① 此后，由于《续通志》《续通典》等其他志书的修撰，三通并纂，册籍繁多，往来不便，于乾隆三十二年将通考馆移置武英殿西、咸安宫东夹道内之东，并改称三通馆。三通馆由总裁嵇璜、刘墉、王杰、曹文埴负责纂修，而这四人均曾充四库馆总裁（副总裁），由于《续文献通考》《续通志》与《四库全书》的纂修存在时间交叉，而纂修人员亦是分任四库馆之馆臣，猜测三者的内容或许亦有雷同，甚至彼此誊抄。以《续文献通考》著录《全蜀艺文志》为例，其下提要云"臣等谨案，志中所载如罗泌《姓氏谱》、元费著《古器谱》，今多不传。又李商隐《重阳亭铭》为《文苑英华》及本集所不载，是集搜罗赅备，足资考核"，经覆核，与《四库全书总目》完全一致。由此我们可以推断，《续文献通考》或许是抄袭《总目》而致。理由有二：其一，《四库全书总目》乃由《四库全书初次进呈存目》修改润饰而成，《进呈存目》载《全蜀艺文志》提要作"所载如王象之《舆地纪胜碑目》、罗泌《姓氏谱》、元费著《古器谱》，其书多不传于今。又如李商隐《重阳亭铭》，今本集亦失载，皆可以备考核"，很显然，《续文献通考》与《进呈存目》所述差异较大，特别是删去"如王象之《舆地纪胜碑目》"一句。因此，可以断定《续文献通考》中《全蜀艺文志》的记载乃是攘袭《四库全书总目》。若反是《总目》抄袭《续文献通考》，那《进呈存目》的记载必然亦是抄撮《续文献通考》，但实际情

---

① 张廷玉撰，江小鱼、杨怀志点校：《张廷玉全集》下册，安徽大学出版社，2015年，第455页。

况是《总目》沿袭《进呈存目》。其二,《四库全书总目》录《续文献通考》提要云"惟我皇上右文稽古,近敕儒臣采辑并访求遗佚,编为《四库全书》,凡《总目》所载宋代遗编,多有端临未及著录者,今皆一一补入,而辽金元明四代之书,亦悉据《四库全书》按次编录,至端临于每数之前各载史志部卷总数,盖以馆阁书之存佚不可知,姑录之以备考也,今亦依宋明史志总数列前。其辽金元三史不立艺文志,散见各纪传中,亦即于卷首标识焉。又每类之中,或删其目,或易其名,皆参诸《四库全书》",《总目》明确指称《续文献通考》悉据《总目》及《四库全书》编录,因而抄撮《全蜀艺文志》提要并题署周复俊自是顺理成章。姚名达先生指出清代三通修纂皆是沿袭《四库全书总目》,"《续文献通考》《皇朝文献通考》《续通志》《皇朝通志》几乎完全抄撮《提要》。所不同者,惟沿袭马、郑之例,《通考》则稍取清初少数学者论考古籍之语,《通志》则惟录书目而删去提要"。①

综上所述,《续文献通考》《续通志》所称"周复俊撰《全蜀艺文志》"乃是因袭《四库全书总目》,始作俑者仍是四库馆臣。据此,在《四库全书》编纂前,没有任何书籍记载周复俊为《全蜀艺文志》作者,而自《四库全书》开始,周复俊被制造为作者,并贻误后世。

三、阅读心态与改撰作者

书籍史研究巨擘罗伯特·达恩顿非常强调阅读史与心态史的结合,藉对阅读史的考察,揭示某个人或一些群体的心态、思维方式。② 作为读者,四库馆臣完全能够阅读到诸如明代以来有关杨慎的叙述,而且《千顷堂书目》《明史·艺文志》等亦收入《四库全书》,馆臣断不会不知《全

---

① 姚名达著:《中国目录学史》,上海古籍出版社,2002 年,第 182—183 页。
② 张仲民:《从书籍史到阅读史——关于晚清书籍史、阅读史研究的若干思考》,《史林》2007 年第 5 期。

蜀艺文志》为杨慎所编。在明知作者为杨慎的前提下,缘何改撰另外一位作者? 四库馆臣故意埋没杨慎之名,存心贬斥,究竟映射了四库馆臣怎样的心态? 循此思路,我们可以进一步寻绎四库馆臣对杨慎其人的评论,或可勾勒馆臣群体捏造史实的心路历程。[1]

在这里,我们试图对比《翁方纲纂四库提要稿》《四库全书初次进呈存目》与《四库全书总目》中杨慎著作的提要,以窥探不同阶段提要的叙述,并进而分析四库馆臣在提要润饰过程中添加的内容,藉此研究四库馆臣对于杨慎的总体评价。

《翁方纲纂四库提要稿》录杨慎著作四部,分别为《转注古音略》《古隽》《杨升庵集》和《艺林伐山》,在这些提要中,我们丝毫没有关注到攻讦人身的言辞,反而就著述本身评论,且极为公允。如《翁方纲纂四库提要稿》录《杨升庵集》提要,称"盖考证时有臆出,而文集自足流传",[2] 这是翁方纲批评杨慎考证不精,言辞恳切。再看《总目》的评论,"至于论说考证,往往恃其强识,不及检核原书,致多疏舛。又恃气求胜,每说有窒碍,辄造古书以实之,遂为陈耀文等所诟病",[3] 杨慎考证的失误被馆臣重点提出,"时有臆出"进而演变为"造古书以实之"。此外,《四库全书》摒弃杨慎所著《艺林伐山》,《总目》亦不录书名,这与《翁方纲纂四库提要稿》所言大相径庭。《翁方纲纂四库提要稿》录《艺林伐山》,称"是书既不限于对偶,又不专为考证。昔人所讥慎著书之弊,是书罕涉之,而其荟萃钩索,良足鼓吹艺苑。取材奥博,无愧书名,较诸《丹铅》之录、《谢

---

① 《总目》对杨慎的评价,学界研究较多,但均是摘录《总目》的评判语句评析,缺乏不同阶段提要的前后比对。
② 翁方纲撰,吴格整理:《翁方纲纂四库提要稿》,上海科学技术文献出版社,2005 年,第 859 页。
③ 永瑢等撰:《四库全书总目》卷一百七十二,《升庵集》提要,第 1502 页。

华启秀》之编,尤足以资扬挖者也。……应刊刻之"。①这篇提要极为夸赞《艺林伐山》,并称该书并无著述之病,而且取材精善,考证详赡。翁氏提要稿提出"应刊刻",但查阅《四库全书》,《艺林伐山》并未收入,甚至存目中亦未寻见。缘何如此佳作却不收录,反而将《转注古音略》著录,此书翁方纲曾明确称:"其书名既不合于六书之义,则其字义引证益无庸论矣,似不应存目以贻误学者。"②四库馆臣恣肆挞伐杨慎考据不善的同时,却不录其考证佳作,如此评述杨慎显然有失片面,这种扬恶抑善的举措尽显馆臣攻讦之意。

不难发现,四库馆臣对杨慎其人、其作的评论逐渐苛刻。自提要稿至《总目》,内容屡经修改、润饰,而对杨慎的评判正好反映了四库馆臣的旨趣。与此同时,我们还可进一步归纳《总目》关于杨慎其人、其作的总结和评价,循此探究四库馆臣对于杨慎的认知和论断。

《总目》涉及杨慎的言辞甚多,更不乏评头论足之言,现摘录如下:

《长安志》提要:"盖慎喜伪托古书,不足为据。"③

《南中志》提要:"杨慎好撰伪书,此书当亦《汉杂事秘辛》之类也。"④

《隶释》提要:"慎杜撰之文,又不足以为适病矣。"⑤

《读书敏求记》提要:"《东坡石鼓文全本》,实杨慎伪托。"⑥

《书史》提要:"杨慎作《丹铅录》,尝攘其说,而讳所自来。"⑦

① 翁方纲撰,吴格整理:《翁方纲纂四库提要稿》,第597页。
② 翁方纲撰,吴格整理:《翁方纲纂四库提要稿》,第123页。
③ 永瑢等撰:《四库全书总目》卷七十,《长安志》提要,第619页。
④ 永瑢等撰:《四库全书总目》卷七十八,《南中志》提要,第620页。
⑤ 永瑢等撰:《四库全书总目》卷八十六,《隶释》提要,第735页。
⑥ 永瑢等撰:《四库全书总目》卷八十七,《读书敏求记》提要,第745页。
⑦ 永瑢等撰:《四库全书总目》卷一百十二,《书史》提要,第958页。

《丹铅录》提要:"好伪撰古书以证己说,睥睨一世,谓无足以发其覆。"[1]

《异鱼图赞》提要:"慎何从而见之,尤出依托。"[2]

《通雅》提要:"慎好伪说以售欺。"[3]

《蠡海集》提要:"杨慎《丹铅录》引梁元帝之说,别出无典,殆由依托。"[4]

《广博物志》提要:"《汉杂事秘辛》为杨慎赝作,世所公知。"[5]

《参同契章句》提要:"慎好伪托古书。"[6]

《王司马集》提要:"惟杨慎之言多不足据。"[7]

《金石古文》提要:"慎乃臆为补足,诡称得之李东阳。"[8]

从《总目》的叙述可知,四库馆臣的批评相当激烈,杨慎的形象已然被固化为"造伪者"。由于存在善于伪造的既定事实,杨慎的考证成果同样遭到鄙夷,馆臣多以"饾饤为编,只成杂学"评论其作。[9] 心态史研究认为,一个人(或一个群体)的心态变化,会透过一些蛛丝马迹特别是思维方式、象征符号表现出来,[10] 杨慎被四库馆臣"塑造"为伪撰的"象征符号",自然是整个馆臣群体的心态映射,这种既定的身份认同,无意间被不断

---

[1] 永瑢等撰:《四库全书总目》卷一百十九,《丹铅录》提要,第 1026 页。

[2] 永瑢等撰:《四库全书总目》卷一百十五,《异鱼图赞》提要,第 955 页。

[3] 永瑢等撰:《四库全书总目》卷一百十九,《通雅》提要,第 1028 页。

[4] 永瑢等撰:《四库全书总目》卷一百二十二,《蠡海集》提要,第 1052 页。

[5] 永瑢等撰:《四库全书总目》卷一百三十六,《广博物志》提要,第 1156 页。

[6] 永瑢等撰:《四库全书总目》卷一百四十七,《参同契章句》提要,第 1257 页。

[7] 永瑢等撰:《四库全书总目》卷一百五十,《王司马集》提要,第 1294 页。

[8] 永瑢等撰:《四库全书总目》卷一百九十二,《金石古文》提要,第 1745 页。

[9] 永瑢等撰:《四库全书总目》卷一百十九,《丹铅余录》提要,第 1026 页。

[10] 张仲民:《从书籍史到阅读史——关于晚清书籍史、阅读史研究的若干思考》,《史林》2007 年第 5 期。

扩大。或许,在馆臣看来,像《全蜀艺文志》这样"包括搜罗,极为赅恰"的佳作,定非杨慎所为,因而改撰周复俊为作者,似是自我慰藉的一条路径。

　　单就《全蜀艺文志》的编纂来说,杨慎、周复俊可能均参与其中,而四库馆臣已然认定杨慎善撰伪作,故而宁可相信《全蜀艺文志》为周复俊所作。刘大谟《重修四川总志序》称:"予与合川王侍御(王衍),以升庵(杨慎)于役之便,方洲(杨名)放免之闲,更征玉垒(王元正)共为是书。傍侍御谢狷(谢瑜)至,而尤乐于赞成。乃不两阅月,遂以竣事告。"① 据此序,《四川总志》初由王元正、杨慎、杨名三人编纂,而《全蜀艺文志》全然交由杨慎汇集,"方洲志藩封……玉垒志名宦……升庵志文艺而各为序"。② 此后,《四川总志》又经过了周复俊、崔廷槐二人的重编,"其涣而未萃者,乃托周宪副木泾(周复俊)、崔金宪楼溪(崔廷槐)重加编集",③在重编过程中,崔廷槐编次经略志与郡县志,其余卷次由周复俊负责,因而《全蜀艺文志》极有可能被周复俊删节改并,这是涉及署名的关键。但据崔廷槐《四川总志后序》云"《艺文》悉仍升庵之旧,未之能易焉",④ 据此,周复俊应该并未编次《全蜀艺文志》。在馆臣看来,题署杨慎、周复俊皆有可能致误,但杨慎喜撰伪书是不争的事实,所谓两害相权取其轻,故而只能摒弃杨慎。

　　文本的内容、叙述策略能够起到误导读者的作用,四库馆臣将周复俊视为《全蜀艺文志》作者,确实存在被周复俊所撰序言误导的可能。况且,周复俊亦曾重编过《四川总志》,这其中极有可能包括《全蜀艺文志》。但我们从崔廷槐序中可以看出,周复俊等人重编时并未删次《全蜀艺文志》。单从周复俊序而言,其叙述的内容明显针对《四川总志》,若非存心作伪,断不会以此误为《全蜀艺文志序》。或许四库馆臣也是考虑到周复俊曾重编《四川总志》,加之又有序言存世,于是利用文本的误导性和可解释性,改撰周复俊为《全蜀艺文志》作者。不可忽视的因素是,在馆臣看来,既然《全蜀艺文志》的作者模棱两可,一时之间难以决断,但杨慎善撰伪作的事实是显而易见的,这种既定观念时刻影响着馆臣的心理活动,并间接作用于思维,周复俊被改撰为《全蜀艺文志》的作者,就成了权衡之下的结果。

四、政治权威与文本影响

《四库全书》作为乾隆时期官方纂修的大型丛书,利用官纂的身份,品评学术,臧否人物,对后世产生了深远影响。相应的,《总目》的误舛和偏执也被继承,成为学术研究的窒碍。《善本书室藏书志》载:"《全蜀艺文志》六十四卷,嘉靖刻本,汪季青藏书,明周复俊编。复俊,字子吁,昆山人,嘉靖壬辰进士,官至南京太仆寺卿,尝著《东吴名贤记》。宋庆元中,四川安抚使袁说友等集《成都文类》五十卷,中尚未备,复俊按察蜀中,更拾其遗而补其缺,搜罗既备,考证亦精。"[1]比勘《全蜀艺文志》及《成都文类》提要,便会发现《善本书室藏书志》乃是攘袭《总目》而来,其中"复俊,字子吁,昆山人,嘉靖壬辰进士,官至南京太仆寺卿"与《成都文类》提要记载一致。周复俊为嘉靖庚戌进士,这一点可以从其他提要及杨慎墓志可知,《成都文类》提要误作"壬辰进士",又被《善本

---

① 丁丙撰,曹海花点校:《善本书室藏书志》卷三十九,浙江古籍出版社,2016年,第 1685 页。

书室藏书志》承袭。诸如"宋庆元中,四川安抚使袁说友等集《成都文类》五十卷,中尚未备,复俊按察蜀中,更拾其遗而补其缺,搜罗既备,考证亦精"的记载,则是参考《全蜀艺文志》提要的叙述。又如《嘉业堂藏书志》:"《全蜀艺文志》六十四卷,明万历刻本,明周复俊撰。复俊,字子吁,昆山人,嘉靖壬辰进士,官至南京太仆寺卿。嘉靖中,子吁官至四川按察司副使,以宋袁说之《成都文类》为底本,复博采汉魏以降诗文之有关于蜀者,汇为此书,包括网罗,极为赅洽。所载如宋罗泌《姓氏谱》、元费著《古器谱》诸书,多不传于今。又如李商隐《重阳亭铭》,为《文苑英华》所不录,其本集亦失载。徐炯、徐树谷笺注义山文集即据此书以补入。如斯之类,皆足以资考核。诸篇之后,子吁间附按语,如《汉初平五年周公礼典记》,载洪适《隶释》,并载史子坚《隶格》,详略异同,亦颇有所辨证。此系初刻本,字大悦目,尤属难得。"① 观此《藏书志》所载,与《全蜀艺文志》提要无甚差别,应是直接转录《总目》而成。从这里可以看出,《四库全书总目》直接影响着《善本书室藏书志》《嘉业堂藏书志》的撰写,从而也就导致了四库馆臣改撰的作者——周复俊,一直被误传。

此外,笔者在查阅《增订四库简明目录标注》时,发现关涉《全蜀艺文志》编者的叙述颇为有趣,其称"《全蜀艺文志》,周复俊编。嘉靖丁丑谭言蔼刊小字本,振绮堂有刊本。《全蜀艺文志》六十四卷,并《续编》五十六卷,共四十册,题明杨慎编,续杜应芳编"。② 作为标注《四库全书简明目录》的增补之作,一方面受《总目》和《简明目录》的影响,直接采

---

① 缪荃孙等撰,吴格整理点校:《嘉业堂藏书志》卷四,复旦大学出版社,1997年,第1155页。
② 邵懿辰撰,邵章续录:《增订四库简明目录标注》,中华书局,1959年,第912页。

纳《全蜀艺文志》编者为周复俊的原文记载,另一方面在叙述中又不得不正视嘉靖刊本中编者为杨慎的记载,以致自相违伐。仔细玩味这些叙述,恰能反映《增订四库简明目录标注》的编纂者矛盾复杂的心境,既不敢有违《总目》的官纂地位,又不能故意湮没史实,故而只能各执一词,不置褒贬。

除以上书志外,其他诸如《邵亭知见传本书目》《八千卷楼书目》[①]等皆著录《全蜀艺文志》为周复俊编,虽尤直接证据表明其承继《总目》,但《总目》始作俑者的事实不可否认。

当然,四库馆臣刻意改撰作者,清末民初时学人即已察觉,甚至已经开始质疑,但始终没能廓清迷雾。《四库全书总目提要补正》即称:"案光绪乙巳,安岳邹兰生刻本……皆以慎作,不解提要所据马裕家藏本,何以竟属之周复俊……所附考证,此本并同,岂提要本明著复俊耶? 俟考。"[②]胡玉缙先生已经发现《全蜀艺文志》作者署名问题,指出致误之由可能在于《四库全书》收录的马裕家藏本,只是未能继续深究。《藏园群书经眼录》称"又有嘉靖壬寅按察司副使周复俊后序,亦为总志而作",[③]虽未直接指出《四库全书》误将《四川总志序》作《全蜀艺文志序》,但道出了四库馆臣所录《全蜀艺文志序》的真实来源乃是周复俊所撰后序,实为总志而作。

五、小结

四库馆臣作为《全蜀艺文志》的阅读者和文本创造者,凭借主观的论

① 丁丙、丁合甫《八千卷楼书目》卷十九载"《全蜀艺文志》六十四卷,明周复俊编,明刊本,江陵朱氏刊本"。
② 胡玉缙撰,王欣夫辑:《四库全书总目提要补正》,上海书店出版社,1998年,第1626—1627页。
③ 傅增湘撰:《藏园群书经眼录》卷十八,第1561页。

断改撰周复俊为作者。通过观察提要中关涉杨慎的评价,四库馆臣已然塑造了一个善于造伪的形象,这种固化的观念影响着馆臣的心理活动,并最终促使改撰出周复俊为《全蜀艺文志》的作者。《四库全书》之后,很多目录著作皆著录《全蜀艺文志》为周复俊所编,由此可见,四库馆臣利用官修的权威,致使文本失真并贻误后世。同时,四库馆臣极力贬斥杨慎的考证方法与考证成果,试图与其区隔,并藉此树立清代考据权威,这样的结论似乎有些难以理解,甚至有些令人失望,或许更为崇尚明清考据学风一脉相承的学者所不容。① 但在清人眼中,至少在四库馆臣看来,他们并不认为其考据方法、考据思路是沿袭杨慎而来。我们在回溯学术史时,总试图以貌似公正的立场,替古人赓续,这是值得深思的。

第三节 《钦定续通志》的纂修稿本

《钦定续通志》为乾隆年间敕撰政书,乃赓续郑樵《通志》而作。乾隆三十二年,谕旨"惟《通典》《通志》向未议及补辑,士林未免抱阙如之憾。着仍行开馆,一体编辑",② 由此开三通馆继续编纂《续通典》与《续通志》。③ 王锺翰先生《清三通纂修考》首次探究续三通的编纂问题,④ 举凡开馆事项、纂修人员考实以及编纂事宜等,皆有细致叙述。但该文详

---

① 林庆彰《明代考据学研究》认为,"明代诸考据家不论纠杨或誉杨,无不受其影响。至清代考据之风,更直承用修而来"。
② 《清高宗实录》卷七百七十八,《清实录》第 18 册,第 547 页。
③ 《续文献通考》已于乾隆十二年开始纂修,时开续文献通考馆,后三通并修,改称三通馆。
④ 王锺翰著:《清三通纂修考》,收入《王锺翰清史论集》第三册,中华书局,2004年,第 1615 页。

于《续文献通考》的编纂，于《续通志》《续通典》偶有涉及，且撰写时间较早，大量清宫档案未及寓目，因而编纂细节仍有待发之覆。平心而论，续三通的研究成果并不丰富，显然与传统的三通研究不相埒。相较而言，明代王圻撰述的《续文献通考》颇受后人訾议，而清代纂修的《钦定续文献通考》在其基础上进行改善，在续三通中文献价值与目录学价值较另外两书为高，研究成果较为丰富，但大多附着于《文献通考》及古代目录学研究之下。[①] 近年来，由于《钦定续通志》部分内容的底稿陆续被发现，从而引发学界对《续通志》采择内容、馆员纂修底本与定稿本异同及三通馆与四库全书馆协作等问题的关注，[②] 可以说开启了续三通研究的新方向。笔者近来发现中国国家图书馆藏《钦定续文献通考》《钦定续通志》及《钦定续通典》的纂修稿本，应为三通馆开馆时期抄写而成，或可为续三通的编纂研究提供最直接史料。今试以《钦定续通志》为例，管窥其编纂的史料采择及后期删改等情形。

一、清内府抄本《钦定续通志》的基本面貌

中国国家图书馆藏清代内府抄本《钦定续通志》（索书号：10384），每半叶九行，行二十一字，小字双行同，红格、白口、单鱼尾，四周双边，存三百十三卷，二百十八函。版心中无书名、卷数等。第三册卷首钤有"南宫邢氏"与"南宫邢氏珍藏善本"印鉴。封面为黄绢装订，每册题"续通志 唐纪 高宗 第一册"等标示该册内容的字样，且部分封面黏贴修撰馆臣，如第七册封面有"编修臣陆伯焜 检讨臣彭元珫恭校"。此外，仍有

① 郭艺鸽：《〈钦定续文献通考·经籍考〉的目录学价值与文献价值》，吉林大学硕士学位论文，2011年。
② 朱学博：《陈昌图〈续通志·图谱略〉底稿考论——兼论其与〈四库全书总目〉编纂关系》，《文献》2017年第5期，第166—177页。

一些函册中附有馆臣姓名的签条,黏贴于封面内之扉页,其性质皆是纂修人员与校对人员的记录,以便查核名单赏罚。关于清内府抄本《钦定续通志》的递藏源流,目前仅能从钤印"南宫邢氏"大致猜测。据查,南宫邢氏为民国间藏书家邢赞亭,其与傅增湘交好,《藏园群书经眼录》著录多部从邢氏借阅的书籍,《张元济傅增湘论书尺牍》称"友人中惟邢赞亭藏书尚多,亦不吝借人"。[①]建国后,邢赞亭将个人藏书四百三十七种三千六百四十六册全部捐献给北京图书馆(今中国国家图书馆),《钦定续通志》或于此时入藏国图。

翻检清内府抄本《钦定续通志》,发现此本显系纂修过程中某一阶段的修改本,各册内天头部分有墨笔书写,皆是对正文内容的修改建议,或是涉及格式,或是涉及文辞字句的删改。此外,天头以及正文内容中存有大量黏贴的校签和黄签等,涉及具体内容的纂修者、乾隆皇帝御批意见等。现简要列举数例,以便了解该抄本的具体面貌。

(一)修改建议内容

1. 格式方面:这种修改每卷皆有,多为书写体例问题,如《钦定续通志·唐纪五》"前三行大按臣下加'等'字,低二格写'臣等谨按'云云,后仿此",再如"恒王下双行小注""注删,大字接写"等。

2. 文辞修改方面:"胡三省云上谨第六注字删去,'之置'至'元也'改作'自为羁縻州,亦见唐地志,而非关内道之麟州,始置于开元中者也,吴氏所考殊为未悉'。"此处抄本原文作"是麟州之置始于贞观不始于开元也",核查四库本,遵照修改建议,将墨笔改易内容增入。[②]

3. 内容删削、增益方面:《钦定续通志·唐纪四》中宗一,天头部分

① 张元济,傅增湘著:《张元济傅增湘论书尺牍》,商务印书馆,1983年,第319页。
② 嵇璜等撰:《钦定续通志》卷四,文渊阁《四库全书》第392册,第64页。

墨笔作"'显庆'至'明年'删"、"改'初'"。查此句原文为"中宗皇帝讳显,高宗第七子也,母日则天顺圣皇后。武氏显庆元年十一月乙丑,生于长安,明年封周王",①核验四库本《钦定续通志》,此句改作"中宗皇帝讳显,高宗第七子也,母日则天顺圣皇后。武氏初,封周王"。②《钦定续通志·唐纪四》中宗一,墨笔作"'辛未'以下删,八月下加'庚寅,葬高宗皇帝于乾陵'",核查四库本,增"八月庚寅"一条。③

（二）校签内容

据查校签内容,实质与天头中墨笔书写内容大致相同,皆为针对正文的修改、删削以及增补等,偶及格式体例以及标明纂修馆员等,但由于校签乃是单独附签条粘于书页之上,故与天头中的墨笔书写稍有区别。如《钦定续通志·金纪》正文前有校签作"此本卷首尚有四页有余在上卷之末,当入此"。《钦定续通志·元纪三》校签作"庚戌八字删",此校签显然与上文所述墨笔修改建议相同,核查最终定稿之四库本《钦定续通志》,"庚戌"一条删去不存。再如《钦定续通志·唐纪四》前有签条"王涵 唐本纪 四五 黄绫本一本 草本一本",据查,王涵为三通馆馆员,《萧县志》载"王涵,字梅轩,附贡生。由三通馆议叙授贵州布政司经历",④故知校签中王涵可能为《唐纪》第四、第五的誊录者。

（三）黄签内容

黄签本为校签的一种,"四库馆中一般的校签,都是白色的纸条,而黄签是指选取原有的校签中较合适的,用黄纸誊抄清楚,粘于进呈本相

---

① 嵇璜等撰:《钦定续通志》卷四,文渊阁《四库全书》第392册,第56页。
② 嵇璜等撰:《钦定续通志》卷四,文渊阁《四库全书》第392册,第57页。
③ 嵇璜等撰:《钦定续通志》卷四,文渊阁《四库全书》第392册,第57页。
④ 潘镕修、沈学渊纂:《萧县志》卷十二,《中国方志丛书》影印清嘉庆十九年刊本,成文出版社,1974年,第865页。

应校改之处的眉端，专供进呈御览之用的校签"，①覆核清内府抄本《钦定
续通志》可知，一般的校签确实为白色抄写，字迹较为随意，而黄签则是
黄纸誊抄，极为工整。黄签的目的是供进呈御览，以便帝王知悉纂修因
由或删改依据，避免由此招致皇帝指瑕。《钦定续通志·元纪》签条作
"馆例，凡'臣等谨案'云云，通低二格，今黄本之三、四、五、六册俱低二
格，而第一册、第二册竟低三格，应一律低二格"。《钦定续通志·礼略》黄
签作"恭照《钦定同文韵统》敬谨载入"。

　　清内府抄本《续通志》中存在大量按语类黄签，这些黄签大部分乃是
正文中小字按语的简要叙述，或是便于皇帝御览，特将其中按语以签条的
形式再次拈出，附于天头，实质与文中内容一致，这些黄签按语或是解释
正文采择史实、内容修改的原因，或是表达增补内容的证据，如《钦定续通
志·辽纪》中按语称"按《通鉴纲目》载辽太祖会李克用于云州事，与《辽
纪》不符，今据上文岁甲子推之，是年实为乙丑，正与《五代史·后唐纪》
相合，惟所书兵数异耳，谨加案声明"。同卷"按帝纪体例，须叙明世系，今
据史赞补辑，谨加案声明"。又如，有些黄签按语乃是对正文不载某些内
容的一种解释，《钦定续通志·元太祖纪》按语称"按奇善以下名讳世系，
史赞略具梗概，若《契丹国志》所载未免怪诞，故不录，谨加案声明"。再
如，有些黄签按语乃是表明纂修人员的某种史识，黏贴于天头之上，或是
陈情纂修之旨，《钦定续通志·辽纪》中黄纸黏贴按语称"按《辽史》成于
元臣托克托，未免简略。顾一朝事迹舍此无稽，今即原本删辑，至《契丹国
志》亦可补正史之未备。他如《五代史》《宋史》《通鉴纲目》诸书，足为发
明者，间有采辑，以备其阙而订其讹。其事实有详于表而略于纪者，则备

---

① 张升:《〈四库全书考证〉的成书及主要内容》，《史学史研究》2011 年第 1 期，
　　第 111 页。

载之,以合体例,书中官地人名音释,并遵《钦定国语解》悉加厘正,以诏画一,谨加案声明"。

在黄签中,还有一种是遵照皇帝谕旨进行校改的签条,这类黄签一般是将皇帝的修改建议吸纳后,同时附以黄签帮助。清内府抄本《钦定续通志》中保留的御批内容不多,但从仅存的几条御批来看,显然三通馆臣是遵照乾隆谕旨进行了一些修改的。《钦定续通志·宋纪》中录有一条馆臣抄写的黄签,"原纂'泽自是不预府议'句,谨遵旨改正",核查四库本《钦定续通志》,此句改作"自是泽不复预府中谋议"。①

二、清内府抄本《钦定续通志》的性质初探

从以上描述的清内府抄本《钦定续通志》的基本面貌来看,此本应为三通馆某个阶段的纂修稿本,若要考辨究竟属于什么时间段的何种性质的纂修本,需要仔细分析抄本中的校签、黄签以及众多的墨笔书写字迹。只有将这些校签和墨笔题写字迹透漏的信息与现存清宫档案中《续通志》的编纂情形覆核,才能厘清清内府抄本《续通志》的性质以及掌握《续通志》编纂的诸多细节。由于清内府抄本《钦定续通志》包含正本原文和天头之上的校签、黄签及墨笔字迹两部分,因而在辨别抄本性质时需要分别进行分析。

(一)清内府抄本《续定钦通志》底本原文应为进呈乾隆御览本

据内阁大库档案记载,三通馆在纂修完成底本之后,曾将《续通志》呈进乾隆帝御览,"三通馆为知会事照得本馆,于本年十一月十一日将《续通志》内之类传四门共十二册,计四百七十五叶,缮写正本进呈,于本月十二日发下"。②那么,清内府抄本是否如档案所述,为进呈御览而抄写

---

① 嵇璜等撰:《钦定续通志》卷三十四,文渊阁《四库全书》第392册,第391页。
② 内阁大库档案,登录号: 117951-001。

的本子？有待考察。

首先，从装帧形式、版式特征等判断，清内府抄本《钦定续通志》底本原文应为进呈本。清内府抄本《钦定续通志》以黄绢为封，朱丝栏镶嵌，书名另纸贴于封面，此即清宫常见的黄绫本书籍。《钦定续通志·唐纪四》前签条作"王涵　唐本纪　四五　黄绫本一本　草本一本"，此处所称草本应是馆臣纂修的稿本，而黄绫本则是具有特殊用途的本子。又《钦定续通志·唐列传》前签条作"沈长青　唐列传七十四　黄绫本五十五、六并"，查该卷前卷目，即为列传五十五，故签条中所称黄绫本，即指清内府抄本《续通志》而言。经与清代留存的黄绫本《清实录》比勘，封面质地和朱丝栏镶嵌样式完全相同。查验档案可知，《实录》编纂时有黄绫本、大小红绫本等等，而黄绫本实为进呈御览之用，"惟是黄绫本进御即邀睿鉴，其中稍或有讹，立可仰蒙指训，随时更正"。①嘉庆帝在审阅《高宗实录》时亦称"现在恭纂皇考《高宗纯皇帝实录》将次告成，因思朕每日恭阅之黄绫本，经馆臣编校进呈，间有体例不合、纂辑舛漏之处，均经朕随时指示，敬谨订正"。②藉助《实录》的纂修情形来看，黄绫本乃是进呈御览的本子。今存清代其他进呈御览书籍亦可作为佐证。如天津图书馆藏四库馆进呈本《公是集》，其装帧形式以黄绢为封，镶嵌朱丝栏，内有黄签、修改校语等，与清内府抄本《钦定续通志》在形制上完全一致。此外，清内府抄本《钦定续通志》的版式特征是半叶九行，行二十一字，红格，四周双边，其中红格指的是纸张中提前印好红色界栏，一般认为这种红格抄纸是清代宫廷进呈本或底本的专用样式，若是普通的纂修稿本，极

---

① 中国第一历史档案馆，《奏请饬谕实录馆评校已纂成实录红本事》，档号：03－
　　2158－012。
②《清仁宗实录》卷一百七十二，《清实录》第30册，第241页。

少使用红格纸抄写。从现存四库本的进呈底稿本来看,这种红格抄纸确实具备这样的特征。如国家图书馆藏清内府抄本《四库全书考证》,经考辨应为四库馆进呈御览本,其即采用红格纸抄写。再如国家图书馆所藏《澹轩集》《尊白堂集》《临安集》《山房集》《剩语》及湖南省图书馆藏《续资治通鉴长编》等,[①] 皆是四库馆进呈皇帝御览后发还馆员的修改稿本,其原本性质为进呈本,而校签内容则为发还后修改,这些书籍的版式全部是红格抄写。另外,根据档案记载亦可佐证黄绫本为进呈本,"其《续通志》《续通考》两种,从前进呈缮写黄绫本内,有恭奉高宗纯皇帝谕旨更正、续经馆臣修改之处,亦俱校对底本,刊刻无讹"。[②] 由此我们可以初步归纳,清内府抄本《钦定续通志》在装帧形式和版式特征上,与现存的清宫进呈书籍相同,而且黄绫本的记载与清宫档案相印证,因而此本可能是三通馆进呈乾隆帝的御览本。

其次,从封面和扉页内容判断,清内府抄本《钦定续通志》应是馆员纂修完成后的呈览本。从现存的多册抄本《钦定续通志》的封面和扉页黏贴的馆员姓名来看,第七册《续通志》卷七,封面贴有"编修臣陆伯焜 检讨臣彭元珫恭校"、第十七册《续通志》卷十七贴"编修臣陆伯焜 检讨臣彭元珫 协修臣郑应元恭校"、第五十四册《续通志》卷五十四"编修臣翟槐 检讨臣彭元珫恭校",此外还有多册黏贴"协修臣邹炳泰 臣翟槐恭校""左中允臣邹奕孝恭校""协修臣邹炳泰 臣戴均元恭校"等,这些黏贴有馆员名氏的签条,目的是进呈乾隆御览时知悉各册纂修

① 张升:《〈四库全书〉的底本与稿本》,《图书情报工作》2008 年第 11 期,第 143—146 页。苗润博:《〈续资治通鉴长编〉四库底本之发现及其文献价值》,《文史》2015 年第 2 期,第 221—243 页。
② 中国第一历史档案馆,故宫博物院合编:《清宫武英殿修书处档案》第 1 册,故宫出版社,2014 年,第 463 页。

人员，以便赏罚。若仅是纂修草稿，并不需要在封面黏贴馆员姓名。这种定例在清代官修典籍时常常采用，《四库全书》纂修时就开始了黏贴馆员姓名进呈的先例。《谕内阁嗣后四库馆校阅各书着照程景伊所奏章程办理》称："（乾隆四十二年十一月二十五日）前因四库全书馆呈进各书，每多稽缓，经总裁等议设总校六员，分司校勘，各总裁仍随时抽阅，以专责成。本日召见程景伊，据奏：应进各书，经总校阅看后，如总裁等全为检阅，不特担延时日，且总校等转得有所推诿。若不将如何抽看之处，定有章程，亦非核实之道。请此后总裁等于每十本内抽阅二本，黏贴总裁名签，其未经抽阅者，于书面黏贴总校名衔，如有错误，各无可诿。"[1] 由《纂修四库全书档案》可知，四库馆进呈书籍时，必须黏贴总裁及总校等馆员姓名，一则事由专责，不会推诿延缓；二则若有错误，便于追责。由此类推，清内府抄本《钦定续通志》中封面及扉页黏贴的纂修、协助以及总校馆员的签条，应是进呈御览时所为，由此可以推定此抄本原文应为进呈本。

最后，原文中黏贴的黄签也是佐证清内府抄本《钦定续通志》为进呈本的重要依据。黄签是校签的一种，其本质就是供皇帝御览。四库馆曾有专门奏谕记述黄签，"（乾隆四十年十二月初九日）凡各分校已校之书，汇交提调登册，由提调分发两总校，细加磨勘，分别功过，改正舛误，登列黄签并各书衔于上，以专责成。俟积得数百册，仍汇交提调呈送，臣等再加详核，然后进呈御览"。[2] 翻检《纂修四库全书档案》，其中凡涉及

---

[1] 中国第一历史档案馆编：《纂修四库全书档案》，"谕内阁嗣后四库馆校阅各书着照程景伊所奏章程办理"（乾隆四十二年十一月二十五日），第 757 页。

[2] 中国第一历史档案馆编：《纂修四库全书档案》，"大学士于敏中等奏请将荟要覆校改为分校并添设总校二员折"（乾隆四十年十二月初九日），第 489 页。

黄签,均与进呈连用。在整个四库开馆期间,黄签进呈应是一条纂修定例,而且这条定例一直在执行,《军机大臣等奏将发下〈通鉴纲目续编〉拟改各字黏签呈览等事片》载"(乾隆四十七年十一月初八日)臣等将发下《通鉴纲目续编》,遵照皇上阅定二册,于各册内悉心酌核,谨将拟改各字用黄签注明黏贴,并于书头黏签标识,恭呈御览"。[①] 黏贴黄签并置于书头(天头)位置呈进御览,此乃四库馆采用的编纂定例。三通馆与四库馆不仅在纂修人员上存在交叉,而且《续三通》编纂与《四库全书》纂修同时进行,据中国第一历史档案馆所藏"三通馆承办《四库全书》内《续通典》等书"条目可知,[②] 三通馆乃承办四库馆中的续三通,在这段时期,三通馆办理书籍的过程与四库馆是相同的。因此,三通馆与四库馆均采取"黏贴黄签于书头"进呈御览的方式。

此外,三通馆纂修档案亦指陈《钦定续通志》中黄签乃是进呈御览。《钦定续通志》在办理完竣后,确实曾由馆臣缮写正本进呈御览,"其通志底本亦俱纂竣,今将图谱略一册、乐略三册缮写正本呈御览,伏候训示",[③] 这里只论及《续通志》纂竣后缮写正本进呈,只能证明《续通志》确实经过馆臣进呈皇帝御览,至于其上的黄签并无着笔,但我们可以从三通馆纂修《续文献通考》的情形进行比覆,"今将添纂完竣之钱币一门缮写正本,黏签声明,恭呈御览",[④] 又如"移会稽查房三通馆奏,奉旨查改之职官考一并敬谨查改,黏签声明,恭呈御览",[⑤] 两处档案明确指称黏签声

① 中国第一历史档案馆编:《纂修四库全书档案》,"军机大臣等奏将发下通鉴纲目续编拟改各字黏签呈览等事片"(乾隆四十七年十一月初八日),第1677页。
② 中国第一历史档案馆,档号:02—01—03—07579—009。
③ 内阁大库档案,登录号:179593—001。
④ 内阁大库档案,登录号:215863—001。
⑤ 内阁大库档案,登录号:102358—001。

明,并呈进御览,这与清内府抄本《钦定续通志》中存在的"加案声明"之黄签完全相同,如《续通志·后梁》黄签称"按河南府后梁开平初改为西京,谨加案声明"。由此可以知悉,黄签"加案声明"即是档案中所称进呈本中的黏签声明。

(二)《钦定续通志》天头内容应为发还之后抄成定本

如前所述,清内府抄本《钦定续通志》天头内容包括黄签、校签及修改墨笔等,根据清代纂修典籍的基本体例以及墨笔、校签的具体内容,可以判断应为进呈发还后进行的修改,以备缮写定本,抄写入《四库全书》和武英殿刷印。兹分述如下。

首先,从墨笔内容来看,清内府抄本《钦定续通志》应为进呈发还后预备抄写定本。如《地理略》天头作"续通志 地理略 一 禹贡为万世不易之书,故地理宜以水为主。□此抄下",又作"以下题目俱移在首行定格写,题目下空一格接抄,第二行以下俱低一格本列写",这两处墨笔内容,是针对进呈本格式的修改,从其叙述"接抄""□此抄下"等可以知悉,应是馆员在天头备注校改内容,以便誊抄定本。此外,将抄本中墨笔内容与定本成书的四库本或武英殿本《钦定续通志》比对,发现《地理略》前附按语已经遵照相关指示修改,与抄本中按语不大相同,而且,誊抄的格式亦为"臣等案"空两格、"地理略"空一格、"续通志"顶格书写,[1]据此,抄本中的墨笔内容应为进呈发还后誊抄定本前做的修改。当然,根据仅有的墨笔内容,不能确定《续通志》在形成定本前仅有一次校改,也就意味着不能推定清内府抄本《钦定续通志》是抄成定本前的最后一个本子,我们不能排除在清内府抄本之后,定本之前,尚有其他版本,

---

① 嵇璜等撰:《钦定续通志》卷一百三,文渊阁《四库全书》第393册,第628页。

但至少可以判断应为进呈后至抄成四库和武英殿刷印前的这个阶段形成的本子。又如,《谥略》天头有墨笔作"'郑樵作谥略'以下至'有可考见云',删去不必抄"、"'恒衡',高一格又空一字,余照原本",第一处墨笔内容是删去自"郑樵"至"有可考见云"大部内容,且注明不必抄,显然是为了后续抄写备注意见,而这个抄写究竟是纂修阶段还是抄成底本阶段,后一处的墨笔备注做出了解答。"余照原本"意即除了"恒衡"格式上修改外,其他均照抄原本,不必修改,"原本"显然针对此清内府抄本而言,而将进呈本视作原本,言外之意是要再次誊抄某个本子,以示与原本区隔。再如《元纪一》天头墨笔作"第一行顶格写,第二行以下俱低一格写,凡小注俱作单行,大字接连写,不必分双行,以下各条俱照此式",另同时有"抄""删""照原本抄"等。"俱照此式"应是形成统一的抄写体例,经与四库本及武英殿本《续通志》核对,格式皆如墨笔内容。最后,清内府抄本《钦定续通志·唐纪》中屠入的武英殿刻本《唐书》的内容,成为判断抄本性质的关键。据查,清内府抄本《续通志·唐纪五》中宗后,另有数页乾隆四年武英殿刻本《唐书》接续,乃是从《唐书》中撕下,屠入其后,并在天头处记"此卷即接入中宗二之后,不另写,此行即接中宗末凡十七年一行之后,提头另写"。很明显,此处所附内容与清内府抄本《续通志》格式等完全不符,不是同时形成,由于以另页方式且是刻本形式附于该册卷末,在时间上定迟于清内府抄本《续通志》,若非如此,其内容则会抄入抄本中。类似这样的情形,还存在于《地理略》应天府之前,有大量附入内容,经查验四库本与武英殿本,这些附入的内容皆被采纳。藉此,天头中的墨笔及所附内容皆是进呈发还之后馆员修改而致,其目的应是为了抄成最后的定本。

其次,从校签内容来看,清内府抄本《钦定续通志》应是进呈发还后修改,抄成底本,以备抄入《四库全书》和武英殿刷印。《钦定续通志·元纪》天头中录有校签"原纂'泽自是不预府议'句,谨遵旨改正","遵旨改正"显然是进呈御览之后,遵照乾隆帝旨意进行修改。三通馆奏谕称"将前次进呈《续通志》内之《宋纪一》,再奉旨折角之处,敬谨改裁,黏签恭呈御览,以候训示"。① 据查清内府抄本《钦定续通志》,《宋纪一》内并无折角之处,黏签内容已经遵照乾隆旨意修改完毕,显然是发还之后改缮。而抄本中的校签修改等,是为了形成底本以备武英殿刷印。三通馆档案称"其《续通志》《续通考》两种,从前进呈缮写黄绫本内,有恭奉高宗纯皇帝谕旨更正、续经馆臣修改之处,亦俱校对底本,刊刻无讹",② 其中明言黄绫本中的遵旨改正和馆臣修改内容,经过馆臣校对,以备刊刻,知武英殿刷印时是以黄绫本为据。反之,黄绫本中的校签等内容,是为了形成定本以备武英殿刊印。此外,清内府抄本《钦定续通志·金纪二》末有白纸签条称"《钦定四库全书》《钦定续通志》卷 金纪 世宗三 二十一年正月甲子云云",签条将《四库全书》与《续通志》并称,且以签条形式附于《续通志》中,定与《四库全书》的纂修有着某种关联。如前所述,三通馆的馆员大多数亦供职于四库馆,并且两书纂修的时间阶段存在交叉。鉴于此,三通馆办竣之《续通志》进呈御览,极有可能由四库馆代为呈进。据《纂修四库全书档案》可知,《续通志》虽于乾隆三十七年开馆纂修,但直至乾隆四十二年,各书皆未纂成,故于乾隆四十二年五月初八日委派专员阅办《续通志》,"《元史》《辽史》《明史》《通志》《通典》《音韵述微》《蒙古源流》《临清纪略》各书,仍着于敏

① 内阁大库档案,登录号:117946—001。
② 中国第一历史档案馆,故宫博物院合编:《清宫武英殿修书处档案》第 1 册,第463—467 页。

中同原派之大臣等阅办"。① 此后《纂修四库全书档案》有多条《续通志》进过御览的记载，"《续通志》，已进过二百七十八卷，未进约四百三十卷，计期于四十八年十二月全竣"、②"《续通志》，原限四十八年十二月内完竣。自定限后进过三次，共计二十六卷"、③"《续通志》，原限四十八年十二月内完竣。自上年十月后进过二十五卷，连前共进过三百二十九卷，未进约三百余卷"、④"《续通志》（乾隆四十九年七月十六日），原限四十八年十二月完竣。原定七百八卷。今已进过五百二十八卷，未进一百八十卷"。⑤ 直至乾隆四十九年十二月，"黄签：《续通志》已于上年十二月完竣"。⑥ 由此可知，《续通志》在乾隆四十八年至乾隆四十九年十二月间陆续进呈，这与前文叙及的三通馆档案中各册缮写进呈相符合，而四库馆进呈的应该就是清内府抄本《钦定续通志》，原因在于三通馆与四库馆断不会分别进呈《续通志》御览，而乾隆帝也不会阅看《续通志》两次。此外，在《纂修四库全书档案》中，找到一条乾隆四十九年馆员记过的交部察议片，查核馆员包括四库全书馆与三通馆，其称"四库全书馆暨三通馆"。⑦ 藉此判断，清内府抄本《钦定续通志》应为四

① 翁连溪编：《清内府刻书档案史料汇编》上册，广陵书社，2007 年，第 237 页。
② 中国第一历史档案馆编：《纂修四库全书档案》，"军机大臣奏遵旨将各馆纂修拟定各书完竣时期等清单进呈片"（乾隆四十七年六月二十六日），第 1587 页。
③ 中国第一历史档案馆编：《纂修四库全书档案》，"军机大臣奏将各馆纂办未竣各书分晰开单进呈片"（乾隆四十七年十月初六日），第 1648 页。
④ 中国第一历史档案馆编：《纂修四库全书档案》，"军机大臣奏各馆纂办未竣各书分晰开单呈览片"（乾隆四十八年二月初二日），第 1707 页。
⑤ 中国第一历史档案馆编：《纂修四库全书档案》，"军机大臣奏查各馆依限完竣及逾期未完各书情形片"（乾隆五十年二月十七日），第 1864—1865 页。
⑥ 中国第一历史档案馆编：《纂修四库全书档案》，"军机大臣奏查各馆依限完竣及逾期未完各书情形片"（乾隆五十年二月十七日），第 1865 页。
⑦ 中国第一历史档案馆编：《纂修四库全书档案》，"军机大臣和珅等奏查核四库馆暨三通馆错误记过各员交部察议"（乾隆四十九年八月十四日），第 1792 页。

库馆进呈。那么，可以推定清内府抄本之上的校签、墨笔内容等，应为抄写定本以备缮入四库而进行，具体的校改时间不晚于乾隆四十九年十二月。

三、清内府抄本《钦定续通志》的文献价值

由于清内府抄本《钦定续通志》为抄成定本之前发还的进呈本，应该说是《四库全书》缮录和武英殿刷印《钦定续通志》前最重要的一个版本，这与现存三通馆臣纂修的底稿以及四库本《续通志》形成较为明显的版本对比，而且大量考证性按语内容被四库本删去，这些按语能够纠正四库本及武英殿本《续通志》的讹误。于此而言，该抄本具有珍贵的版本价值。此外，该抄本中涉及馆员的校改及后续增添内容等，删削抄缮皆有据可循。经将抄本与四库本及武英殿本《续通志》比勘，发现具体内容存在大量不同，据此可以进一步思考三通馆纂修《续通志》采择史料的基本原则和编纂详情，因而又具有十分重要的编纂学价值。

（一）版本学价值

近年来，随着三通馆臣纂修《续通志》的底稿逐渐发现，关于《续通志》的纂修问题越来越引起重视。藉助数字人文的快速发展，越来越多的馆藏文献以数字化方式进入研究者视野，大量稀见典籍成为当今学者研究之助，使一些令前人棘手的问题可能获得深入探究。除陈昌图所撰《图谱略》外，各大藏书机构还收藏有吴省兰《续通志谥略》、钱大昕撰《续通志列传总叙》《拟续通志列传凡例》及戴震《续天文略》等，这些由纂修人员草撰的底稿本，成为《续通志》最初的采择来源，清内府抄本及四库本、武英殿本《续通志》皆在此基础上修改、完善而成。因此，从版本源流上来看，馆员的原始纂修稿、清内府抄本、四库本（或武英殿本）《续通志》构成了前后相继的版本系统，而清内府抄本介于前后二者之间，藉

助此本,便能明晰《续通志》不同版本间的因袭改缮。

乾隆间,钱大昕曾入三通馆纂修列传凡例和列传总叙,在钱氏文集中存有其撰述的《续通志列传总叙》与《拟续通志列传凡例》。经查阅清内府抄本《续通志》列传一,卷首黏贴"侍读学士臣钱大昕恭校",列传叙本由钱大昕草撰,猜测定本抄写之前,交由钱氏再次审定。关于钱氏三通馆经历及纂修的底稿,并没有引起学界的关注。藉由钱氏撰述的底稿,可以追溯四库本、武英殿本《续通志》凡例、列传按语的草撰缘起、底稿样式和修改过程。

1.《续通志列传总叙》

　　臣等按:《通志》仿《史记》以成书,而列传则用班氏之例,如汉之萧、曹、周、陈诸人,《史记》列于《世家》者,并以《列传》概之,亦诸史之通例也。其传三代以上人物,间采《春秋》内外传补益之,汉、魏至隋,则纯取旧史之文。惟《唐书》与《五代史》,以本朝大臣所编,不敢轻议,故不及焉。臣等今奉诏续修,自唐迄明,以次纂辑,一准夹漈之例。惟是郑氏所撰《列传》,沿袭旧文,略无增损,颇为后儒所訾。或因马、班、陈、范,史家巨手,文本简严,可无更易;抑亦以一人之精力有限,规模粗定,亟于成书,参考异同,有所未暇云尔。若夫唐有《新》《旧》二书,体例各殊,详略互见,其中事迹彼此矛盾者,未易枚举。苟非折衷以归于一,无以传后而信今。至于《宋》《元》诸史,卷帙浩繁,其中或一事而屡书,一人而两传,倘仅钞拾陈编,以为新志,将恐架屋叠床,徒多而不适于用。昔欧阳修之《新唐书》,事增于前,文省于旧。司马光之《通鉴》,别为《考异》一书,参诸家异同,正其谬误;后儒取以分注本条之下,读者便之。臣等今所编辑,窃取二家之义,凡正史所载,事之无关法戒,人之无足重轻者,稍删节之。

  <u>又史以纪治忽之迹,非取词章之工,如魏征、陆贽之论事,刘贲之对策,皆经国名言,所宜备录。至韩愈《进学解》《平淮西碑》,柳宗元《贞符》《与许孟容书》之类,文虽工而无裨于政治,亦可从删。</u>

  又以史臣载笔,或囿于闻见,采访弗该;或怵于权势,予夺失当。将欲补亡订误,必当博涉群书。考唐、宋、辽、金、元、明,正史之外,可备取材者,编年则有司马光、朱熹、李焘、李心传、陈均、刘时举、陈桱、薛应旂、王宗沐、商辂,别史则有曾巩、王偁、叶隆礼、宇文懋昭、柯维骐、王维俭、邵远平,典故则有杜佑、王溥、王钦若、马端临、章俊卿、王圻,传记杂事则有温大雅、刘肃、韩愈、王禹偁、郑文宝、林㟽、马令、陆游、张唐英、宋敏求、李心传、徐梦莘、杜大奎、徐自明、王鼎、刘祁、元好问、苏天爵、陶宗仪、郑晓、王世贞、沈德符、孙承泽等,遗书具在;以及碑版石刻、文集选本、舆地郡县之志、类事说部之书,并足以证正史之异同而补其阙漏。<u>今搜采诸书,详加折衷,其可征信者,则增入正文;其当两存者,则附之分注。</u>若史文牴牾,加以驳正,皆必依据古书,匪敢自逞臆见,仍注于逐条之下,以便省阅。又如《五代史》之文甚简,《宋》《元》史之文甚繁,此在各自成书,原属不相沿袭。今既汇为一编,则前后繁简,未便悬殊。兹于文之简者,访旧闻以裨其遗;文之繁者,芟冗词以举其要;务在汇累朝之制作,入夹漈之型模,虽则取材正史,不徒袭用旧文,庶几仰副我圣天子右文稽古实事求是之盛意焉。诸史每传之后,复为论赞,惟《元史》无之。夫良史之职,主于善恶必书,但使纪事悉从其实,则万世之下,是非自不能揜,奚庸别为褒贬之词。夹漈之不载论赞,允为有识,今亦仍其例云。[①]

---

① 钱大昕著:《潜研堂文集》卷十八,《嘉定钱大昕全集》(增订本),凤凰出版社,2016年,第282—284页。

从钱大昕所撰《列传总叙》来看,详于史书立列传的缘起,各史撰述列传的史料采择,评骘各家利弊得失等,事无巨细,面面俱到,惟所举例证过于繁琐,有连篇累牍之感。清内府抄本《续通志》并无《列传总叙》,而是在卷一百七十二首列按语,此即钱大昕所撰《总叙》。查此按语,主旨大略与钱氏所撰相同,在钱氏撰述基础上,进行了增补和删削,如"徒多不适于用"后增"无以称述盛朝述作之旨",删去"务在汇累朝之制作,入夹漈之型模,虽则取材正史,不徒袭用旧闻",观此,清内府抄本列传按语与钱氏原稿几无差异,只有寥寥两句增删。进而与四库本、武英殿本《续通志》列传前按语比覆,发现四库本《续通志》列传按语对钱氏原稿及清内府抄本删改较多。首先,四库本承袭了清内府抄本中增补删节的内容,其次,大概剪裁《总叙》,删去的内容均为钱氏罗列之编年、故事、传记等各家取材,并用简洁言辞取代。上文所引钱氏原稿中,标下划线部分文字即为四库本《续通志》列传按语的底稿本,但在行文之前,四库本改钱氏原稿为"臣等谨按,司马迁序公侯以下有《世家》《列传》之别,彪、固继作,并为一科。郑氏《通志》本取法《史记》,而《世家》止录周人,《列传》下终隋代。盖以汉晋以后,虽有封爵之制,究与三代分民胙土传序相授者不同,不可更立《世家》,故一以《列传》概之,从班书例也"①。试将这段内容与钱氏原稿对校,显然四库本言简意赅,直述列传之例盖由《史记》而来,惟不立《世家》,取法班固。将钱氏撰述之评骘《唐书》《五代史》内容,一概从略。

2.《拟续通志列传凡例》②

至于《拟续通志列传凡例》,乃是《续通志》卷首凡例的一部分,钱

---

① 嵇璜等撰:《钦定续通志》卷二百一,文渊阁《四库全书》第395册,第216页。
② 钱大昕著:《潜研堂文集》卷十八,《嘉定钱大昕全集》(增订本),第279—282页。

氏拟定列传凡例十三条,四库本《续通志》卷首有列传凡例九条,皆在钱
氏撰述基础上增删合并而成,但钱氏所拟多条凡例,并未采纳。试举例
佐证,见表七:

表七 《拟续通志列传凡例》与《续通志》凡例比较表

序号	《拟续通志列传凡例》	四库本《续通志》凡例
1	《通志》汇历朝之史以成编,诸史义例有不同者,必折衷以归于一。如马班二史以后妃为《外戚》,列于诸臣之后;范蔚宗则为《皇后纪》,继帝纪之末;《通志》皆不取,而从《三国》《晋史》之例,别出《后妃传》是也。《唐》《五代》诸史,义例各殊。如《五代史·家人传》,合后妃、诸王为一;《元史·儒学传》,合儒林、文苑为一。今宜照《通志》之例分出,各从其类。又如《唐书》列《外戚》于《列女》之后,列《隐逸》于《循吏》之前;《宋史》列《方技》于《列女》之后,列《外戚》于《方技》之后,皆与《通志》次第不同。今宜依郑氏原书之序,首《后妃》,次《宗室》,次《列传》,次《外戚》,次《忠义》《孝友》《独行》《循吏》《酷吏》《艺术》《儒林》《文苑》《隐逸》,次《宦者》《佞幸》,次《列女》,次《载记》,次《四夷》。	列传名目,各史不同。班马以后妃为《外戚》,范蔚宗则为《皇后纪》,《通志》皆不从,而从《三国》《晋史》之例,别为《后妃传》。其他外戚传,《金史》曰《世戚》;《孝友传》,《宋史》曰《孝义》,《独行传》,《唐》《宋》《辽史》皆曰《卓行》;《循吏传》,《辽史》曰《能吏》,《旧唐书》《元史》皆曰《良吏》;《艺术传》,诸史皆曰《方技》;《儒林传》,《唐书》《元史》皆曰《儒学》;《文苑传》,《唐书》《金史》皆曰《文艺》,《辽史》曰《文学》。又《元史·儒学传》合儒林、文苑为一,皆名异而实同,今悉依《通志》之名,以昭画一。
2	《外戚传》,《金史》曰《世戚》;《孝友传》,《宋》《明史》俱曰《孝义》;《独行传》《唐书》《宋》《辽史》俱曰《卓行》;《循吏传》,《辽史》曰《能吏》,《旧唐》《元史》俱曰《良吏》;《艺术传》,诸史俱曰《方技》;《儒林传》,《唐书》《元史》曰《儒学》;《文苑传》,《唐书》《金史》曰《文艺》,《辽史》曰《文学》。皆名异而实同,今宜改从《通志》之名,以昭画一。	列传次第,各史互异。《唐书》列《外戚》于《列女》之后,列《隐逸》于《循吏》之前。《宋史》列《方技》于《列女》之后,列《外戚》于《方技》之后,今依郑氏原书之序,首《宗室》,次《列传》,次《外戚》,次《忠义》《孝友》《独行》《循吏》《酷吏》,次《孔氏后裔》,次《儒林》《文苑》《隐逸》,次《宦者》《艺术》《佞幸》,次《列女》,次《载记》,次《贰臣》《奸臣》《逆臣》,次《四夷》。

　　由前两条凡例的对比可知,四库本卷首乃沿袭钱氏拟定的凡例,[①] 不过略加增饰整合,将钱氏第一条凡例析分为二,总称"列传名目",又将钱氏第二条凡例中涉名目者移入,并将第一条凡例中"列传次第"改作第二条凡例。由此观之,四库本《续通志》各条凡例皆有主旨,内容相符,不致杂乱无章。但在仔细比勘钱氏凡例与四库本凡例时,有多条草拟凡例,完全没有在四库本《续通志》中得到体现,亦有四库本《续通志》新增的凡例。由于清内府抄本《续通志》首册不存,不能直接出凡例内容上窥探递变的过程,故而只能从现存凡例与清内府抄本的著录内容蠡测。从四库本《续通志》与钱氏撰述的初拟凡例比较来看,四库本对凡例的整合与清内府抄本《续通志》的实际内容相符,由此可见,清内府抄本《续通志》已经开始修改了钱氏所拟凡例,并延续至四库本中。这里用一个例子为证:四库本《续通志》凡例中设"《贰臣》《奸臣》《叛臣》《逆臣》于《载记》之后,后又叙"增立《奸臣》《叛臣》《逆臣》三门列于《贰臣》之后",前后两条凡例记载有违伐之处,《叛臣》一门的设置是考察凡例变化的重点。核查四库本《续通志》,其设置的名目为《贰臣》《奸臣》《叛臣》《逆臣》四门,与后一条凡例同而与前一条凡例异。翻检清内府抄本《续通志》,实际内容的排序为《贰臣》《奸臣》《逆臣》三门(《叛臣》的内容与《逆臣》合二为一),较四库本少《叛臣》一门,由此可以猜测清内府抄本《续通志》中的凡例定是设《贰臣》《奸臣》《逆臣》于《载记》之后,《叛臣》一门乃是四库本续增。总结而言,虽然清内府抄本《续通志》凡例已不存,但通过具体内容的著录与其他凡例的比较,可以确证定是介于钱氏初拟与四库本凡例之间,与二者又存在不同,见表八。

---

① 嵇璜等撰:《钦定续通志》卷首《凡例》,文渊阁《四库全书》第 392 册,第 10 页。

表八 《拟续通志列传凡例》与《续通志》凡例不同处

序号	《拟续通志列传凡例》	四库本《续通志》凡例
1	《后汉书》有《党锢传》,它史无之。《通志》虽存其目,仍与《后汉》诸人列传相次。盖事关一朝,非如《忠义》《孝友》之可以类聚也。《唐书》之《藩镇传》、《五代史》之《义儿传》当用此例,仍编入同时诸臣之次。	无
2	《宋史》创立《道学传》,别于《儒林》,以尊周、程、张、邵、朱六子之学。元、明言性理者甚多,然史无道学之名,论者又谓儒者通天地人之称,《儒林》足以包《道学》。考郑氏《通志》原无此标目,宜并入《儒林传》。	无
3	《元史》有《释老传》,它史亦无同之者,考佛图澄、鸠摩罗什、张果、林灵素之流,前史皆入《方技传》,今宜从其例,并入《艺术传》。	无
4	《通志》有《游侠》《刺客》《滑稽》《货殖》四门,盖本《史记》,后世无可载者,今宜从阙。	无
5	无	郑志有《孔子列传》,今考自唐以后,孔氏历有袭封,我朝于《明史》特立《衍圣公传》,表章圣裔,甚盛典也。兹采唐以下史传,参之《阙里文献考》诸书,分列嫡嗣支庶,按次汇辑,为《孔氏后裔传》。
6	无	列传未备名目,应为增修,国史创立《贰臣传》,出自睿裁,于旌别淑慝之中,寓扶植纲常之意,允昭襄贬之至公,实为古之通义。今亦恪遵圣训,于前代别立此门,较诸原书体例,实详且核焉。至《唐书》之《奸臣》《叛臣》《逆臣传》,皆唐以前诸史所无,而其目实不可易,今悉考核事迹,增立《奸臣》《叛臣》《逆臣》三门,列于《贰臣》之后。

观表中凡例,钱氏拟定的内容虽未被四库本《续通志》采纳,但稍加分辨即可知悉,钱氏拟定的凡例内容大多包含在此前的凡例中,如《宋史》创立《道学传》一条,实与《儒林传》合而为一;《元史·释老传》,并入《艺术》,等等,这些传目皆属特立独行,而《通志》并无相应传目,故《续通志》付之阙如。若单将这些情形标注凡例,定不胜枚举,四库本《续通志》芟除,避免架屋叠床之感。此外,四库本《续通志》新增凡例,皆属必须以凡例形式特别标注。因表七中凡例第二条"列传次第"中增续《循吏》《酷吏》《孔子后裔》《贰臣》《奸臣》《叛臣》《逆臣》,《通志》中并无这些卷目,属于《续通志》的改创,因而须特别帮助。由此也能窥视,《续通志》草撰时拟定的凡例,随着纂修的进行,内容在扩充、列传次第在逐步增加和调整,最终导致凡例与内容名实不副,故而定本《续通志》相应删改增补。

虽然清内府抄本《钦定续通志》首册遗失不存,无法窥见其卷首凡例内容,亦无法与钱氏草撰本及四库本覆核,但通过清内府抄本《钦定续通志》中的签条内容,可以大致揣测其凡例情况。清内府抄本《钦定续通志》列传四十三卷首签条作"此册内孔巢夫等传应改入孔氏列传,此处不必写",由此签条及该卷内容可知,孔巢夫被置于唐列传,尚未归置"孔氏后裔"卷目之中,此与四库本凡例不符,且签条明确称孔巢父列传不必写,入孔氏列传,因而可以判断清内府抄本《续通志》的凡例定无"孔氏后裔"卷目,而只是清内府抄本发还后,馆臣再次修改时方才添加此条凡例。核查清内府抄本《钦定续通志》卷末,有《奸臣》《叛臣》《逆臣传》,可知这三项卷目与四库本凡例一致。于此可以推断,清内府抄本《续通志》的凡例内容,应与介于钱氏拟定内容与四库定本之间。

（二）编纂学价值

1. 删削之体例

由清内府抄本《钦定续通志》来看,馆员对于编纂史料的择取、内容的删削,反映了《续通志》编纂的总体思路,循由校签中删削内容的拟定,可以窥见馆臣删削体例之确立,进而探讨三通馆采择史料的旨趣。在现存二百十八册《续通志》中,几乎每册皆有签条注明删削内容,试将《续通志·唐纪》部分签条归总如下(表九),并以这些签条中删削内容为例,追溯馆员选择史料的方法和旨趣。

表九　清内府抄本、四库本《续通志》核查异同表

卷次、位置	签条内容	清内府抄本内容	四库本内容
《钦定续通志》卷三咸亨元年	甲申以下十六字删	一年甲申,卫国夫人杨氏薨,赠鲁国夫人,谥曰忠烈。	删去
	十二月庚寅条改	十二月庚寅,复官名。是岁大饥,天下四十余州旱及蝗虫,关中尤甚,诏转江南粗米以赈给之。	十二月庚寅,诏官名皆复旧。
《钦定续通志·唐纪四》卷四中宗四年(太后垂拱三年)、五年(太后垂拱四年)	七月地震一条删九月一条删	七月地震。九月扬州地生毛。	删去
	自是至后一行岭外删	自是宗室诸王相继诛死者,殆将尽矣,其子孙年幼者,咸配流岭外。	删去
《钦定续通志·唐纪四》卷四中宗四年(太后垂拱三年)、五年(太后垂拱四年)	戊午至地震删戊戌至地震删己未以下九字删乙未以下九字删	戊午,京师地震。八月戊戌,神都地震。己未,朗州雌鸡化为雄。乙未,松州雌鸡化为雄。	删去
	四月以下八字删五月以下十二字删八月以下四字删	四月壬戌,常州地震五月庚午,禁屠。六月乙卯,大风折木。八月,神都大雨。	删去

上表中举凡校签注作"删"的内容,皆无裨于政治,亦于考证无资,《续

通志》列传按语称"事之无关法戒、人之无足轻重者,稍芟薙之"。① 表九中所列地震、大雨及"雌鸡化为雄"之类灾异,琐屑无当,偏离主旨,概从删削。进而查阅其他各册删削内容,大体不外以上所列。当然,馆臣删削除了遵循"事之无关法戒、人之无足轻重"外,还需考证基本史实,登载有误或存有争议的叙述,签条中也多注明删,在遵循基本的编纂体例的前提下,对史实的考辨也反映了馆臣求真的编纂原则。

此外,不可忽视的是,四库本《钦定续通志》成书时,删节了大量馆臣拟定的双行小注,而这些按语或是《续通志》内容采择的帮助,或是附载的史籍考证内容,史料价值较大。

如四库本《钦定续通志·唐纪三》永徽二年下作"秋七月丁未,贺鲁寇庭州,左武卫大将军梁建方、右骁卫大将军契苾何力为月弓道行军总管,以伐之",② "月弓道"清内府抄本作"弓月",并有按语称"胡三省曰:弓月城在庭州西千有余里"。按:《旧唐书·高宗本纪上》永徽二年"秋七月丁未,贺鲁寇陷金岭城、蒲类县,遣武侯大将军梁建方、右骁卫大将军契苾何力为弓月道总管以讨之"。③ 弓月城大约应在伊犁河谷处,④ 清内府抄本《钦定续通志》记载准确,四库本文字倒误,又删胡氏注语,以致令人费解。

2. 三通馆员考实

在中国古代,官方敕撰的典籍多成于众手,馆员之间的协作是编纂顺利进行的关键因素。四库本《钦定续通志》卷前登载纂修馆员名讳,自总

① 嵇璜等撰:《钦定续通志》卷二百一《列传》,文渊阁《四库全书》第395册,第217页。
② 嵇璜等撰:《钦定续通志》卷三,文渊阁《四库全书》第392册,第43页。
③ 刘昫等撰:《旧唐书》卷四《高宗纪上》,中华书局,1975年,第69页。
④ 杨尘:《弓月城及其名考》,载赵嘉麒、瞿新菊主编《伊犁研究》,新疆人民出版社,2006年,第103页。

裁至笔帖式馆员共五十三位。但清内府抄本《钦定续通志》封面及扉页黏贴的签条中登载的三通馆纂修人员,多数不在进书表之列,故可据此增补。今更与传世文献印证,逐一考实三通馆纂修人员,列表如下。

表十 三通馆纂修人员表

序号	馆员	清内府抄本中签条内容	文献记载
1	王涵	王涵 唐纪四五 草本一本 黄续本一本	《萧县志》卷十二:"王涵,字梅轩,附贡生,由三通馆议叙授贵州布政司经历。"
2	姜渊	姜渊 元纪六	无
3	沈长青	沈长青 唐列传七十四	无
4	邹炳泰	协修臣邹炳泰恭校	无
5	吴典	编修臣吴典恭校	《军机大臣和珅等奏查核四库全书馆暨三通馆错误记过各员交部察议》:"查有吴典记过十八次。"
6	庄通敏	编修臣庄通敏恭校	《军机大臣和珅等奏查核四库全书馆暨三通馆错误记过各员交部察议》:"庄通敏、牛稔文、蔡廷衡、莫瞻某各记过十次。"
7	邹奕孝	右中允臣邹奕孝恭校	《无锡金匮志》卷二十:"邹奕孝字念乔,号锡麓。江苏无锡人。乾隆十八年癸酉举人,历充起居注官、经筵讲官、国史馆、功臣馆、三通馆、四库全书馆纂修官。"
8	邹玉藻	编修臣邹玉藻恭校	《同治奉新县志》卷八:"邹玉藻,乾隆三十一年丙戌科张书勋榜进士,乾隆庚寅、己亥顺天乡试同考官,充三通馆、四库全书馆纂修官。"
9	王坦修	检讨臣王坦修恭校	《军机大臣和珅等奏查核四库全书馆暨三通馆错误记过各员交部察议》:"王坦修、励守谦、刘源溥、李熔各记过三十次。"
10	龚大万	检讨臣龚大万恭校	《湘人著述表》:"龚大万字体六,号获甫,清武陵人。乾隆三十六年进士,授编修,充武英殿、三通馆、国史馆纂修。"
11	钱大昕	侍读学士臣钱大昕恭校	《钱辛楣先生年谱》:"三十七年壬辰,年四十五岁。是春补翰林院侍读学士,会试充磨勘官,殿试充执事官,寻充三通馆纂修官。"

续表

序号	馆员	清内府抄本中签条内容	文献记载
12	陈昌图		《南屏山房集》卷十九:"续图谱略稿上记有三通馆奉敕纂修。"
13	吴省兰		《军机大臣和珅等奏查核四库全书馆暨三通馆错误记过各员交部察议》:"吴省兰、洪其绅各记过二十六次。"
14	洪亮吉		《卷施阁集》甲集卷九:"三通馆纂修官。"
15	孙星衍		《畴人传》四编卷八:"乾隆五十二年,充三通馆校理。"
16	邵晋涵		《寰宇访碑录叙》:"邵学士晋涵纂书三通馆,檄取海内石刻进之内廷,编书以续郑樵《金石略》。"
17	汪如洋		《程侍郎遗集》卷八《翰林院修撰汪先生墓志铭》:"乾隆四十八年,充三通馆纂修官。"
18	王兰泉		《枢垣纪略》卷二十七:"充续三通馆纂修。"
19	刘国风		《光绪香山县志》卷十四:"充三通馆纂修官。"
20	陈梦元		《沅湘耆旧集》卷九五《陈检讨梦元》:"乾隆甲戌,充三通馆纂修。"
21	程际盛		《同治苏州府志》卷八十九:"充三通馆纂修。"
22	王文清		《国朝先正事略》卷四十一:"充三通馆纂修。"
23	盛泾		《潜研堂文集》卷四十九:"兼充三通馆纂修。"
24	蒋和		《郑堂读书记》卷四十八:"充三通馆校录。"
25	戴震		《郑堂读书记》卷四十四:"《续天文略》二卷,国朝戴震撰,乾隆三十二年,奉敕撰续通志,馆臣因以天文略属东原。"
26	余廷灿		《沅湘耆旧集》卷九十五《余检讨廷灿》:"乾隆辛巳,充三通馆纂修。"

不少馆臣并非世家名儒,亦无显赫名声,传世典籍中的相关记载也仅有寥寥数言,但其纂修《续通志》的经历不应被湮没。此外,通过查访

现存《续通志》纂修的底稿本，如钱大昕、戴震、陈昌图、吴省兰等皆有纂修底稿传世，利用这些底稿本，不仅能够究讨三通馆纂修详情，亦能增补纂修人员名单。再次，乾隆间众多名儒参与三通馆编纂事务，虽无纂修的相关材料留存，但检诸他人撰述，亦能知悉他们具体职任，如钱大昕为《续通志》撰写过多条凡例，对此书的纂修起到了重要作用，这是目前学界关注稍有不足之处。

对馆员的增补，最重要的价值在于展现《钦定续通志》的编纂详情。由上述增补馆员可知，《钦定续通志》应是分门类撰写，《本纪》《列传》《载记》《贰臣》《奸臣》等门类乃抄撮各朝史籍，汇辑而成，这从清内府抄本中所附的乾隆武英殿刻本《新唐书》即可明了，但其他门类诸如《天文略》《地理略》《都邑略》《礼略》《谥法略》《图谱略》《金石略》等，乃是延请当时学界名儒撰写。据馆藏发现可知，《图谱略》属陈昌图题写，《天文略》由戴震草撰，《谥法略》延吴省兰纂就，而《金石略》有可能由邵晋涵完成，《寰宇访碑录叙》称"邵学士晋涵纂书三通馆，檄取海内石刻进之内廷，编书以续郑樵《金石略》，录其副本，举以相赠"，[1] 但由于没有稿本流传，不能确证，相信随着史料的开掘，更多门类的稿本流传，定能加深《续通志》编纂的相关研究。除此之外，中国第一历史档案馆所藏清宫档案，也能揭示一些三通编纂的详情，"题为遵议三通馆纂修陈昌图疏忽错字副总裁程景伊不行详对照例罚俸事"（乾隆三十九年四月二十九日）称，"昨进呈《续通志》唐列传内蒙皇上指出'裨将援矛刺贼'一段句读错圈，又'孺复'误作'孺子'，臣等实深惶悚"；[2] 又"题为遵议三通馆纂修黄良栋

---

① 孙星衍撰：《寰宇访碑录叙》，《石刻史料新编》第 1 辑第 26 册，新文丰出版公司，1982 年，第 19851 页。
② 中国第一历史档案馆，档号：02—01—03—06871—010。

及副总裁程景伊疏忽校核进呈书籍照例罚俸事"(乾隆四十年四月二十八日)称"昨日进呈《续通志》唐宗室传第四、第五两册内《让皇帝传》'赠妃元为恭皇后'句,又《通王滋传》'帝惊召建论'之句,奉旨询问之处,查对原稿,系就《新唐书》校办字句"。① 由这两份档案可知,除以上各略延请名儒纂定外,唐列传为陈昌图纂修,唐宗室传为黄良栋校核,这些编纂的细节,于三通馆的总体运作和三通的编纂详情,关系甚大,可略作补苴。②

四、小结

根据清内府抄本《钦定续通志》的装帧形式、版式特征及其封面、扉页黏贴的馆员名单,可知其原本应为进呈乾隆帝御览之用,再考察抄本中校签、黄签及墨笔书写内容,认为书头内容应为进呈发还后的修改,或为纂竣定本以备缮录《四库全书》和武英殿刷印。清内府抄本《钦定续通志》与现存《续通志》的底稿本及四库本这三者的比勘极具价值,清内府抄本《钦定续通志》无疑是底稿本与定本之间的桥梁,据此可以探讨各版本之间的因袭嬗变。此外,清内府抄本《钦定续通志》中保留了大量馆员名单,既可增补进呈表之阙漏,亦可循此探研《钦定续通志》具体门类的编纂问题。据现存底稿本可知,《钦定续通志》中诸多门类乃延请名儒撰写,集中体现了他们的治学成就,而这些成果却一直掩盖在官方纂修的典籍之中,不得彰显。长期以来,我们在追溯学术源流、探寻不同阶段史学发展的脉络时,往往更加注重作为学者"个体"的学术成就,而对于更多由"个体"草撰的官方撰述,却习焉不察,这或许是值得进一步反思的。

---

① 中国第一历史档案馆,档号:02—01—03—06996—002。
② 附注:结合这两份档案中对唐列传、唐宗室传的讹错记载与清内府抄本《续通志》成稿本来看,清内府抄本《续通志》已经校改了档案中乾隆帝指陈的几处讹错,显然亦能佐证清内府抄本《续通志》为进呈后发还修改本。

第三章 《四库全书考证》研究

《四库全书考证》作为《四库全书》编纂的副产品,汇聚四库馆臣办理书籍校签的精华,对了解《四库全书》编纂过程以及馆臣校勘书籍具有极大价值。遗憾的是,目前仅有几篇文章介绍其版本、成书、主要内容以及在校勘方面的价值,[①]但关于成书过程中的很多问题如编纂开始的时间、抄写入阁后的缮写、交付武英殿摆印时间、各版本之间的因袭和差异以及《四库全书考证》在四库底本鉴定方面的价值等,鲜有人关注。本章欲通过探讨《四库全书考证》编纂具体过程、比较不同版本的异同以探究其版本学、校勘学价值。同时,藉助《四库全书考证》编纂的一些细节,揭示武英殿本《考证》的刊印过程涉及到的前贤一些言之不确的问题,如关于《武英殿聚珍版丛书》书目、内外聚珍本的鉴别等。

第一节 《四库全书考证》的编纂、抄写与刊印

一、《四库全书考证》的编纂

《四库全书考证》是在《四库全书》编纂过程中形成的,任松如《四

---

① 目前仅见张升《〈四库全书考证〉的成书及主要内容》(《史学史研究》2011年第1期)、何灿《试论〈四库全书考证〉的学术价值》(《图书馆工作与研究》2013年第6期)以及何灿的《〈四库全书〉纂修中的校勘成就》(山东大学2014年博士论文)中分专章论述《考证》等。

库全书答问》称"四库馆校书时,附贴考订各书签子,奉旨决定后,应抄本附录于每卷之末,应刊本附刊卷尾",[①] 即《考证》乃是汇集馆臣校订书籍形成的校签。张升先生曾撰文称《考证》乃是将黄签编次成帙,并指出黄签是经过馆臣选择的校签。[②] 关于《考证》的编纂时间,凡治四库者皆称"乾隆四十一年敕撰"。[③] 据查,自清际以来,"乾隆四十一年敕撰"之说广为流传,张之洞《书目答问》作"《四库全书考证》一百卷,乾隆四十一年敕撰,聚珍本、福本",[④] 其后叶德辉《书林清话》亦称"其校签各书异同之处,于乾隆四十一年九月三十日奉上谕令总裁另为编次,与《总目提要》一体付聚珍版排刊流传,即今《武英殿聚珍版丛书》所印《四库全书考证》一百卷也",[⑤] 至任松如《四库全书答问》称"乾隆四十一年九月三十日上谕,命书馆总裁,将所有诸书校订各签,另为编次,与总目提要一体付聚珍版排刊流传,名为《四库全书考证》,计一百卷",[⑥]《四库全书答问》作为四库学研究最早的成果之一,影响巨大,因而关于《考证》编纂时间的说法逐渐形成定论。一九三六年姚名达先生著《中国目录学史》,径以乾隆四十一年九月为刊刻《考证》的时间,"乾隆四十一年九月,又令将诸书校订之语另为编次,刊为《四库全书考

---

① 任松如撰:《四库全书答问》,启智书局,1928 年,第 62 页。

② 张升著:《四库全书馆研究》,第 190—204 页。

③ 黄爱平著:《四库全书纂修研究》,第 238 页;陈晓华著:《〈四库全书〉与十八世纪的中国知识分子》,社会科学文献出版社,2009 年,第 165 页;张升著:《四库全书馆研究》,第 397 页。(黄、张二位先生著作中称乾隆四十八年敕撰,或为乾隆四十一年之误。张升先生《〈四库全书考证〉的成书及主要内容》中即作乾隆四十一年。)

④ 张之洞编撰,范希曾补正,孙文泱增订:《增订书目答问补正》,中华书局,2011 年,第 345 页。

⑤ 叶德辉著,李庆西标校:《书林清话》,复旦大学出版社,2008 年,第 236 页。

⑥ 任松如撰:《四库全书答问》,第 62 页。

证》一书"。① 应该说,自《考证》成书以来,由于其被掩盖在《四库全书》研究的浪潮之下,未能得到足够的重视和深入的研究,因此学者对早已形成的定论并无疑义。

据档案可知,《考证》在乾隆四十一年并未开始编纂,而称"乾隆四十一年刊"更是有误。实际上,《考证》最初编纂的构想源于乾隆帝御览《四库全书荟要》时,见其黏签考订至为详细,故谕令馆臣将各签汇编成书。《纂修四库全书档案》记载:"乾隆四十一年九月三十日,内阁奉上谕:昨《四库全书荟要》处呈进抄录各种书籍。朕于几余披阅,见黏签考订之处,颇为详细。所有各签,向曾令其附录于每卷之末,即官板诸事,亦可附刊卷尾。惟民间藏板及坊肆镌行之本,难以概行刊入,其原书讹舛业经订正者,外间仍无由得知,尚未足以公好于天下也。前经降旨,令将《四库全书总目》及各书提要,编刊颁行。所有诸书校订各签,并着该总裁等另为编次,与《总目提要》一体付聚珍版排刊流传。既不虚诸臣校勘之勤,而海内承学者,得以由此研寻。凡所藏书,皆成善本,亦以示嘉惠士林至意。钦此。"② 乾隆帝意识到这些校签纠正了原书讹舛,而馆外学人难以知悉,因而下令编次,与《总目》一体排刊流传。但此时《考证》实未开始编纂。既然是汇集"所有诸书校订各签",因此《考证》的编纂须待《四库全书》各书籍办理完竣,③ 至少不会过早地进行编纂活动,否则各书校签尚未形成,焉能编次? 今存各版本《四库全书考证》首页均题"原纂官王燕绪、朱钤、仓圣脉、何思钧、杨懋珩、缪琪,纂辑官王太岳、曹

---

① 姚名达著:《中国目录学史》,上海古籍出版社,2005 年,第 147 页。
② 中国第一历史档案馆编:《纂修四库全书档案》,"谕内阁着总裁等编刊《四库全书考证》"(乾隆四十一年九月三十日),第 537 页。
③《四库全书》办理书籍活动直至嘉庆时期仍在继续,因此此处所称"办理书籍完竣"指的是王燕绪、朱钤、仓圣脉、何思钧、杨懋珩、缪琪等六人校订书籍活动。

锡宝",据《纂修四库全书档案》可知,王太岳、曹锡宝二人为黄签考证官,即编纂《考证》的馆臣,而原纂官王燕绪等六人则为办理《四库全书》的总校官(或为分校官),其实就是考订黏签之人,因此《考证》开始编纂的时间确实晚于以上六人办理各书籍的完竣时间。《纂修四库全书档案》记载以上六人的议叙时间为乾隆四十四年五月二十五日,"(乾隆四十四年五月二十五日)四库全书处奏,所有办理《四库全书》依限完竣之革职中允王燕绪,庶吉士仓圣脉、何思钧,中书朱钤,进士杨懋珩、缪琪等,可否议叙一疏,奉谕旨:王燕绪着加恩授为翰林院编修,仓圣脉、何思钧着照该员甲第授职,朱钤着赏给庶吉士,杨懋珩、缪琪俱着以知县即用。余依议"。[①] 这条档案没有确切说明六位馆臣办理书籍完竣的时间,但必定早于乾隆四十四年五月二十五日,《考证》的编纂或与此接近。《曹剑亭先生自撰年谱》称"(乾隆四十三年)奏派办理黄签考证,与前辈王芥子先生同事",[②] 曹锡宝自称于乾隆四十三年与王太岳(号芥子)办理黄签考证,定当至为可信。并且,乾隆四十三年编纂《考证》,正好介于"乾隆四十一年谕令编次考证"和"乾隆四十四年五月二十五日六位馆臣议叙"之间,与上文推论吻合。

《考证》于乾隆四十三年开始编纂,至乾隆四十六年二月,皇帝谕令将来成书时与《四库全书总目》一起置于《四库全书》之首,"此次所进《总目提要》,并王太岳、曹锡宝所办黄签考证,将来成书时,俱着列于《四库全书》之首,钦此",[③] 但《考证》最终并未列入《四库全书》之首,而

---

① 中国第一历史档案馆编:《纂修四库全书档案》,"谕王燕绪着加恩授为翰林院编修仓圣脉等分别议叙"(乾隆四十四年五月二十五日),第1055—1056页。

② 曹锡宝撰:《曹剑亭先生自撰年谱》,《北京图书馆藏珍本年谱丛刊》第104册,北京图书馆出版社,1999年,第266页。

③ 中国第一历史档案馆编:《纂修四库全书档案》,"谕《总目提要》并黄签考证书成时俱着列于《四库全书》之首"(乾隆四十六年二月十九日),第1295页。

是与《四库全书》一同分别庋藏各阁。乾隆四十七年正月,《考证》正式办理完竣,"乾隆四十七年正月二十九日奉旨：孙士毅着补授太常寺少卿,……其办理《四库全书》黄签之王太岳、曹锡宝,着加恩以国子监司业升用"。① 王太岳、曹锡宝因编纂《考证》完竣故有此加恩,此亦可从《曹剑亭先生自撰年谱》得到佐证,"(乾隆)四十七年壬寅,六十四岁,春正月办理黄签考证完竣,蒙恩以国子监司业升用"。②《四库全书考证》办理完竣后并未及时进呈御览,原因在于《四库全书总目》仍在修改编次,《简明目录》尚未成书。至乾隆四十七年七月十九日,《总目》改定,《简明目录》编成,"兹据总纂官臣纪昀、臣陆锡熊等将抄录各书,依四库门类次第标列卷目,并撰人姓名,撮举大要,纂成《简明目录》二十卷。谨缮写稿本,装作二函,恭呈御览,伏候钦定。至《总目提要》业于上年办竣进呈,荷蒙圣训指示,令将列圣钦定诸书及御制、御批各种,均按门类,分冠本朝著录各书之上,毋庸概列部首。现在亦已将体例遵奉改正,另行排次,仍编成二百卷,装作二十函,谨一并覆进。"③《考证》迟至此时进呈,原因是为了等待《简明目录》和《总目提要》,以便一同进呈御览。

　　《四库全书考证》在进呈御览之后,又经过了长期的修改。国家图书馆藏有清代内府抄本《四库全书考证》,据考订,当为乾隆四十七年进呈后发下经馆臣再次校改的本子。④ 经与武英殿本《考证》比勘,发现录有校

---

① 中国第一历史档案馆编：《纂修四库全书档案》,"谕孙士毅着补授太常寺少卿等议叙事"(乾隆四十七年正月二十九日),第1459页。
② 曹锡宝撰：《曹剑亭先生自撰年谱》,第267页。
③ 中国第一历史档案馆编：《纂修四库全书档案》,"质郡王永瑢等奏《四库全书简明目录》等书告竣呈览请旨陈设刊行折"(乾隆四十七年七月十九日),第1602—1603页。
④ 详参本章第二节。

对者"吴裕德、彭元珫",《纂修四库全书档案》明确记载吴、彭二人迟至乾隆五十二年才进入武英殿,"乾隆五十二年十二月初九日,臣永璇、臣彭元瑞、臣金简谨奏:查武英殿原设额缺纂修十二员,现出有编修章宗瀛告假一缺,编修缪晋丁忧一缺。今于本月初二日奉旨:吴裕德、彭元珫准其捐复中书,仍准在办书处行走。钦此。该员等感激天恩,即日到殿行走,应请即以吴裕德、彭元珫充补章宗瀛、缪晋所遗纂修二缺。至《四库全书》尚有未竣事件,该员等向系熟手,即着其敬谨承办,以赎前愆。为此谨奏,请旨"。① 既然清抄本《考证》中录有校对官吴裕德、彭元珫,其校签和涂改的下限应至乾隆五十二年后。《国朝宫史续编》明确记载"《钦定四库全书考证》一部,是编以《全书荟要》内分签考订之处,奉敕编次成书,凡一百卷。(乾隆)五十四年校刊",此称"五十四年校刊"应是指《考证》的修改之举,与清抄本中校签的形成时间皆相吻合。可以确定的是,《考证》在进呈后,又经过了馆臣的再次校对,其目的是交付武英殿刷印。②

综上所言,《四库全书考证》于乾隆四十一年酝酿,四十三年正式编纂,四十七年正月完竣,四十七年七月十九日进呈,后直至乾隆五十四年一直在馆校对。在长达十一年的编纂、修改过程中,《考证》一直不断完善,从现存的清抄本《考证》中的校签即可看出,馆臣不仅校对了校签的出处,还与校签所反映的原书进行了对勘,剔除了很多无效或不确的考证内容。应该说,《考证》的编次是馆臣校勘书籍成果的一个汇总。

① 中国第一历史档案馆编:《纂修四库全书档案》,"仪郡王永璇等奏请以吴裕德彭元珫充补纂修空缺折"(乾隆五十二年十二月初九日),第 2106—2107 页。
② 笔者曾称这些校签、涂改的目的是供抄入各阁及武英殿摆印,应有误。《考证》在进呈之后即抄写七份庋藏各阁,至于现今文渊阁《考证》吸收了清抄本《考证》的校签,原因在于各阁《考证》在庋藏后又经过了馆臣的复校,最后重新缮写入阁。

二、《四库全书考证》的抄写

《四库全书考证》在办理完竣并进呈御览后,乾隆帝便谕令馆臣誊录抄写,以备各阁庋置。《档案》载"《总目提要》及《考证》全部,臣等均拟缮写正本,于文渊阁中间东西御案上次第陈设",并立即"另原派《总目》《考证》上行走之誊录二十九名、供事十二名,上紧赶办",[①] 因此,《考证》在进呈之后与《总目》一起进行誊录并入藏各阁。[②] 由于七阁《四库全书》历经沧桑,《考证》的命运亦颇坎坷,或不见踪迹或遭焚毁,现将寻绎到的各阁《考证》的有关材料转录如下。

文渊阁本《四库全书考证》。《考证》在抄写后最先入藏文渊阁,"此系全书纲领,未便仍分四色装潢,应请用黄绢面页以符中央土色,俾卷轴森严,益昭美备。其文源、文津、文溯三阁,俟书成后照此办理",[③] 故其他诸阁定在文渊阁之后方才庋藏,这与《四库全书》的其他书籍的入阁程序亦相吻合。文渊阁本《四库全书考证》今藏台北"故宫博物院",《国立故宫博物院善本旧籍总目》著录"《钦定四库全书考证》一百卷,清纪昀等奉敕撰,乾隆年间内府写本,一百〇一册",[④] 据查,该《考证》半叶九行,行二十一字,四周双边,朱丝栏,白口,卷首及卷末钤"文渊阁宝""乾隆御

---

① 中国第一历史档案馆编:《纂修四库全书档案》,"质郡王永瑢等奏刘权之协同校办《简明目录》可否遇缺补用片"(乾隆四十七年七月十九日),第1604页。

② 按: 但《总目》一直在馆修改,没有与《考证》一起誊录陈设各阁。

③ 中国第一历史档案馆编:《纂修四库全书档案》,"质郡王永瑢等奏《四库全书简明目录》等书告竣呈览请旨陈设刊行折"(乾隆四十七年七月十九日),第1603页。

④ 其称"纪昀奉敕编"有误,另"乾隆内府写本"应与国家图书馆藏"内府抄本"相区别,此处指文渊阁《四库全书考证》。一百〇一册亦与各版本七十二册一百卷相左,原因在于《国立故宫博物院善本旧籍总目》将一卷作一册处理,加目录一卷,故而为一百〇一册,这种说法实有误,据笔者查阅,该本为七十二册。

览之宝"大方印。

文溯阁本《四库全书考证》。据《盛京皇宫和关外三陵档案》记载,乾隆四十八年八月十二日,由京送到《总目》二十五匣、《简明目录》三匣、《考证》十二匣。[①] 该《考证》现存甘肃省图书馆,七十二册,半叶九行,行二十一字,四周双边,朱丝栏,白口,版心上栏题有"钦定四库全书考证",黄色绢包封面,卷首钤"文溯阁宝",卷末钤"乾隆御览之宝"。《文溯阁〈四库全书〉迁兰亲历记》记载,"文溯阁四库全书交接书共有:(一)《四库全书》共计六千二百四十一函,三千四百七十四种,三万六千三百十五册;(二)《四库全书简明目录》三函一种,十七册;《四库全书总目》二十函一种,一百二十七册;《四库全书考证》十二函一种,七十二册,《四库全书分架图》四函一种,四册"。[②] 据此,当为文溯阁庋藏之《四库全书考证》无疑。

文澜阁本《四库全书考证》。文澜阁本《考证》今难以窥见,但嘉庆二十五年杭州承办盐商吴恒聚等造送《文澜阁〈四库全书〉书目清册》录有《考证》的相关信息,笔者现存有《文澜阁〈四库全书〉经部书目清册》影印本,绢面题"杭所承办商人吴恒聚造送",首页录作"经部《总目》二十八册,经部《考证》二十二册,《简明目录》四册",并在经部考证二十二册下小字标注"无提要,查四部亦皆无提要,嘉庆元年禀明有案"。另据一九四一年《浙江省立图书馆文澜阁〈四库全书〉保管处移交清册》记载,"目录、考证之部四种二百四十一册",此为经民国诸人补抄之后的书籍清单,其称"目录、考证四种"应是指《总目》《考证》《简明目录》《插架图》,但二百四十一册却与其他诸阁之二百二十册不符,或许为补抄之后误出多册。

---

① 杨丰陌、赵焕林、佟悦主编:《盛京皇宫和关外三陵档案》,第 123 页。
② 余贤杰:《文溯阁〈四库全书〉迁兰亲历记》,《四库全书研究文集》,敦煌文艺出版社,2006 年,第 361—362 页。

至于文津阁所藏《四库全书考证》，清宫避暑山庄档案记载嘉庆元年十二月查阅文津阁陈设物件，其中录有"《钦定四库全书考证》十二函，随匣紫檀木边嵌玉四周记桌屏四座"。嘉庆五年十二月再次检查文津阁藏书发现"高宗《钦定四库全书考证》十二套，有虫蛀处"。由嘉庆年间覆核书籍情况来看，文津阁确实入藏了《四库全书考证》。陈垣先生曾逐一翻阅过文津阁《四库全书》，详细记录了各书的书名、页数等，遗憾的是没有关于《考证》的登载。文津阁《四库全书》今藏国家图书馆，也未见《考证》的踪迹。文宗阁《四库全书》虽在咸丰年间遭到焚毁，但国家图书馆仍存有清抄本《文宗阁〈四库全书〉装函清册》，书首有莫友芝、柳蓉春等藏书印，清册中多处避乾隆"弘"、嘉庆"琰"字讳，但"宁"字不避讳，应该是抄写于嘉庆时期。① 《装函清册》在经史子集各部录有《考证》，共计十二函，与文溯阁庋藏函数一致。

笔者曾将国家图书馆藏清内府抄本《考证》与台北"故宫博物院"藏文渊阁《考证》对比，发现在书目著录、书籍名称、类目编排等方面皆有不同。同时，文渊阁《考证》吸收了大部分的清抄本中的校签内容。因而，文渊阁《考证》庋藏入阁的时间应晚于清抄本《考证》中校签的形成时间，具体应晚于乾隆五十四年，这便与档案记载的文渊阁《考证》入阁时间相违伐。清宫各种档案虽然没有直接记载文渊阁《考证》准确的庋置时间，但《盛京皇宫和关外三陵档案》记载文溯阁《考证》于乾隆四十八年八月十二日运抵盛京，《武英殿修书处为派员押送文溯阁陈设之〈四库全书总目〉等书及五军道里表事咨盛京内务府》称"本处应送往盛京文溯阁陈设《四库全书》，内《总目》二十五匣、《简明目录》三匣、《考

---

① 王蔼《文宗阁〈四库全书〉装函清册略谈》（《文献》2002年第3期）一文认为抄写于乾隆五十五年左右，有误。详见本书第一章第三节。

证》十二匣,共三十五匣,请烦贵府查收,按照《架图》并此次带往图样陈设",①而文渊阁《考证》抄写完竣并入阁定在文溯阁前,《纂修四库全书档案》称"其文源、文津、文溯三阁,俟书成后照此办理",②因此,文渊阁《考证》的实际庋藏时间必定在乾隆四十八年八月前。这里便存在疑问,为何根据台北"故宫博物院"所藏文渊阁《考证》得出的入阁时间与档案记载的入阁时间不一致?是否是档案记载有误,亦或是推断的校签形成时间不确?

经仔细翻阅史料,《考证》入文渊阁的时间确应在乾隆四十八年八月十二日之前,而现存的文渊阁《考证》也确实是乾隆五十四年之后才庋置的,之所以出现时间上的错置,原因在于诸阁《考证》曾经馆臣重新缮写,缮写的时间恰是《考证》修改完成之后,故而现存文渊阁的《考证》吸收了乾隆四十七年至五十四年的校签内容。目前,尚无档案表明文渊阁《考证》在入阁后经撤回、重缮并再次入架,但众多材料涉及到文溯阁《考证》在馆臣复校过程中重经缮写。从《四库全书》编纂的整个过程来看,北四阁的复校情况不会有太大出入,故而以文溯阁《考证》类推文渊阁《考证》的相关史实,应该可靠。

乾隆五十五年七月二十日,成策、福保《奏为校勘文溯阁书籍事竣事一折》称"闻伏乞皇上睿鉴。再书籍次序既理经史改所有御案前陈设之《总目》《考证》《分架图》均应另缮,亦经陆锡熊带回办理,此外尚有革任侍郎陆费墀另造《分架图》四本,系预备晒晾书籍时检查归架之用,亦一

---

① 杨丰陌、赵焕林、佟悦主编:《盛京皇宫和关外三陵档案》,第 123 页。
② 中国第一历史档案馆编:《纂修四库全书档案》,"质郡王永瑢等奏《四库全书简明目录》等书告竣呈览请旨陈设刊行折"(乾隆四十七年七月十九日),第1604 页。

并交陆锡熊照式另缮一分,随书发来,合并陈明。为此谨奏",① 从奏折中反映的复校情况来看,《总目》《考证》以及《排架图》均经陆锡熊带回四库馆重新抄写,也就是说,现藏甘肃的文溯阁《考证》以及台北"故宫博物院"的文渊阁《考证》已非当初入阁的原貌。这些书籍除《总目》外,已在乾隆五十六年十月重新抄写完竣,并交由文溯阁归架,《盛京皇宫和关外三陵档案》载:"呈为督察院前来看书之员,公所应陈设桌凳之处,先行知会盛京将军等衙门,由档案房呈为咨行事。准督察院咨开:为咨明事。本院左都御史,上年奉旨详校文溯阁所有应行抽换各书,现交礼部员外郎张照原议赍送并先行抽阅,今定于十一月起程,除《总目》一部应俟刊刻告竣再由武英殿送往外,相应各书开列清单咨明,希即会同查照归架。至抽阅书籍、应设公所地方桌凳等项,并一切请书、收书各事宜,均应照上年办定章程妥协办理可也。等因前来。相应咨行盛京将军奉天府尹提督学政衙门,所有应设公所地方桌凳等项,并一切请书、收书各事宜,均应照上年办定章程妥协办理可也,为此上呈。计赍送书册清单:《简明目录》十七册,应归函;《四库全书考证》七十二册,应归函;《排架图》四册,应陈设;《春秋本例》《春秋例要》合一函,共五册连匣,应归架;《大隐居士集》《浮游集》合一函,共五册连匣,应归架;《九家集注杜诗》十二册,应归函;《纲目三编》十八册,应归函;《元明事类钞》二十四册,应归函;《元丰九域志》七册,应归函;《数学九章》十二册,应归函;《东里集》三册,应归函;《周髀算经》一册,应归函。另送到《目录》手卷四个,檀匣一副,应陈设,原手卷撤回;又另送袖珍《简明目录》四函,此系新添之本,应照三阁例在御案陈设;又《曾子》一册,应归函,将原书撤回。"② 档案中除录有

---

① 中国第一历史档案馆,档号:04—01—38—0016—008。
② 孙彦、王姿怡、李晓明选编:《四库全书研究》,第309—313页。

《简明目录》《考证》及《插架图》外,另有其他书籍多至十三种,均是经馆臣带回由礼部负责承办缮写的,同时注意到《总目》并未在归架之列。至乾隆五十七年四月二十二日,刘权之赴盛京重校文溯阁时,其奏折称"除《南巡盛典》《八旗通志》《四库全书总目》三种尚在改缮未经送到外,其余撤回各书俱已发来照存",① 此亦可证明乾隆五十六年十月,以上各书确已归架完毕,当然,《四库全书考证》亦在其列。

此外,文渊阁《四库全书考证》中禁毁书籍的删削和类目的调整亦能为"重新缮写入阁"说提供佐证。与乾隆四十七年的进呈本《考证》相比,文渊阁《考证》删去了乾隆帝谕令禁毁的书籍,如李清所著《南北史合注》、唐时升《三易集》等。据《办理四库全书档案》载,李清著作被禁毁发生在乾隆五十二年三月,② 由禁毁书情况可知,现存文渊阁本《考证》必定在乾隆五十二年三月之后仍经馆臣继续校改。与此同时,大量的《四库全书》未收书、存目书的考证内容亦被馆臣删去。当然,我们无法确定此次删削书籍究竟仅是复校中的抽删抽改所致,还是重新经过了馆臣的缮写。幸运的是,文渊阁《考证》中的类目调整为我们进一步的推论提供了依据。阁本《考证》中有近三十种书籍类目与进呈本不同,其调整的范围不仅限于经史子集各部内的卷次变动,还包括各部之间的改易,如《中原音韵》由经部改属集部,《方言》由史部改隶经部,等等。如前所述,《考证》在办竣后立即派员誊录各阁庋藏,誊录监生的工作只会按进呈本照式抄写,断不会调整其书籍类目,因而只可能是后期复校时形成的。如果说删、改可以直接进行,而不会影响书籍内容的完整,但如此多书目及相应考证内容的改易,显然不是简单的抽删、抽改即可完成,而必

① 中国第一历史档案馆,档号:03-9675-073。
② 王重民辑:《办理四库全书档案》,"乾隆五十二年三月十九日谕"。

须是经过了馆臣再次缮写的结果。

　　结合以上档案及文渊阁本《考证》的内容来看,《四库全书考证》虽早已庋藏诸阁,但却是重新缮写入阁的本子。仅以文溯阁为例,经过了乾隆五十五年的改缮,直至乾隆五十六年十月方才归架,而此时进呈本《考证》已由四库馆臣校对并修改完毕,因此重新缮写的《考证》很有可能吸收了最新校签的成果。这就解释了为何现存文渊阁《考证》的实际庋藏时间远远晚于档案记载的入阁时间。

三、《四库全书考证》的刊印

　　《四库全书考证》在最初构想编纂时,即已预备交付武英殿聚珍版摆印,"与《总目提要》一体付聚珍版排刊流传",[①] 但随着编纂工作的结束,《考证》又改为雕版刊刻。至于何时有此动议,已然不甚明了,只能从乾隆五十一年六月十三日和珅的奏折中窥见一二,"又王太岳等所办理《全书考证》曾否刻板? 如尚未动工,即用聚珍版刷印,钦此。相应寄知二位大人,遵照将小板《通鉴辑览》于何时刷印齐全,又《全书考证》作何办理之处,即行札覆,以备垂询",[②] 由此条奏折明确可知,《考证》在办理完竣后并未按照乾隆帝预想的那样直接交付武英殿刷印,而是准备由雕版刊刻。同时亦可看出,关于《考证》究竟以雕版刊刻还是聚珍版刷印,馆臣仍是没有得到乾隆帝明确的指令。笔者猜测或许是由于武英殿聚珍版刷印书籍较多,且《考证》卷帙颇大,故改由雕版刊刻。至乾隆五十一年七月,关于《考证》作何办理之事已有乾隆帝的谕旨,而且此时

---

① 中国第一历史档案馆编:《纂修四库全书档案》,"谕内阁着总裁等编刊《四库全书考证》"(乾隆四十一年九月三十日),第537页。
② 中国第一历史档案馆编:《纂修四库全书档案》,"军机大臣和珅为奉旨垂询《通鉴辑览》《全书考证》刻板刷印事致四库馆总裁函"(乾隆五十一年六月十三日),第1942页。

武英殿事务较轻,因而重又将其交付武英殿聚珍版摆印。乾隆五十一年七月二十日,四库馆臣曾就《考证》刷印部数问题奏明乾隆皇帝,《纂修四库全书档案》载:"启者:昨接手函,示商《四库全书考证》应否仍照旧数刷印,具见尊裁详审。今早召见时,遵来示奏请。面奉谕旨,此书除排印陈设二十二部外,着照例排印通行书三百部,不必格外加增。钦此,特此奉闻,祈即遵照办理,顺候近祺不一。"① 从档案可知,通过乾隆帝的谕旨,《考证》的刷印部数最终得到确定,即与其他聚珍版书籍一样,刷印陈设二十二部,另三百部作为通行本,但此时《考证》仍未交付摆印。《国朝宫史续编》记载《考证》于乾隆五十四年校刊,显然直至此时《考证》才由武英殿修改、校对完毕。并且,武英殿聚珍版《考证》确实吸收了乾隆五十四年校刊时才形成的校签、修改意见等,因而《考证》应该晚于乾隆五十四年才交付武英殿摆印,这是毋庸置疑的。

同时,笔者在内阁大库档案中也发现一条可以佐证的记载,"嘉庆七年五月二十六日,臣永璇、臣庆桂、臣朱珪、臣英和、臣戴衢亨跪奏,奏为恭进样本事:本馆曾奉特旨,摆《四库全书考证》等书,系一百卷,《吏部则例》一书系六十九卷,俱能摆印无误。现在聚珍馆木子尚属完全,未能虚置无用,可否即令供事等将《西汉会要》《唐会要》二书迅速一律摆印,既省刊刻多费,且得早副圣主嘉惠艺林至意,臣等未敢擅便,谨奏。本日奉旨:依议。钦此。"② 此称"本馆曾奉特旨,摆《四库全书考证》等书"究竟指代乾隆年间摆印抑或嘉庆年间摆印,实难明了。这条奏谕将《吏部则例》与《四

---

① 中国第一历史档案馆编:《纂修四库全书档案》,"军机大臣和珅等为奉旨排印《四库全书考证》事致四库馆总裁函"(乾隆五十一年七月二十日),第1943—1944页。
② 内阁大库档案,嘉庆元年至十三年武英殿修书处奏事档,辰字一号。

库全书考证》并称,以此证明聚珍馆能够摆印卷帙较大的书籍,似有两者系同时摆印之意。据查,《吏部则例》于嘉庆五年摆印完竣,"嘉庆五年二月二十八日,臣永璇、臣朱珪、臣丰绅伦、臣戴衢亨跪奏为装潢全竣请旨陈设颁发事,本处两奉敕旨摆办《千叟宴诗》三十六卷,又《吏部则例》六十九卷,曾于嘉庆四年五月初八日摆出样本,恭呈御览。今刷印装潢,现已全竣。《吏部则例》准照来文,以三百部咨行在京衙门备查,以九百部存贮"。①奏谕将《四库全书考证》置于《吏部则例》之前,其摆印乃至完竣应在嘉庆五年之前。据此可以猜测,《考证》应该是乾隆五十四年之后摆印,直至嘉庆五年之前始得完竣并陈设,因而庆桂在上奏时以《四库全书考证》与《吏部则例》为例。嘉庆四年顾修编撰的《汇刻书目》中将《四库全书考证》列入《武英殿聚珍版丛书》中,②此书为顾修私人撰述,且为最早记述《武英殿聚珍版丛书》的私人书目,若非亲见聚珍版《四库全书考证》,绝不可能将其录入,因此《考证》应在嘉庆四年之前即已摆印通行本流传。嘉庆五年开始编纂的《国朝宫史续编》著录《武英殿聚珍版丛书》一百二十六种,并未录入《四库全书考证》。③据查,《国朝宫史续编》所载书目上接《国朝宫史》,著录的时限自乾隆二十七年至嘉庆初年,此书为官方敕撰,记载至为可信,但其未录《考证》的缘由并非《考证》没有摆印完竣,而是乾隆后期至嘉庆初期的各种摆印书籍均未列入,所录书目皆为乾隆四十二年之前排印完成,其卷首题下称"诸书续有排印,先列现行书目",即是此意。

故宫博物院收藏有清宫流散的《钦定武英殿聚珍版书目录》两种,④

---

① 内阁大库档案,嘉庆元年至十三年武英殿修书处奏事档,丑字四号。
② 顾修:《汇刻书目》,清光绪十二年刻本。
③ 庆桂等编纂:《国朝宫史续编》卷九十四,北京古籍出版社,1994 年,第 919—921 页。
④ 国家图书馆、台北"故宫博物院"亦有收藏,据项旋考证,三者均系一致。

据查,该书为朱丝栏抄写,白口,上朱鱼尾,版心上题"御制题武英殿聚珍版",开列了聚珍版书一百二十九种,[①]而《四库全书考证》并不在这一百二十九种之中,这表明清廷撰写《钦定武英殿聚珍版书目录》时,《四库全书考证》尚未摆印完成,因此,我们可以通过考察《钦定武英殿聚珍版书目录》的成书时间来推定《考证》的摆印时间。

据项旋考证,《钦定武英殿聚珍版书目录》可能编纂于嘉庆元年,[②]这可以从《清宫武英殿修书处档案》的记载中得以窥见,嘉庆元年十月十三日奏:"查翰林院移付,《易纬》《易说》等书共一百三十余种,前经臣等奏明五十卷以外交刻,五十卷以内交摆。本处先后陆续进过一百二十九种,荷蒙睿览,命编聚珍总目,灿然益彰。今又摆得《尚书详解》二十六卷。查计五十卷以内之书,业已全行完竣外,又恭摆《十全集》五十四卷,暨前经大学士等呈进《万寿盛典》一百二十卷,篇帙繁富,尤符巨观。"档案中所称"命编聚珍总目"即是《钦定武英殿聚珍版书目录》,其明确叙及聚珍本书"一百二十九种"。[③]又称"今有摆得《尚书详解》二十六卷",也就是说《尚书详解》摆印于嘉庆元年,且并未存于《钦定武英殿聚珍版书目录》中,可以肯定的是《钦定武英殿聚珍版书目录》反映的是乾隆时期武英殿聚珍版书目,嘉庆时期摆印的书籍并未收录。因此,我们可以据此作出推断,既然《钦定武英殿聚珍版书目录》收录乾隆时期摆印的一百二十九种聚珍版书,且没有收录《四库全书考证》,结合其他嘉庆时期摆印的书籍亦未收录的情况,《四库全书考证》应该摆印于嘉庆时期。

---

① 向斯著:《故宫国宝宫外流失秘籍·清宫珍籍流传宫外考》,中国书店,2007年,第43页。
② 项旋著:《皇权与教化:清代武英殿修书处研究》,中国社会科学出版社,2020年,第300页。
③ "一百三十余种"的说法或是添加了初次雕版的四种书籍。

　　《四库全书考证》摆印完成后，陆续陈设热河、盛京及各大行宫、殿宇之中。光绪二十年五月二十六日，《热河总管世纲等奏查明文津阁并园内各殿宇书籍折》录有"《钦定四库全书考证》一部，一百卷，王泰（太）岳辑，武英殿版"，[①] 此需与文津阁《四库全书考证》相区别。根据档案，入文津阁之《考证》定为抄本，此著为武英殿本，且非文津阁中所藏，而是其他殿宇所贮书籍，应属武英殿摆印完竣后的陈设本。《静宜园殿堂陈设书籍·勤政殿》陈设有"《钦定四库全书考证》十二套"，[②] 据其目录所载，此殿将武英殿聚珍版书籍全部陈设入藏，《考证》亦在其列。咸丰年间抄录的《盘山行宫收存书籍清册》及《盘山行宫收存陈设书籍》共著录书籍一百六十七种，其中有"《四库全书考证》一部十二套"，并且书籍清册目录后注明"此册上有圈，着俱交进"。国家图书馆藏《懋勤殿书目》一部，[③] 系清人刘喜海抄本，该书目实为懋勤殿陈设书籍，录有聚珍版图书一百余部，包括《钦定四库全书考证》一部十二套。《考证》与其他武英殿聚珍版一样，共刷印陈设本二十二部，囿于档案，暂时不详其余十八部的陈设情形及地点，有待进一步研究。

　　在叙述《四库全书考证》的摆印时间时，发现《国朝宫史续编·武英殿聚珍版丛书》与目前普遍认同的陶湘所辑《武英殿聚珍版书目》并不能完全吻合，《尚书详解》《诗经乐谱》《御选名臣奏议》《西汉会要》《唐会要》《重刻淳化阁帖释文》《四库全书考证》《农书》《高宗诗文十全集》《万寿衢歌乐章》《世宗御选悦心集》等十一种不在《国朝宫史续编》收录之中。通过查阅档案发现这十一种书籍或为乾隆后期敕撰、或为嘉庆时期摆印、或是行格版式与聚珍版不同，因此笔者认为目前学界较为认同的

① 中国第一历史档案馆编：《纂修四库全书档案》附录一，第 2655 页。
② 香山公园管理处编：《香山公园志》，中国林业出版社，2001 年，第 438 页。
③ 索书号：02826。

《武英殿聚珍版丛书》一百三十四种之说值得继续探讨。

陶湘曾辑录《武英殿聚珍版书目》，共计一百三十四种（除去初刻四种），此后学者研究聚珍版丛书皆以此为嚆矢。郭伯恭《四库全书纂修考》、黄爱平《四库全书纂修研究》皆称自乾隆三十八年至五十九年共摆印书籍一百三十四种，并详细列目。[1] 翁连溪《清代内府刻书研究》也称"武英殿聚珍本共一百三十四种，有目可查"。[2] 因此，学界在研究《武英殿聚珍版丛书》时，均以这一百三十四种目录为据，张升先生曾在《四库全书馆研究》中单列一章论述武英殿聚珍版，详述聚珍版书目，笔者不揣简陋，欲作一点赘述。

如所周知，学界所认同的《武英殿聚珍版丛书》有以下几个特点，缺一不可：其一，版式划一，各书均为墨栏双边，每半叶九行，行二十一字；其二，行款一致，每书均录乾隆《御制题武英殿聚珍版十韵》一诗并序，次载提要。也就是说，自陶湘以来确定的一百三十四种书目，以上两点已然成为鉴别聚珍版最重要的特征。但似乎很多人都忽略了一点，其实以上特征只是由现存武英殿聚珍版书籍得出的一般共性，而不是以这两个标杆来衡量聚珍版。当然，笔者对以上书目的质疑，也是基于这两点特征考虑：

半叶九行二十一字是武英殿聚珍版第一个最为明显的特征，同时也是区分嘉庆时期武英殿续摆书籍的重要标准。嘉庆时期武英殿聚珍馆继续摆印书籍，如《吏部则例》《平苗志略》等，因其行款各异，故而将其作为武英殿单行本，而不入丛书。但似乎陶湘等人并非严格遵从自订的标准，其辑录的《武英殿聚珍版书目》中录有《万寿衢歌乐章》一书，据

---

① 分别参见郭伯恭著：《四库全书编纂考》，岳麓书社，2010年，第100页；黄爱平著：《四库全书纂修研究》，第231—242页。

② 翁连溪著：《清代内府刻书研究》，故宫出版社，2015年，第346页。

查,该书为乾隆五十五年敕撰,朱墨套印,每半叶九行,行二十字。很显然,若《万寿衢歌乐章》作为聚珍版的一种,其行款与其他书籍并不一致,也就是说,半叶九行二十一字只能代表绝大多数书籍的款式,而不是非此即彼的唯一标准。

每书皆有御制诗序、次载提要是区别聚珍版的第二个特征,很多学者在进行内外聚珍鉴别时经常以此为据。实际上,举凡殿本皆有诗序、提要的说法不够确切。笔者查阅国家图书馆所藏聚珍版书籍,发现《周易口义》《四库全书考证》《御选名臣奏议》等皆无提要。因此,可以说武英殿聚珍版丛书(内聚珍)皆有诗序,但绝非均有提要。

还有一点,今人所辑录的《武英殿聚珍版丛书》,皆称起乾隆三十八年十月,迄乾隆五十九年之间摆印的书籍,[1] 甚至认为武英殿聚珍版书籍的刊印随着金简的辞世而告结束。但仔细审视一百三十四种书目,目前确切可知的有三种为嘉庆时摆印,若《丛书》所称时限仅止于乾隆五十九年,缘何将嘉庆时期摆印的书籍列入,如此一来岂不自相矛盾?

内阁大库档案载:"本馆前据翰林院奏准移交《农书》一种,今已摆办完竣,照例装潢陈设本二十部,带往盛京二部,刷印通行本三百部。谨先将连四纸竹纸样本各一部恭呈御览。俟发出,即交懋勤殿拟请陈设,仍发五省通行。又查前据移到《西汉会要》《东汉会要》二部,俱徐天麟撰,《唐会要》《五代会要》二部,俱王溥撰。向因本馆奏明,五十卷以内发摆,五十卷以外发刻。是以《东汉会要》四十卷、《五代会要》三十卷,已经摆进陈设,其《西汉会要》系七十卷,《唐会要》系一百卷,例未发摆。臣等伏思一人之书,或摆或刻,似未划一……现在聚珍馆木子尚属

---

① 郭伯恭著:《四库全书编纂考》,第 100 页。

完全,未能虚置无用,可否即令供事等将《西汉会要》《唐会要》二书迅速一律摆印,既省刊刻多费,且得早副圣主嘉惠艺林至意,臣等未敢擅便,谨奏。"[1] 由档案可知,《农书》于嘉庆七年摆印完竣,《西汉会要》与《唐会要》则始有排印的动议,但陶湘、郭伯恭等人所列书目皆包含这三种书籍。从现存书籍的行款看,《农书》《西汉会要》《唐会要》皆为半叶九行二十一字,首题御制诗序,次载提要,与乾隆年间摆印书籍版式、行格均一致,但笔者质疑的是以上学者不当首先确立聚珍版书籍的时间界限,若已然明确了时间断限,那么就不应将嘉庆时排印书籍列入。

此外,在国家图书馆翻阅嘉庆时摆印的《农书》时发现,虽然其版式、行格等与乾隆时武英殿摆印书籍无异,但在提要撰述上明显不同。一般而言,聚珍版书籍的提要的叙述方式与《四库全书》一致,首行题书名提要,另行以"臣等"书写。但《农书》首行题"钦定四库全书农书提要",继而另行书写"《农书》二十二卷,永乐大典本"。很显然,这里的提要是直接抄录《四库全书总目》,甚至将其版本来源一并附入,与《总目》著录格式完全相同。仅以《农书》而言,这或许可作为嘉庆摆印本与乾隆摆印本区别的一个侧面。

第二节 《四库全书考证》的版本与价值

乾隆朝开馆纂修《四库全书》,对违碍书籍的篡改致使很多书籍失真,加剧了学者对四库本的质疑,顾颉刚先生曾就四库馆臣删削书籍批评称:"试盱衡《四库》所入,忌讳略搀,即予点窜,删削更易,多失厥真。"[2] 检阅今人的古籍整理成果,于四库本或仅作为不甚重要的参校本,

---

[1] 内阁大库档案,嘉庆元年至十三年武英殿修书处奏事档,辰字一号。
[2] 郭伯恭著:《四库全书纂修考》原序,第1页。

或径摒弃不取,四库馆臣颇具见地的校勘成果,如由黄签汇聚而成的《四库全书考证》及散见的馆臣奏疏等大多被忽视。学界对《四库全书考证》的研究大多集中在《考证》的成书过程、内容等方面,但诸如《考证》各版本之间的源流、纂修《四库全书》时的进呈本是否为国家图书馆所藏抄本等问题,尚无人进行梳理和考辨。更值得注意的是,《考证》集馆臣校签之精华,对今人的古籍校勘工作有参考借鉴之用,亦少有人关注。①

一、清抄本《四库全书考证》考论

《四库全书考证》作为《四库全书》修纂的副产品之一,目前所知有四库本、武英殿本及清抄本存世。四库本《考证》本应与《总目》一样,列《四库全书》之首,"此次所进《总目提要》,并王太岳、曹锡宝所办黄签考证,将来书成时,俱着列于《四库全书》之首",② 但由于其成书远在各阁抄写完成之后,因而与《四库全书》并列贮藏各阁之中,③ 未列全书之首。然笔者管见,仅有文渊阁本《考证》较为常见,文溯阁所藏不曾亲见,④ 文津阁、文澜阁《考证》亦未见踪迹,据据相关记载,两阁中确有收贮。⑤ 武英殿本《考证》存世较多,有乾隆时期的聚珍版以及道光间仿刻武英殿

---

① 本节完稿后,重新检索最新研究成果,高远先生开始关注《四库全书考证》对今人整理古籍的价值问题,参见氏作《〈四库全书考证·宋史〉的文献价值》,载《宋史研究论丛》2015 年第 16 辑。
② 中国第一历史档案馆编:《纂修四库全书档案》,"谕《总目提要》并黄签考证书成时俱着列于《四库全书》之首"(乾隆四十六年二月二十九日),第 1294—1295 页。
③ 下文叙述多处称"抄录入《四库全书》"均指的是抄写入阁庋藏。
④ 今甘肃省图书馆藏清内府写本《四库全书考证》,框高二十二厘米,广十五点六厘米。半页九行,行二十一字,红格,白口,四周双边,版心上栏题有"钦定四库全书考证"。黄色绢包封面,包背装,七十二册。每册卷端钤"文溯阁宝",卷末钤"乾隆御览之宝",由此可确认文溯阁藏有《考证》。
⑤ 嘉庆二十五年杭州承办盐商吴恒聚等造《文澜阁〈四库全书〉书目清册》中即称《考证》写本。参见崔富章《关于〈四库全书总目〉的定名及其最早的刻本》,《文史》2004 年第 2 辑。

本。^①聚珍版《考证》为乾隆五十一年付梓，《纂修四库全书档案》录有乾隆五十一年排印此书的记载，"王太岳等所办《全书考证》，曾否刻板？如尚未动工，即用聚珍板排印"，^②但最终完成时间不见档案记载。清抄本《考证》现藏中国国家图书馆，^③内有馆臣校签及涂改痕迹，书目文献出版社曾据此影印。因此，目前仅能知晓武英殿本《考证》于乾隆五十一年排印，但文渊阁本及清抄本完撰于何时，尚且不详，因此无法直接从时间上判断以上三种版本的源流。笔者尝试从清抄本《考证》中遗留的校签入手，并比勘以上三种版本《考证》之间的异同，以确定其版本关联。

（一）清抄本《四库全书考证》的抄写时间及性质

清抄本《四库全书考证》现藏国图善本部，一百卷，每半叶十行，行二十一字，白口，红格，单鱼尾，四周双边，版心题书名、卷数及页次，各卷字迹不一，显系多人抄写而成。书中圈点、涂改随处可见，书页内还存有馆臣的墨笔涂乙痕迹，内容涉及《考证》中的讹误、脱漏以及书写格式等。并有浮签若干，部分校签存在前后相继的校改痕迹，应属办理书籍过程中

---

① 国家图书馆古籍馆藏有武英殿本《四库全书考证》，索书号分别为38458、37488及7919，卷首均题武英殿聚珍版，行款为每叶九行，每行二十一字，单鱼尾，其中38458号左右双边，7919号四周双边。每卷首页钤"国子监南学书光绪九年二月查过准部齐全""国子监"印。每卷目录后均题恭校者姓名，总目第五至八叶版心处题"道光十年修"，叶下有"宋炳垣校"。另浙江图书馆、湖南省图书馆等也有收藏武英殿本《四库全书考证》。据查，三者均为仿刻武英殿本，暂不在本文叙述之列。国家图书馆善本室藏有武英殿本《四库全书考证》，索书号：02324，此为乾隆年间活字本，确为武英殿所印。

② 中国第一历史档案馆编：《纂修四库全书档案》，"军机大臣和珅为奉旨垂询《通鉴辑览》《全书考证》刻板刷印事致四库馆总裁函"（乾隆五十一年六月十三日），第1942页。按：《考证》在乾隆五十一年并未刊刻，其具体刊印时间应在嘉庆初年，详参本章第一节。

③ 索书号：09824。据查，此抄本录有馆臣的复校意见，为《考证》的底稿本无疑。后文将清抄本与武英殿本、四库本进行了对勘，更加印证了此说。

的修改本。此称清抄本《考证》为修改本，只是一种笼统的判断，至于它究竟是《考证》编纂过程中哪一个阶段的修改本，还需要结合校签内容加以分析。通过查阅其中校签，发现有几处能够为判断修改本的性质提供帮助。

第一，卷五十七有校签称"送来《考证》三本，务祈案班期校出，交馆为稿。王、胡二位先生，浴德堂公具，十一日"，① 这条校签反映的是办理《考证》交馆记录的内容，其中"浴德堂"是具体的办书地点。《国朝宫史》记载："熙和门之西为武英殿，规制如文华。门前御河环绕石桥三，殿前后两重皆贮书籍。凡钦定命刊诸书，俱于左右值房校刻、装潢。西有浴德堂，为词臣校书直次，设总裁统之"，② 据此，浴德堂作为校书之所，一直承担着武英殿刊、印诸书的校勘任务。此校签中明确说明了办书地点在浴德堂，应该是预备武英殿排印而进行的校对。

第二，卷九十一、九十二中有校签作"岩（巖）改严（嚴），马启泰签"、"掾讹橡，马启泰签"，校签中出现的校对者姓名为进一步推断该抄本的性质提供极大帮助。覆核武英殿本《考证》，诸卷首皆题校对者姓名，而卷九十一、九十二恰是马启泰。由此可以确定清抄本《考证》中的校签题写者正是武英殿本中署名的馆臣，也就是说清抄本《考证》中的校签正是武英殿排印前做出的校改。

据上述校签中出现的办书地点"浴德堂"以及校对馆臣"马启泰"，可以确定清抄本《考证》中的修改是为了武英殿排印该书。因此清抄本《考证》的性质应是武英殿排印前的修改本。

① 另有校签"稿本三卷、黄本三卷俱详加校对外，档子一本，查收。浴德堂照"也提到浴德堂。
② 鄂尔泰、张廷玉等编纂：《国朝宫史》，北京古籍出版社，1994年，第198—199页。

除了以上几条校签外,清抄本《考证》中出现的其他校签内容也可进一步考辨其性质是为了武英殿排印以及抄录入阁。通过对比校签内容,并结合武英殿本、四库本《考证》中的具体考证条目发现,举凡校签中的修改建议,武英殿本、四库本均有所改正。质言之,武英殿本和四库本《考证》吸收并采纳了清抄本《考证》中的校签以及涂乙痕迹,很显然,这直接表明了清抄本《考证》应是后二者所依据的底本。兹举例如下:

其一,纠正讹误类校签。经部卷二附校签称"后第十行'原本','本'讹'夫',涂而未改",进而查阅该卷后十行,"'原夫'大讹矣,据程传改","夫"字有涂改痕迹,显然,清抄本《考证》此处"夫"应改作"本"。通过查阅武英殿本及四库本《考证》,发现均已按照馆臣校签做出了修改。

其二,补苴脱误类校签。卷九十二第二十四页《文编》第九行校签作"第二十四页第九行'祭史彦辅文',刊本'祭'上有'苏洵'二字"。据查,清抄本《考证》此条作"祭史彦辅文",脱"苏洵"二字,武英殿本、四库本《考证》此条改作"苏洵祭史彦辅文",吸收了馆臣校签。

其三,修改格式类校签。此本中共计三条校签涉及格式问题,分别为卷二十七第十二页"'陈建'条当顶格写"、卷六十八第四十三页"'横箫'当另行提写"、卷九十一第六页"卷九十一误高一格",核查清抄本《考证》原文,"陈建"条上空一字,"横箫"条未另行书写,"卷九十一条"与正文同高,这些都是抄写格式有误。翻阅武英殿本及四库本《考证》,均未发现以上三条格式问题。

武英殿本、四库本关于"校签"的修改情况见表十一: [①]

---

① 限于篇幅,此表并未将所有的校签全部列入表中。

表十一

卷次页数书名	校签内容	备注
卷二十八第三十页《宋史》	三十页后一行《宋史》"神宋"似应改"神宗"。	原文作"案《宋史》神宋本纪",当作"神宗本纪"。武英殿本、清抄本均已改正。
卷三十第三十七页《宋史》	卷三十第三十七页多前一行,应删。	原文"下堉今据改"重复。
卷六十六第十二页《御定渊鉴类函》	"言之不臧",讹"藏"。	原文作"言之不藏","藏"当改作"臧"。
卷七十五第十页《分类补注李太白集》	"据许氏《说文》改",应改"据《尔雅》改",《尔雅》在先,不应反引《说文》。	原文作"据许氏《说文》改"。武英殿本、清抄本均已改正。

以上校签均是馆臣针对清抄本《考证》存在各种问题提出的修改建议,毫无例外,这些均被武英殿本及四库本《考证》采纳。除校签外,清抄本《考证》中随处可见涂改痕迹,于别字、衍字处以"〇"标示,这些涂改在四库本及武英殿本中也尽数得以更正,武英殿本、四库本关于涂改处的校正情况见表十二:①

表十二

清抄本涂改处	武英殿本	四库本
卷一"不⑩旧说为安"	"不若旧说为安"	"不若旧说为安"
卷一"离六二注书于汤言旁求俊⑱启迪后人"	"离六二注书于汤言旁求俊乂启迪后人"	"离六二注书于汤言旁求俊乂启迪后人"
卷五"太保率西方诸⑭集说"	"太保率西方诸侯集说"	"太保率西方诸侯集说"
卷八"刊本及监本⑮毛俱脱士字"	"刊本及监本毛俱脱士字,据注增"	"刊本及监本毛俱脱士字,据注增"
卷九"原本为讹⑩谓,据周礼改"	"原本为讹谓,据周礼改"	"原本为讹谓,据周礼改"

① 限于篇幅,此表并未将所有的涂改处全部列入表中。

据此,清抄本《考证》抄写完成之后,经过了馆臣的再次复校,校签中遗留的馆臣姓名与武英殿本《考证》中所署校对者一致,这些都表明其目的是便于武英殿排印,加之武英殿本确实吸收了清抄本中的校签内容,更加可以断定应属武英殿排印前的修改本。同时,通过对比四库本与清抄本《考证》发现,四库本吸收了清抄本中馆臣的校改,四库本《考证》亦是以清抄本为底本。于此,笔者认为清抄本《考证》是为了武英殿排印而形成的修改本,而这些修改在抄录入阁时同样被采纳,故而清抄本《考证》可视作武英殿本、四库本的共同底本。

既然清抄本《考证》涉及原文本身以及校改内容,并且校改始于何时尚待辨别,因而我们可以将底本原文和校签分别进行考订,以推断清抄本《考证》的性质,并进而究讨清抄本《考证》为何在底本原文之上呈现既有校签又出现墨笔涂改的现象。

其一,清抄本《考证》首页题"纂辑官:候补司业臣王太岳、候补司业臣曹锡宝",王太岳、曹锡宝的职名为我们推断抄写时间提供了线索。据《纂修四库全书档案》载,"其办理《四库全书》黄签之王太岳、曹锡宝,着加恩以国子监司业升用。王太岳俟服阕之日,再行拟补",[①] 其后,王太岳等人上表谢恩,"候补国子监司业王太岳、曹锡宝等呈请据情代奏,恭谢天恩,理合将原呈一并进呈。谨奏"。[②] 由此得知王太岳、曹锡宝授候补司业衔在乾隆四十七年正月二十九日之前,另乾隆四十七年七月十九日档案称"其办理《考证》之纂修王太岳、曹锡宝,亦已于本年正

---

① 中国第一历史档案馆编:《纂修四库全书档案》,"谕孙士毅着补授太常寺少卿等议叙事"(乾隆四十七年正月二十九日),第1459页。
② 中国第一历史档案馆编:《纂修四库全书档案》,"军机大臣奏孙士毅等呈请据情谢恩片"(乾隆四十七年正月二十九日),第1460页。

月内蒙恩擢授司业",① 亦可为证。清抄本《考证》既已题"候补司业",据二人职名的授予时间,此抄本的抄写时间应晚于乾隆四十七年正月二十九日。《曹剑亭先生自订年谱》称"乾隆四十七年壬寅,六十四岁,春正月办理黄签《考证》告竣,蒙恩以国子监司业升用"。② 曹锡宝自言"办理黄签《考证》"于乾隆四十七年正月完竣,并由此授予司业一职。但清抄本《考证》是否就是曹锡宝所说的本子,还有待其他馆臣的职衔为据。

其二,检诸档案,发现杨懋珩在不同时期的官职也可进一步证明清抄本《考证》的抄写完竣时间。清抄本《考证》署名页题"进士现任江苏长洲县知县杨懋珩,进士现任广西平南县知县缪琪",说明在清抄本《考证》抄写完成时,杨懋珩正好任职江苏长洲县知县。《纂修四库全书档案》载《户部知照四库全书馆总裁等官分别议罚事致典籍厅移会》,"乾隆四十七年二月……查议处《四库全书》处错误记过……记过十七次之归班进士今授江苏桃源县知县杨懋珩……",③ 此时杨懋珩为桃源县知县,④ 与清抄本《考证》所题"长洲县知县"不符,至乾隆四十七年二月时,清抄本《考证》并未抄写完成。乾隆四十七年四月二十四日关于罚俸的记录单中发现杨懋珩的官职有了改变,可据此推断杨懋珩任职长洲县的大致时间。《吏部题遵旨会议四库全书处人员罚俸记过情形本》载

---

① 中国第一历史档案馆编:《纂修四库全书档案》,"质郡王永瑢等奏刘权之协同校办《简明目录》可否遇缺补用片"(乾隆四十七年七月十九日),第 1604 页。

② 《北京图书馆藏珍本年谱丛刊》第 104 册,北京图书馆出版社,1999 年,第 266 页。

③ 中国第一历史档案馆编:《纂修四库全书档案》,"户部为知照四库馆总裁等官分别议罚事致典籍厅移会"(乾隆四十七年二月),第 1542 页。

④ 《纂修四库全书档案》有多处记载杨懋珩为"江苏桃源县知县",最早是在乾隆四十五年九月初四日(第 1202 页),此外还有乾隆四十六年四月十二日(第 1345 页)、八月二十九日(第 1441 页)。

"（乾隆四十七年四月二十四日）查议处《四库全书》处错误记过……记过四十四次之归班进士今授江苏长洲县知县杨懋珩……均照例罚俸三个月"。① 也就是说，乾隆四十七年四月二十四日杨懋珩已任职长洲县，则其改任时间当在乾隆四十七年二月至四月二十四日之间，那么清抄本《考证》不会早于杨懋珩的改任时间。因此清抄本《考证》并非曹锡宝所说乾隆四十七年正月办竣的本子。

其三，清抄本《考证》署名页题"原纂官：中允衔编修臣王燕绪，翰林院编修衔臣朱钤，翰林院检讨臣何思钧，翰林院庶吉士臣仓圣脉"。根据王燕绪、朱钤等人的职名，可推断清抄本《四库全书考证》的成书不会晚于乾隆四十七年十一月十八日。《纂修四库全书档案》载，乾隆四十七年正月十一日"奏缮校《四库全书》第一分完竣，除总校之少詹事陆费墀屡次蒙恩不敢仰邀议叙外，应将总校、编修原任中允王燕绪请旨赏给中允职衔，总校、庶吉士、散馆归班中书朱钤请旨赏给编修职衔，总校疏忽部议降调原任编修仓圣脉请旨赏给庶吉士，总校、检讨何思钧请旨准其加二级"。② 第一分《四库全书》完竣后，王燕绪等人即被赏给职衔，但均未实际任职，这与清抄本《考证》署名页相符，因此若能准确知晓以上四人何时脱去职衔便可推断清抄本《考证》抄写完成的时间下限。《纂修四库全书档案》录有《谕第二分全书校缮完竣总校王燕绪等着加恩授职》称"乾隆四十七年十一月二十八日奉旨：第二分《四库全书》校缮完竣，办理尚属迅速，其承办之总校王燕绪，着加恩于服阕后，遇有中允缺出即

---

① 中国第一历史档案馆编：《纂修四库全书档案》，"吏部为知照四库全书馆记过人员罚俸事致典籍厅移会"（乾隆四十七年四月二十四日），第1567—1569页。
② 中国第一历史档案馆编：《纂修四库全书档案》，"四库全书总裁等奏请准议叙缮校第一分书籍各员折奉旨依议"（乾隆四十七年正月十一日），第1458页。

行补用,朱钤着即授职编修"。① 此时,办理第二分《四库全书》完竣,朱钤因而实授编修职,清抄本《考证》抄写完成的时间下限当在乾隆四十七年十一月二十八日,如若不然,朱钤定不会署"编修衔"。

综上,清抄本《考证》的抄成时间有一个较为准确的范围,即抄写完竣于乾隆四十七年四月二十四日至十一月二十八日之间。② 这与《考证》的进呈时间非常接近。《纂修四库全书档案》明确记载《考证》于乾隆四十七年七月十九日进呈,"乾隆四十七年七月十九日臣永瑢等谨奏,为《四库全书简明目录》告成,并改定《总目》、编次《考证》均经完竣,恭折奏明事……又《四库全书考证》,亦据纂修官王太岳、曹锡宝等汇总排纂,编成一百卷,装作十函,理合一并进呈……其《总目提要》及《考证》全部,臣等均拟缮写正本,于文渊阁中间东西御案上次第陈设。此系全书纲领,未便仍分四色装潢,应请用黄绢面页以符中央土色,俾卷轴森严,益昭美备。其文源、文津、文溯三阁,俟书成后照此办理"。③ 因此初步判断清抄本《考证》应该为进呈本。另外,乾隆四十七年正月王太岳、曹锡宝因办竣《考证》而授职候补司业,曹氏自定年谱也称乾隆四十七年春正月"办理黄签考证告竣",因而《考证》应早在乾隆四十七年正月即已完成。而根据清抄本《考证》所署馆臣的职名判断,该本不是最初办理完竣的本子,而是重新抄写的。结合《四库全书》的办理过程,即是再次誊抄,

① 中国第一历史档案馆编:《纂修四库全书档案》,"谕第二分全书校缮完竣总校王燕绪等着加恩授职"(乾隆四十七年十一月二十八日),第 1690 页。同时,仓圣脉、何思钧的官职变化也可印证,参见《纂修四库全书档案》第 1458、1690、1850 页。

② 姑且将乾隆四十七年四月二十四日当作杨懋珩任职长洲县知县的最早日期。

③ 中国第一历史档案馆编:《纂修四库全书档案》,"质郡王永瑢等奏《四库全书简明目录》等书告竣呈览请旨陈设刊行折"(乾隆四十七年七月十九日),第 1602—1603 页。

则很有可能是为了进呈皇帝御览。

当然，上述以职衔推测内府抄本《考证》为进呈本，只能证明首页的署名形成于乾隆四十七年夏秋间，似不可将其径视为与抄本内容同时形成。但笔者在查阅文渊阁本、武英殿本《考证》后发现，文渊阁本《考证》未题任何署名，武英殿本《考证》题"知县臣杨懋珩、知县臣缪琪"，[①]将体现二人具体任职的语句全部删去，这显然说明了在武英殿排印《考证》时，"进士现任江苏长洲县知县"或者"进士现任广西平南县知县"等带有明确实时性的称谓已不合时宜，故而权以"知县"称之。而这恰能反推清抄本署名页的任职时间与清抄本《考证》内容的抄写时间是一致的。

其四，仔细翻阅清抄本《考证》，其版心记书名"钦定四库全书考证"，鱼尾下记卷数、该卷书名及页码，完全遵照《四库全书》用以进呈的著录格式，而且抄写工整、体例整饬，从其版式来说，当为进呈本。现今发现的四库进呈底本的装潢及行格版式也可以为《考证》的版本鉴别提供佐证。李国庆先生曾发现天津图书馆藏有四库馆的誊清本《公是集》《闽小记》等，其格式完全与四库本相同，并且其上贴有黄签以供进呈，[②]其版式为上书口题"钦定四库全书"，每半叶八行，行二十一字，红格白口，四周双边，眉端有佚名签批。除行数有异外，其他与《考证》版式完全一致。另民国十年江西熊罗宿影库本《旧五代史》一百五十卷，其底本即为四库进呈本，且亦为红格白口、左右双边的版式。[③]再者就纸张方面来说，清

① 其他职名也略有异同。
② 李国庆：《四库遗珍传本扬学——记天津图书馆藏清代乾隆皇帝与纪晓岚等馆臣编写的四库善本书》，载《城市快报》副刊，天津建城 600 年纪念特刊，第 60 版，2004 年 12 月 23 日。
③ 张升著：《四库全书馆研究》，第 108 页。

抄本《考证》的纸张洁白、质地细腻,似是棉纸的一种,[①] 红格棉纸乃是四库进呈本以及底本的专用纸张。[②] 从现存的四库进呈本来看,用以进呈御览的书籍均以红格界栏装潢,以示与其他稿本区别。结合这一点,清抄本《考证》的装潢版式当为进呈本无疑。

其五,傅增湘先生《藏园群书经眼录》卷六记载"《四库全书考证》一百册,清内府写本,朱阑精楷,是乾隆修书底本,在聚珍版前"。[③] 傅先生虽未直接言及清抄本为进呈本,但其称乾隆修书底本,即已表明清抄本《考证》乃是文渊阁本誊录的底稿本。

综上所述,清抄本《考证》中馆臣所署职衔的时间与档案记载的进呈时间接近、装潢版式以及抄写体例符合进呈本的一般特征,因此,应为四库馆臣办理完成后进呈御览的抄本。

(二)清抄本《四库全书考证》的校改时间

在现存的三种版本系统中,清抄本《考证》收书最多,四库本、武英殿本在清抄本基础上均存在不同程度上的删削和调整,清抄本《考证》无形中成了维系四库本与武英殿本的津筏,在初步廓清清抄本《考证》的性质后,有必要进一步考辨清抄本《考证》中的校签、涂改以及墨笔修改。抄本中的校改究竟何时形成,又持续到何时? 若能考辨清楚这个问题,则进而可以了解《考证》的办理流程以及与其他书籍办理的区别等。在

---

① 棉纸是一种统称,应为泾县榜纸。前辈学者多称北四阁《四库全书》所用为浙江开化榜纸,但《纂修四库全书档案》中明确作"金线榜纸"。经黄爱平老师查阅纂修《四库全书》时的领纸档案发现,北四阁用金线榜纸即泾县榜纸抄写。此观点为黄老师上课时提及,学生聆听受教,谨致谢忱。

② 苗润博:《〈续资治通鉴长编〉四库底本之发现及其文献价值》,《文史》2015 年第2 期。另张升先生亦认为"红格抄纸"为四库馆之专用纸(张升:《〈四库全书〉的底本与稿本》,《图书情报工作》2008 年第 11 期,第 145 页)。

③ 傅增湘著:《藏园群书经眼录》,第 505 页。

《四库全书》修纂过程中,馆臣编辑书籍形成校签,然后选取一些校签进呈乾隆帝御览,称为黄签,而《考证》即是将进呈后的黄签汇编成帙,作为一部书籍再次呈送御览。因此,根据《考证》的成书流程,清抄本《考证》中的修改无外乎两种情况:其一,汇编黄签成书进呈御览时所进行的校改;其二,进呈本发还之后四库馆进行的复校。笔者初步推测其当为后者,具体缘由分述如下。

推测清抄本《考证》中的校签为四库馆臣办理书籍时形成,其实并不符合实际。张升先生认为四库馆臣将办理书籍进呈皇帝御览时,多将黄签黏贴进呈。[①]清人叙述也确实证明了四库馆以黄签进呈之事,"清乾隆三十七年修《四库全书》,各省采辑及私家呈进之本,均由四库馆缮书处先行录副,送纂修诸臣考订黏签,再缮录正本,以黄色纸签钞誊签注按语,黏贴其上,赍呈御览"。[②]清抄本《考证》中存在很多校签,而且多处注有致误的页数、行数,与进呈御览的黄签格式几无异处,若循此言,清抄本《考证》中黏贴的校签可能为办理书籍时形成。但仔细考辨校签,其中有"送来《考证》三本,务祈案班期校出交馆为祷。王、胡二位老先生照,浴德堂公具,十一日"、"写本四册俱未考证"、"样子一本查收,与来人一字"等,这些校签显然是馆臣的修改、校对的日常记录,若进呈御览,断不会将相关机构的校书流程等一并呈送。此外,进呈御览而黏贴的校签,一般都署有校对者姓名的木记,以备赏罚,但清抄本《考证》中仅有

---

① 张升著:《四库全书馆研究》,第 108 页。

② 叶启发著:《稿本华鄂堂读书小识》,中华全国图书馆文献缩微复制中心,1996 年,第 215 页。此外,《纂修四库全书档案》记载和珅校勘《戒庵漫笔》的奏谕称"奉旨指出《戒庵漫笔》第一卷内,《端阳竞渡图》'元黄振鹏'改'王振鹏',《南都打春》'金陵春前一月'改'前一日',查对俱系原本错误,谨遵旨改正,并将原本黏贴黄签进呈。谨奏"(第 1277 页)。由此看来进呈黄签以供御览乃是常事。

五条校签署有"马启泰签",且为墨笔书写,而非木记,从这点来说与前述进呈黄签有别。最值得商榷的一点,办理书籍中黄签随书进呈,之后将黄签撤下入《考证》,这一办书流程早已成为共识。但《考证》在进呈时再将校签随书进呈御览,明显不合常理,难道再将其中校签撤下补入《考证》? 翻检清抄本《考证》,并未有将该书的校签再补入书中的记载,因而《考证》在进呈时可能没有校签随书呈览。同时,据上文论述,清抄本《考证》进呈于乾隆四十七年七月十九日,而此时第一分《四库全书》业已完竣,办理书籍之事早在第一分《四库全书》抄录之前即已结束(除了一些敕撰书籍如《满洲源流考》等),因而猜测清抄本《考证》中的校签为办理书籍时形成,明显与实情不符。

因此,清抄本《考证》中的校签不是随书进呈的,而其中的校改应该进呈之后所作,具体当是为抄录入《四库全书》以及武英殿排印时而进行的校改。

首先,清抄本《考证》署"纂辑官"王太岳、曹锡宝,实已透漏出《考证》的办理详情,即仅是将王燕绪等人办理书籍时的校签汇编,选取其中较为重要的黄签辑为《考证》,因而对于王太岳、曹锡宝等人来说,"辑"才是唯一工作,无需详加考订。

其次,清抄本《考证》中的校改时间在进呈之后,这一点从档案记载可窥见:《纂修四库全书档案》载"《全书总目》《简明目录》及《考证》各部,现在进呈只系稿本,应俟发下后,另行赶缮正本各四分,预备陈设",故尚需"即令原派《总目》《考证》上行走之誊录二十九名、供事十二名,上紧赶办"。[1] 从此条档案来看,《考证》明显在进呈后又经修改、缮写,

---

① 中国第一历史档案馆编:《纂修四库全书档案》,"质郡王永瑢等奏刘权之协同校办《简明目录》可否遇缺补用片"(乾隆四十七年七月十九日),第1604页。

因而推测清抄本《考证》中的校改为进呈之后所为存在事理依据。同时清抄本《考证》中的校签亦可与档案记载相印证:《考证》中有两处校签分称"刻本三卷、黄本三卷俱详加校对"、"写本四册俱未改正矣",校签言及黄本、写本,均指进呈本而言,"详加校对"明显表明《考证》又经馆臣覆核,与前称"稿本"对应,因而从这些记载来看,清抄本《考证》中的校签与《纂修四库全书档案》记载相吻合。《考证》虽于乾隆四十七年七月十九日进呈,但据乾隆帝谕旨,该本只系稿本,并未最终定稿,而这两处校签也可说明清抄本《考证》为进呈后的修改本。这与四库馆办理其他书籍的程序完全不同。据张升先生考证,四库馆办理书籍,首先由提调将底本分下给分校,分校校好后,分给自己负责的誊录,誊录抄好后,再交回分校,分校再校此誊抄稿。分校校好后,再交复校,复校校好后汇交提调,若没有问题就装订正本。这些抄成的正本还要由总阅或总裁抽阅,然后进呈乾隆御览。[1] 或许由于《考证》乃黄签的汇纂,各条考证内容早已随各书进呈皇帝御览,因而其成书并未严格按照四库馆的修书程序,而是直接由王太岳、曹锡宝将各条黄签纂辑进呈,未经分校、复校覆核。

此外,校签的内容更能说明该抄本的校改是为了抄录《四库全书》以备庋藏和武英殿排印。书中诸多校签、涂改以及墨笔删削,为文渊阁本以及武英殿本《考证》采纳,如清抄本《考证》史部卷四十四第十页作"刊本'赤'讹'色',据《宋志》改",校签作"'志'应改作'史'",文渊阁本及武英殿本《考证》据此改正。但有些讹误的记载,由于馆臣没有以校签形式签出,武英殿本《考证》竟也因袭。如《诗集传名物抄》,清抄本

---

[1] 张升著:《四库全书馆研究》,第 108 页。

《考证》该卷目录中作"诗传名物抄",正文作"诗集传名物抄",覆核武英殿本《考证》,此处疏误与清抄本相同。这说明武英殿本《考证》除了吸收校签做出修改外,其他内容完全遵此抄本排印。但文渊阁本《考证》除了吸收校签内容外,更进一步作了校勘,将馆臣未及措意的错讹改正。显然,从各版本源流来看,清抄本中的校签、涂改被文渊阁本、武英殿本吸纳,讹误也有很多被继承。因此,清抄本的校签及涂改,目的是供抄入《四库全书》和武英殿排印,当在发还之后办理武英殿刻书之时。

再次,清抄本《考证》中有五处校签称"马启泰签",校签内容分布在卷九十一、九十二两卷中,其他校签并未署馆臣姓名。[1]而武英殿本《考证》各卷均题有校对官姓名,卷九十一、九十二又恰是马启泰,可以断定武英殿本中的校对官即是清抄本中校签及校改的题写者。既然武英殿本中的馆臣就是清抄本《考证》的校改者,且这些馆臣的姓名更完整地保存在武英殿本中,故可从武英殿本中的馆臣署名推测清抄本校改的大致时间范围。[2]武英殿本《考证》列有校对馆臣十七位,分别是吴裕德、王锡奎、玉保、吴璥、祝堃、吴廷选、马启泰、朱攸、章宗瀛、吴鼎雯、缪晋、文宁、俞廷抡、崔景仪、蒋攸铦、彭元玭、陈嗣龙,其中王锡奎、文宁、吴廷选、崔景仪、蒋攸铦为乾隆四十九年进士,[3]并于乾隆四十九年五月初二日或授予庶吉士,或授予编修,"乾隆四十九年五月初二日内阁奉:上谕新科进士……王锡奎……蒋攸铦……俱着改为翰林院庶吉士",[4]他们应是在

---

① 各校签笔迹不一,显为多人校改。

② 因《考证》中的校签可能是不同时期形成,因此只能据这些纂修官推测《考证》中校改完成的时间。

③ 江庆柏编著:《清朝进士题名录》上册,中华书局,2007年,第637页。

④ 中国第一历史档案馆编:《乾隆朝上谕档》第12册,档案出版社,1991年,第142页。

进士及第后才参与校书的,也就是说凡经这几人之手校签及涂改的《考证》应在乾隆四十九年之后。其中蒋攸铦的生平为考订校签题写时间提供了进一步的线索。《清史稿》载蒋攸铦"乾隆四十九年,成进士,年甫十九",[①]由此可知蒋攸铦为乾隆三十一年生,[②]至乾隆四十七年方才十七岁,尚未进士及第,若于《考证》进呈前(乾隆四十七年七月十九日)即已参与四库馆校书,必定引得时人的倾羡与称颂,但不管是馆臣的日记、文集,还是时人的题跋、来往书札,均不曾言及年仅十七岁的蒋攸铦参与四库馆校书之事。此外,戴震曾以举人身份参与四库馆办理书籍,只因其学问淹博才有此征辟,蒋攸铦年甫十七且尚未获得功名而参与四库馆校书,[③]显与常理难符。同时,翻检蒋攸铦年谱,明确记载"乾隆五十年充武英殿协修官",[④]由此表明蒋攸铦参与《考证》的校对工作定在乾隆五十年之后。因而可以据此判断清抄本《考证》中的很多校签、涂改当是乾隆五十年之后形成。

在这十七名馆臣中,吴裕德、彭元珫本为提调官,其参与校书则是接替章宗瀛、缪晋之后而任职武英殿的,《纂修四库全书档案》录《仪郡王永璇等奏请以吴裕德彭元珫充补纂修空缺折》称:"(乾隆五十二年十二月初九日)臣永璇、臣彭元瑞、臣金简谨奏:查武英殿原设额缺纂修十二员,现出有编修章宗瀛告假一缺,编修缪晋丁忧一缺。今于本月初二日奉旨:吴裕德、彭元珫准其捐复中书,仍准在办书处行走。钦此。该员

① 赵尔巽撰:《清史稿》卷三百六十六,中华书局,1977年,第11446页。
② 蒋攸铦编:《绳枻斋年谱》,沈云龙主编:《近代中国史料丛刊》第二十辑第191册,文海出版社,1966年,第12页。
③ 蒋攸铦乡试中举时间在乾隆四十八年,进士及第在乾隆四十九年(《绳枻斋年谱》第11页)。
④ 蒋攸铦编:《绳枻斋年谱》,第12页。

等感激天恩，即日到殿行走，应请即以吴裕德、彭元珫充补章宗瀛、缪晋所遗纂修二缺。至《四库全书》尚有未竣事件，该员等向系熟手，即着其敬谨承办，以赎前愆。为此谨奏请旨。"①奏折明确称吴裕德、彭元珫参与武英殿校书在章宗瀛告假及缪晋丁忧之后，因此馆臣名单中录有吴、彭二者，必在乾隆五十二年十二月初九日后，则清抄本《考证》中的校签及涂改的完成不会早于乾隆五十二年十二月初九日。

综合以上论述，我们明确可知清抄本《四库全书考证》中的校签、涂改在乾隆四十七年进呈之后，也就是说其中的修改上限定在乾隆四十七年七月十九日后。据其中校签的馆臣名录又可推知其修改的下限当在乾隆五十二年十二月初九日之后，而此时《四库全书考证》适值武英殿排印，因此其中的校签、涂改也被殿本《考证》采纳。

（三）清抄本《四库全书考证》中的校改内容

清抄本《考证》中的校签、涂改多达数百条，几乎每卷均有校改痕迹，其内容涉及对原文讹误的校正、脱误的补漏、衍误的删削、互倒的乙正以及无效考证条目的剔除、增加新的考证等，除此之外，还有众多校签内容是对《考证》格式的修改，诸如顶格书写等。在黏贴校签之外，馆臣还直接以墨笔圈涂，表明某字有误。这些校签、涂改标记，大部分为文渊阁本及武英殿本《考证》所继承。在校签中，馆臣以卷数、页数、行数甚至具体某字表明校改处，唯恐再次致误。其采取此法原因很简单，《考证》本身各条目均是依据史籍改正，若不做区分，极易混淆原文，如清抄本《考证》卷三十八第三十页《唐才子传》条有校签作"三十页四行，第二'庐鸿'字疑有错"，这里将原文中的"庐鸿"与讹误的"庐鸿"区隔，其用意是不

---

① 中国第一历史档案馆编：《纂修四库全书档案》，"仪郡王永璇等奏请以吴裕德彭元珫充补纂修空缺折"（乾隆五十二年十二月初九日），第 2106—2107 页。

使誊录者难觅讹误处。兹以表格形式将各种校签及涂改类型分述如下。

1. 讹误型校签（见表十三）。

表十三

卷次页数书名	校签内容	备注
卷二十六第十页《梁书》	"骜"讹"骜"，卷十四。	原文作"刊本骜讹骜"，第二"骜"显误，当作"骜"。
卷二十八第三十页《宋史》	三十页后一行《宋史》"神宋"似应改"神宗"。	原文作"案《宋史》神宋本纪"，当作"神宗本纪"。
卷四十第四十二页《西湖志纂》	四十二页前六行"蹄"讹"啼"。	原文作"浅草才能没马啼"，当作"蹄"。
卷六十四第四页《稗编》	第四页后十行"体"改"休"。	原文作"案，何体《公羊传序》"，当作何休。
卷六十六第九页《御定渊鉴类函》	上"月"应改作"正"。	原文作"《夏小正》月月，雉震呴。呴，鼓其翼也"，据查，该句引自《夏小正·正月》，前"月"当作"正"。
卷六十六第九页《御定渊鉴类函》	"陆碧云"，去"碧"字。"反极阴于天律"，"阴"字未填。	原文作"陆碧云《喜斋赋》，肃有祷于人谋兮，反极□于天律"，查《御定渊鉴类函》卷十一，作"陆云""反极阴于天律"。
卷六十六第十二页《御定渊鉴类函》	"峡类梁萧子范"，"峡"讹"穴"。	原文作"穴类梁萧子范"。
卷六十六第十二页《御定渊鉴类函》	"言之不臧"，讹"藏"。	原文作"言之不藏"，'藏'当改作'臧'。
卷六十六第二十一页《御定渊鉴类函》	刊本"艺（藝）"讹"褻"，"褻"字误。	原文作"据褻文志改"，"褻"当作"艺（藝）"。
卷七十五第十页《分类补注李太白集》	"据许氏《说文》改"，应改"据《尔雅》改"，《尔雅》在先，不应反引《说文》。	
卷八十八第三十一页《西河集》	"赋"改"贼"。	原文作"明季献赋蹂躏"，当作"献贼"，指张献忠。

2. 脱误、乙正型校签（见表十四）。

表十四

卷次页数书名	校签内容	备注
卷三十一第三十三页《左传纪事本末》	"字互倒"，"互"上要增"字"字。"倒又"，"又"字宜去。三十一页及本页第九行。	原文作"刊本贾季二互倒"，脱"字"字。
卷六十六第二十九页《御定渊鉴类函》	"皆于中行乡射礼"，"皆"字增。	原文作"于中行乡射礼"，脱"皆"字。
卷八十二第二十二页《定斋集》	此字上补"案"字。	原文脱"案"字。
卷九十二第二十四页《文编》	第二十四页第九行"祭史彦辅文"，刊本"祭"上有"苏洵"二字。	

3. 衍误型校签（见表十五）。

表十五

卷次页数书名	校签内容	备注
卷六十三第三十一页《记纂渊海》	三十一页一行末"又"，此字多，应挖去。	原文作"又又西登陇，首获白麟"，"又"字衍误。

4. 宜删型校签（见表十六）。

表十六

卷次页数书名	校签内容	备注
卷三十第三十七页《宋史》	三十第三十七页多前一行，应删。	原文"下埽，今据改"重复。
卷五十四第二十九页《六研斋三笔》	"鸥"讹"沤"。《列子》"鸥鸟"作"沤鸟"，"沤"字不讹，此条宜删。卷五十四，卅页，前三行。	

续表

卷次页数书名	校签内容	备注
卷五十四第三十五页《云仙杂记》	"乐天方入关,刘禹锡正病酒"。考《佩文韵府》引《云仙别录》作"乐天□八关斋,刘禹锡正病酒",又《子史精华》引温庭筠《采茶录》作"白乐天方斋,禹锡正病酒"。据此则本文"入"字系"八"字之讹,"齐"系"斋"字之讹。今《考证》改"齐"为"刘",则"入关"是何等语?且于下"菊苗斋、芦菔鲊"无涉,云"据别本",不知果何本也。此条宜删。卷五十四,卅五页,前五、六行。	
卷七十第五页《御定佩文韵府下》	"云阪"一条,《韵府》并未讹,应删。	
卷八十五第四十三页《勤斋集》	"地震"一条,删。	

5. 格式修改型校签(见表十七)。

表十七

卷次页数书名	校签内容	备注
卷二十七第十二页《北史》	"陈建"条当顶格。	原文"陈建"条上空一字。
卷六十八第四十三页《御定佩文韵府上》	"横箫"当另行提写。	原文"横箫注运玑使动于下"未另行书写。
卷九十一第六页《弇州四部稿》	"卷九十一"误高一格。	原文"卷九十一"与正文同高,当低一格书写。

6. 圈涂笔迹(见表十八)。

表十八

卷次页数书名	圈涂内容	备注
卷五十七第三页《古今说海》	按五⑤代史及宋史并作六，与此异。	第二"五"字系衍误。
卷六十一第三页	卷六百⑤十八	此卷于六百二十七之后，当作"六百二十八"。
卷六十九第二十二页	酬韵奠酬注，妇降自⑭阶。	查《佩文韵府》卷二十六之四，"作"为"阼"。
卷七十三第五十三页《云笈七籤》	刊本讹一，据下文改。	此处脱"治"字，当作"刊本'治'讹'一'，据下文改"。
卷七十四第三十一页《李北海集》	据《旧⑭》改。	应作"《旧唐书》"。
卷七十八第四十页《东坡全集》	中秋见月寄子⑭，刊本⑭讹⑭。	此诗为苏轼所作，怎会是寄子瞻，当是"子瞻""子由"互倒。
卷七十九第二十九页《济南集》	元和元丰十五纪	下文已述五十纪，此作十五，有误。
卷八十一第五十一页《文忠集》	刊本脱"县"字，今⑭。	当作"增"。
卷八十二第三十页《定斋集》	案《宋史·宰辅年表》，乾⑭五年六月乙酉。	查《宋史》，当作"乾道"。

以上所列校签均是馆臣对清抄本《考证》提出的校改建议，不仅包括对考证内容的核对，还体现在对格式、抄写疏误等的校正，而且相当精审，特别是对于无效条目的斧凿，馆臣不仅详核原书，广征博引，以确凿的史实证明某条当删。如清抄本《考证》卷五十三《野客丛书》条校签称："据《唐书》及《李商隐集注》并作'王茂元'，此误改作'王元茂'，宜删。卷五十三，六页，前三行。"该校签依据其他史籍记载，认为原文"王茂元"无误，《考证》条目将其改作"王元茂"显然不确，故而馆臣的校改

意见是"宜删"；覆核文渊阁本及武英殿本《考证》，此条考证已删去。更值得注意的是，馆臣并非一味校对《考证》，遇有讹误且当入《考证》的条目时，以具体的书写指引誊录者将这些考证录入。如清抄本《考证》卷六十六第二十二页《御定渊鉴类函》条校签作："查《北齐书》，西魏以是育宝为扬州刺史，《渊鉴类函》并不讹，所讹者'扬州'作'豫州'耳。应将'丘岳'仍改'是育'，'豫'字改'扬'，下作'刊本"扬"讹"豫"，据《北齐书》改'，方是。"观此校签，馆臣的校改可谓精审，既能发现原有条目的不确，又能提出具体的改正举措，极为详瞻，武英殿本《考证》于此条目作"西魏以是育宝为扬州刺史，刊本'扬'讹'豫'，据《北齐书》改"，完全采纳了馆臣的校签意见，但文渊阁本《考证》却仍旧文，未作修改，个中缘由，下文论述。

通过检阅校签，还发现了颇具意味的现象，部分校签似是针对前次修改的批注，这表明清抄本《考证》显然不止经过一次校改，由校签内容可知至少有前后相继的两次修改。先列表十九如下：

表十九

卷次页数书名	校签内容	备注
卷二第十八页	后十行，原本"本"讹"夫"，涂而未改。	原文作"原⑨大讹矣"，
卷二第五十六页《易学变通》	十五页后十行，讹"封"，涂而未改。	原文作"丰⑨互异为风"，当作"卦"。
卷七十五第九页《分类补注李太白集》	前十行，"渡"讹"度"，并未讹，据涂而未挖。	原文作"⑨黄河"，未讹。
卷七十五第二十三页《分类补注李太白集》	二十三页后三行，涂而未改。	原文作"后⑨汉书"，"书"字当删。
卷七十五第三十页《分类补注李太白集》	第九页后二行，"胐"从月不从日，涂而未改。	原文作"宣州胐楼"，当作"胐楼"。

续表

卷次页数书名	校签内容	备注
卷七十五第三十二页《分类补注李太白集》	第十一页后九行，"改"讹"政"，涂而未改。	原文作"据《唐书·李邕传》㊣"，显误。
卷八十九第十八页《文苑英华》	十七页后七行，第二"情"讹"清"，涂而未改。	原文作"刊本'清'讹'晴'今改"，"清"当作"情"。
卷八十九第二十七页《文苑英华》	"恩"，涂而未改。	原文"颜㊣古"，当作"颜思古"。

校签称"涂而未改"显然是针对之前的修改而言，当然，这里论述的范围仍是校签中体现的修改，推断其校改时间也是指此而言。至于校签中提及的"涂而未改"，涂在何时，囿于史料，恐怕很难确切的考证。但据这些校签可以推测《考证》在抄入《四库全书》及武英殿排印时作了多次校对，过程繁复，这是可以明确并值得继续探讨的。

除此以外，笔者在将清抄本《考证》中的校改与文渊阁本、武英殿本《考证》核对时，还发现虽然绝大部分修改建议已被采纳，但仍有不少校签未被吸收，现将各签胪列如表二十，尝试分析为何文渊阁本及武英殿本未及措意这些校签的建议。

表二十

卷次页数书名	校签内容	备注
卷三十一第七页《通鉴续编》	"侯"讹"候"。	四库本未改，武英殿本已改。
卷五十三第四十二页《冷斋夜话》	"东坡诗"条"丁晋公"即丁谓，与东坡杳不相及，何从和其诗，今据冷斋夜话本，八字标作丁晋公海外诗条，又杳仍好，"仍"讹"作"，并改正。卷五十三，四十二页，后八、九行。	四库本、武英殿本均未改。

续表

卷次页数书名	校签内容	备注
卷六十六第二十二页《御定渊鉴类函》	查《北齐书》,西魏以是育宝为扬州刺史,《渊鉴类函》并不讹,所讹者"扬州"作"豫州"耳。应将"丘岳"仍改"是育","豫"字改"扬",下作"刊本'扬'讹'豫',据《北齐书》改",方是。	四库本未改,武英殿本已改。
卷六十六第十二页《御定渊鉴类函》	"永平十五年",讹作"五年"。"天生民而立之君","立"讹"纳"。	四库本已改,武英殿本未改。
卷八十五第四十四页《勤斋集》	"地震"一条宜删。	四库本未删,武英殿本删去。

以上校签内容,或未被文渊阁本采纳,或在武英殿本中没有体现,或二者俱未照例修改。据笔者翻阅,校签涉及的内容均确属有误,如"地震"条作"按《元史·五行志》,大德七年八月辛卯夕地震,太原、平阳尤甚,坏官民庐舍十万许,此文该作于是时",其盖非考证细目,不当入《考证》,馆臣校签建议删削,殆无异议。但文渊阁本与武英殿本《考证》采取不同的处理方式,原因可能在于文渊阁本《考证》誊录监生在抄录时未及措意。与此类似,武英殿本《考证》中亦有未修改处,笔者揣测均可能是誊录抄写时的轻忽所致。

二、四库本、武英殿本及清抄本《四库全书考证》的互勘

通过清抄本《考证》中的校签可以初步判断其为武英殿本、四库本的底本,但进而将三者收书、类目等比对,更加印证清抄本与武英殿本、四库本《考证》的直接关联。

首先,比勘四库本、武英殿本与清抄本《考证》,发现存在较多书籍编排类目的调整。如清抄本、武英殿本中《中原音韵》原置于经部,四库本改属集部,与《四库全书》《总目》及《简明目录》属集部词曲类一致;《于清端政书》原置于史部,四库本改隶集部,与《四库全书》《总目》及《简明目录》置于集部别集类一致,相关情况参见表二十一:

表二十一　清抄本、武英殿本与四库本《考证》的类目调整情况①

分类　书名	《考证》			《四库全书》《总目》《简明目录》
	清抄本	武英殿本	四库本	
《中原音韵》②	经部	经部	集部	集部词曲类
《于清端政书》	史部	史部	集部	集部别集部
《郑忠肃奏议遗集》	史部	史部	集部	集部别集类
《名贤氏族言行类稿》	史部	史部	子部	子部类书类
《輶轩使者绝代语释别国方言》	史部	史部	经部	经部小学类
《节孝集》	子部	子部	集部	集部别集类
《南方草木状》	子部	子部	史部	史部地理类
《简端录》	子部	子部	经部	经部五经总义类
《保命集》	集部	集部	子部	子部医家类

　　清抄本与武英殿本《考证》在上述书籍的目录编排上完全一致,四库本却进行了调整。通过与《四库全书》及《总目》书目的对比,③发现四库本《考证》的类目编排是根据《四库全书》而来,因此可以推测四库本《考证》在抄录入阁时,为求与《总目》及《四库全书》目录一致,所以在

---

① 除此类目调整外,仍存在一些书籍卷次的变动。仅以经部为例:《仪礼经传通解》《仪礼经传通解续》在清抄本中分别置于经部卷九、卷十,而四库本改属经部卷十四;《古音骈字》《古音骈字续编》在清抄本中置于经部卷二十二,四库本置于卷十九;《六艺纲目》在清抄本中置于经部卷二十,四库本置于卷二十二,兹不备举。

② 该书清抄本、武英殿本中附有考证,但四库本在调整类目后将考证内容遗漏,缘由有待继续研究。

③ 笔者核对了浙本及殿本《总目》,两者在以上书目的著录上都是一致的。

清抄本《考证》基础上将其条目进行了微调。①

其次,四库本与清抄本、武英殿本《考证》相比,还有个别书籍名称的改正,如清抄本、武英殿本《考证》经部卷七《诗传名物抄》,四库本改作《诗集传名物抄》,与《总目》及《简明目录》一致;史部卷三十一《大记事续编》,四库本《考证》依据所收书改作《大事记续编》,与《总目》及《简明目录》一致。详见表二十二:

表二十二　清抄本、武英殿本与四库本《考证》的书名相异情况

《四库全书考证》			《四库全书》《总目》《简明目录》
清抄本	武英殿本	四库本	
诗传名物抄②	诗传名物抄③	诗集传名物抄	诗集传名物抄
春秋分记	春秋分记	春秋分纪	春秋分纪
春秋列国世纪	春秋列国世纪	春秋列国世纪编	春秋王霸列国世纪编
大记事续编④	大记事续编⑤	大事记续编	大事记续编
南唐史	南唐史	南唐书	南唐书
资暇录	资暇录	资暇集	资暇集
紫微杂记	紫微杂记	紫微杂说	紫微杂说
东山诗集	东山诗集	东山诗选	东山诗选
王文成集	王文成集	王文成全书	王文成全书
说文解字篆韵补	说文解字篆韵补	说文解字篆韵谱	说文解字篆韵谱

① 文渊阁《四库全书》的编纂完成于乾隆四十六年十二月初六日,先于《考证》成书,因此《考证》汇入诸阁当是第一分《四库全书》完撰之后。检阅文渊阁《四库全书》插架图的记载,《考证》单独贮藏,未与《总目》《简明目录》置于卷首,亦可说明《考证》乃最后抄录入阁,但遗憾的是未见相关档案记载。
② 清抄本虽目录中作《诗传名物抄》,但在文中胪列考证内容时作《诗集传名物抄》,很显然目录中的疏误为抄写时的脱漏。
③ 武英殿本虽目录中作《诗传名物抄》,但在文中胪列考证内容时作《诗集传名物抄》。
④ 清抄本目录中作《大记事续编》,胪列考证内容时作《大事记续编》。
⑤ 武英殿本目录中作《大记事续编》,考证内容中作《大事记续编》。

由上表知悉，清抄本、武英殿本《考证》在书名记载的疏误处明显一致，其中清抄本中《诗传名物抄》《大事记续编》在目录与正文中记载截然相异，武英殿本也完全相同。以上书名讹误应是抄写时致误，但武英殿本却全然与清抄本相同，武英殿本《考证》应与清抄本《考证》存在直接的承袭关系。同时，举凡相异及讹误的书名，四库本《考证》多予以修正，因而四库本应是在清抄本和武英殿本《考证》基础上作了进一步校勘。

最后，核校四库本、武英殿本及清抄本《考证》发现，武英殿本《考证》比清抄本少《南北史合注》《历代不知姓名录》《诸史同异录》。四库本《考证》比清抄本少《春秋条贯篇》《春秋遵经集说》《东南纪闻》《季汉书》《闽学源流》《南北史合注》《小心斋札记》《思辨录辑要》《余冬序录》《问学录》《南方草木状》《戒庵漫笔》《天官翼》《革象新书》《广事类赋》《玄学正宗》《三易集》《鬲津草堂诗集》《哄堂集》《玉山草堂集》《玉山草堂外集》《后村别调》。① 从以上的对校情况看，武英殿本、四库本《考证》与清抄本相比均有删减，从《四库全书》的纂修过程来看，产生这种情形无非两种原因：一是清抄本《考证》抄写成书在前，武英殿本、四库本《考证》在后续办理时进行了删削；二是既然在三种版本中清抄本《考证》最为完整，有可能是在武英殿本、四库本《考证》基础上进行了增补。综合上述校签修改、类目调整及书目名称改易等情况来看，笔者认为三种版本《考证》书籍缺略的原因应属第一种。

在这些删削书籍中，四库本《考证》所缺《春秋条贯篇》《春秋遵经集说》《季汉书》《天官翼》《闽学源流》《小心斋札记》《问学录》《余冬序录》《戒庵漫笔》《广事类赋》《鬲津草堂诗集》为四库存目书，《哄堂集》《后

---

① 按：四库本《考证》在清抄本、武英殿本之外多《全室外集》，然检阅该书，只书名而已，书下并未有考证条目，可能是《四库全书》抄录致误。

村别调》《玄学正宗》《琼管集》《双江集》《玉山草堂集》《玉山草堂外集》皆四库未收书,可以推知,四库本《考证》为与《四库全书》一致,将四库中不曾收录的存目书以及未收书全部剔除。至于《革象新书》《东南纪闻》,笔者在查阅清抄本《考证》时发现,两书的考证只是四库馆臣的评论文字,并非考证条目(如"革象新书"条:卷一,"论日至之景,日高则行天必久,而昼长,昼长则人间阳气积多而暑。日低则行天不久,而昼短,昼短则人间阳气渐少而寒。案此条论日之长短气之寒暑,专以高低气积言之,合之《周髀算经》,于法并疏。""论天周岁终大不可知其体,但以经星言之。案此论于理未合。""论日道岁差黄道岁岁不由旧路。案此条讹以岁实消长与恒气冬至合为一事,盖仍一行诸人之谬,其言黄道岁岁不由旧路,尤足滋惑。"卷二,"论天地正中。案此条以天地远近,及以北极定东西定南北之法,语皆疏舛。"卷四,"论盖天舛理。案此条所引盖天之说,乃后人附会,不可据以为攻诘之端。""东南纪闻"条:卷二,"靖康建炎间,关中奇士赵宗印提义兵击敌,所向辄下,会宋师败于富平,宗印知事不济,大恸于王景略庙,披发入华山,不知所终。案宗印本僧徒,大言无实,靖康末用之致败。《宋史》颇载其详,此条所记殊非实录。"卷三,"《唐高祖实录》武德二年诏:自今每正月、五月、九月十直日,并不得行刑,公私宜断屠杀,此三长月断屠杀之始也。窦苹注引释氏《智论》云云。案窦苹尝作《新唐书音义》者,此所引注盖即《唐书音义》中文,今其书不传。")鉴于其实质内容与《考证》性质不符,故而删去。此外,武英殿本《考证》缺《南北史合注》《历代不知姓名录》《诸史同异录》与四库本缺《南北史合注》《三易集》等均为禁毁书,①而这些违碍著作首遭禁毁发生

---

① 其中有一点不明,四库本《考证》不录禁毁书,但《历代不知姓名录》及《诸史同异录》却依旧保留,可能是未及措意,偶有失检。

在乾隆五十二年,此时乾隆帝查阅《四库全书》,发现《诸史同异录》内有荒诞不经诸辞,于是下令将"所有四阁陈设之本及续办三分书内俱着掣出销毁,其《总目提要》亦着一并查删",[①] 因而《南北史合注》《南唐书合订》《历代不知姓名录》等一并遭到禁毁。武英殿本、四库本《考证》中不录李清等人的违碍著作,由此可以推断成书时间在乾隆五十二年之后,而清抄本《考证》却不受禁毁书影响,显然抄写在四库本和武英殿本之前。

综上所言,在内容上,清抄本《考证》中附录的馆臣复校意见以及涂改,基本被武英殿本、四库本采纳,清抄本应是后二种版本的底本,这是推测三者版本关联最为直接的证据。在书籍著录上,武英殿本除删去禁毁书外,其他与清抄本无异,如类目编排、书名异同等,甚至连讹误都相当巧合,如上表提及的《春秋分记》《大记事续编》等,但四库本将其中著录有误的书名、编排不当的类目以及一些书籍著录的卷次等都进行了符合《四库全书》及《总目》的调整,特别是清抄本《考证》中《仪礼经传通解》与《仪礼经传通解续》分置于经部卷九与卷十,四库本重新将二者归于同卷,这显然是符合书目著录格式的,因此,四库本必定是最后成书,若非如此,断然不会系统纠正清抄本与武英殿本的不足。当然,由于是众力所为,四库本在修正清抄本和武英殿本《考证》中的疏误时,难以避免地也出现了新的讹舛,如将《中原音韵》的考证内容脱漏,《舆地碑记目》错抄为《舆图碑记目》。此外,武英殿本中已经删去的《历代不知姓名录》《诸史同异录》仍旧存于四库本《考证》中,其中缘由可能在于四库馆臣虽多次遵从乾隆旨意抽删违碍书籍,但终有未及措意处,加上四库

---

① 中国第一历史档案馆编:《纂修四库全书档案》,"谕内阁将《诸史同异录》从全书内掣出销毁并将总纂等交部议处"(乾隆五十二年三月十九日),第1991—1992页。

本《考证》中的有关违碍书籍的考证并非著作本身，因而有幸于板斧之外。武英殿本《考证》于乾隆五十一年奉谕排印，而这些禁毁书于乾隆五十二年三月查出，并由此展开了针对《四库全书》的复校抽删工作，武英殿本《考证》适值此时付梓，故稍有违碍，也难逃馆臣之眼，终遭删毁。

显然，校签内容的修改、诸多书籍的有意缺漏、相关书目的调整、书籍名称的改正等恰说明了清抄本《考证》是四库本和武英殿本《考证》依据的底本，但这些只是建立在三者之间比勘的基础上，还需要藉助相关档案史料佐证。

三、《四库全书考证》的价值

《四库全书考证》乃集办理《四库全书》时书籍校勘的黄签而成，据理，凡入《考证》之书理应被《四库全书》收录，但事实并非如此。通过对《考证》版本源流的梳理可知，清抄本《考证》收书最为完整，很多是四库未收书。今人在整理古籍时即使重视四库本，但由于《四库全书》难以体现《考证》中的校勘过程，特别是《四库全书》未收书、禁毁书和存目书的考证内容，因而忽略了《考证》的校勘价值。此外，《四库全书》纂修时的档案材料也保存有很多馆臣的考证内容，同样值得重视。

《考证》自成书以后，很少受到时人及后世学者的关注，反倒认为其无用者不绝于书。清代学者徐兆玮在其日记中称："又有《四库全书考证》一部，中缺数卷，以抄配未得，留置岳家，令桂儿检出，拟付书肆装洽。书虽无用，亦足稍资考据也。"① 从徐氏所言不难看出其对《考证》并不关注，反而认为此书"无用"，只因"稍资考据"才重新装潢。因此，《考证》纂修完成之后，其价值未能完全体现，直至今日校勘古籍，很多学者仍忽

---

① 徐兆玮著，李向东、包岐峰、苏醒标点：《徐兆玮日记》第三册，黄山书社，2013年，第2214页。

视《考证》中的精审条目。幸运的是，已经有学者开始注意到《考证》的校勘价值了，[①] 但对于清抄本《考证》中的校签，尚缺乏关注。

首先，如前文所述，清抄本中的校签表明《考证》的办理程序与其他书籍并不一致。《考证》系由黄签汇编而成，而黄签本为馆臣的校改记录，早已随书进呈皇帝御览。因此，《考证》并未像其他书籍一样在进呈前经过复校、总阅或总裁官等人的抽阅，而是直接进呈御览，直到抄录入阁和武英殿排印时才有校对之举，流程明显与四库馆办理书籍有别。这是四库学研究需要注意的一点。

其次，虽然校签将各种疏误均清晰明白地列出，但据此而成的文渊阁本、武英殿本《考证》仍有舛讹，对于这种现象的出现，誊录抄写者态度的轻忽、学识高低显然存在影响，或由于其抄写轻忽，或囿于其学识，才导致很多本已校改的讹误再次出现。笔者曾探讨过誊录监生的责任问题，[②] 但仅以四库诸阁本《山谷年谱》来做推测，未敢妄下断言；文渊阁本及武英殿本《考证》中同样存在的问题，应该可以作为一个佐证。对于誊录监生以及四库修书中的个体因素导致的书籍讹误，值得继续挖掘究讨。

复次，校签中出现的"浴德堂"，解决了学界长期的疑虑。浴德堂为武英殿修书处，清代史籍均有记载，《日下旧闻考》《清稗类钞》《国朝宫史》以及《宸垣识略》等均称其为词臣校书之所。[③] 今人研究四库馆的组

① 高远:《〈四库全书考证·宋史〉的文献价值》,《宋史研究论丛》2015 年第 16 辑。

② 琚小飞:《〈山谷年谱〉诸版本述略——兼论四库修书的得失》,《图书馆工作与研究》2017 年第 3 期。

③ 于敏中等纂修:《钦定日下旧闻考》卷十三,北京古籍出版社,1983 年,第 172 页。徐珂撰:《清稗类钞》,中华书局,1984 年,第 161 页。吴长元著:《宸垣识略》卷二,北京古籍出版社,1982 年,第 27 页。鄂尔泰等编:《国朝宫史》,北京古籍出版社,1994 年,第 198—199 页。

织等,皆以为浴德堂为四库办理书籍时的修书处。[1] 虽各家均称浴德堂曾为校书之所,但究竟办理过什么书籍,不见史籍记载。清抄本《考证》中的校签明确称"送来《考证》三本,务祈案班期校出,交馆为祷,王、胡二位先生照,浴德堂公具,十一日",这是浴德堂办理《考证》的最直接证据,而这一校签同时也补苴文献记载之阙。

最后,《考证》对于现今古籍整理具有一定的校勘价值。《戒庵漫笔》(点校本称《戒庵老人漫笔》)为明代李诩撰,此书记载明代典章制度较为详细,价值较高。此书未被《四库全书》收录,故四库本《考证》将其删去,其考证内容只存于清抄本和武英殿本《考证》中,且由于这两种版本流传不广,考证条目亦很少被利用。《戒庵漫笔》最初由李诩之孙李如一刊刻于万历二十五年,后又有顺治重刻本、光绪刻本传世,中华书局点校整理《戒庵老人漫笔》时以光绪本为底本,辅以其他两刻本参校,但未及参稽清抄本、武英殿本《考证》中的校勘内容及《四库全书》纂修时的档案,以至于馆臣的很多校改成果未被吸收采用。

清抄本《考证》卷五十四《戒庵漫笔》载:"'梁四公'条'梁天监中,有蜀闿、羴杰、尅斸、仉督四公谒武帝'。刊本'蜀'讹'蜀'、'羴'讹'羴'、'尅'讹'尅'、'斸'讹'斸',并据《太平广记》改。"翻检《太平广记》卷八十一"梁四公"条载:"梁天监中,有蜀闿、羴杰、尅斸、仉督四公谒武帝。"[2] 馆臣校改确属无误。今点校本《戒庵老人漫笔》卷一作"梁天监

① 单士元:《故宫武英殿浴德堂考》,《故宫博物院院刊》1985 年第 3 期。杨玉良:《武英殿修书处及内府修书各馆》,《故宫博物院院刊》1990 年第 1 期。朱赛虹:《武英殿修书处藏书考略——兼探四库"存目"等书的存放地点》,《文献》2000 年第 2 期。张升著:《四库全书馆研究》,第 50 页。
② 李昉等编:《太平广记》卷八十一,中华书局,1961 年,第 517 页。

中,有蜀闰、豳杰、㪍䝐、仇督四公谒武帝",① 仍沿袭旧误。

"'诺皋记'条'考乎十煇之祥'。刊本'煇'讹'辉',据《周礼》改。"《周礼注疏》作:"夜有梦,则昼视日旁之气,以占其吉凶。凡所占者十煇,每煇九变。"② 另唐人《诺皋记》作"考乎十煇之祥"。③ 点校本《戒庵老人漫笔》卷一"诺皋记"条仍作"考乎十辉之祥",④ 未作校改。

"'清明上河图'条'卷首有"祐陵瘦金五字"签'。刊本'金'讹'筋',据《书史会要》改。"查《书史会要》,徽宗自号瘦金书,非瘦筋。⑤ 点校本《戒庵老人漫笔》卷一"清明上河图"条仍作"祐陵瘦筋五字"。⑥

"'继统祭告宗藩'条'三世叔祖辽恭王'。刊本脱'恭'字,据《明史·诸王表》增。"翻检《明史·诸王世表》,三世叔祖确为辽恭王。⑦ 点校本《戒庵老人漫笔》卷二"继统祭告宗藩"条仍沿袭旧误,作"辽王",⑧ 此处明显脱误,点校本却仍旧未察。

除了《考证》中的条目未被整理本吸收外,办理《四库全书》的档案材料中也存有《戒庵漫笔》的考证内容,同样具有校勘价值。《纂修四库全书档案》中录有和珅校勘《戒庵漫笔》的奏片"军机大臣和珅等奏遵旨查对《戒庵漫笔》并改正黏签进呈片"(乾隆四十六年二月初四日)载:"奉旨指出《戒庵漫笔》第一卷内,《端阳竞渡图》'元黄振鹏'改'王振鹏',《南都打春》'金陵春前一月'改'前一日',查对俱系原本错误,谨遵

---

① 李诩撰,魏连科点校:《戒庵老人漫笔》卷一,中华书局,1982年,第4页。
② 郑玄注,贾公彦疏:《周礼注疏》卷二十四,文渊阁《四库全书》第90册,第446页。
③ 段成式撰,杜聪校点:《酉阳杂俎》卷十四《诺皋记上》,齐鲁书社,2007年,第88页。
④ 李诩撰,魏连科点校:《戒庵老人漫笔》卷一,第29页。
⑤ 陶宗仪:《书史会要》卷六,上海书店,1984年,第216页。
⑥ 李诩撰,魏连科点校:《戒庵老人漫笔》卷一,第33页。
⑦ 张廷玉等撰:《明史》卷一百一《诸王世表》,中华书局,1974年,第2696页。
⑧ 李诩撰,魏连科点校:《戒庵老人漫笔》卷一,第58页。

旨改正,并将原本黏贴黄签进呈。谨奏。"① 四库馆臣的奏片是针对进呈书籍的再次复校,既已准备黏贴黄签,一般而言都是确凿可信的校改方才进呈御览。清人朱彝尊有诗作《题王孤云蒲萄庭榭小幅》称"永嘉王振鹏朋梅,以画受知元仁宗,赐号孤云处士",② 另据元人夏文彦《图绘宝鉴》作"王振鹏,字朋梅,永嘉人。官至漕运千户界,画极工致。仁宗眷爱之,赐号孤云处士"。③ 据此,四库馆臣针对《戒庵漫笔》的奏片显然确凿。至于"前一月"与"前一日"之疑,首先可依据常识作初步推断,"打春"为立春的俗称,当指具体时日,又岂会是"前一月"? 查《东京梦华录》"立春前一日,置春牛于府前,至日绝早府僚打春"④ 可知当为"前一日",馆臣校改当属确凿。但点校本《戒庵老人漫笔》于"端阳竞渡图"条仍作"黄振鹏",于"南都打春"条仍作"金陵春前一月"。⑤《翁方纲纂四库提要稿》中针对这些讹误也提出了校改意见,如"元王振鹏,赐号孤云处士,绣'端阳竞渡图',像如白描,甚精妙"等。⑥ 另外,通过《提要稿》还发现点校本此处句读错误,点校本作"绣'端阳竞渡图像',如白描,甚精妙",⑦显然,"端阳竞渡图"为此条标题,"像"当属下句。

---

① 中国第一历史档案馆编:《纂修四库全书档案》,"军机大臣和珅等奏遵旨查对《戒庵漫笔》并改正黏签进呈片"(乾隆四十六年二月初四日),第 1277 页。按,此处《档案》原标点有误,今据原文重新标点。
② 朱彝尊著:《曝书亭集》卷五十四,商务印书馆,1935 年,第 640 页。
③ 夏文彦:《图绘宝鉴》卷五,商务印书馆,1930 年,第 917 页。
④ 孟元老著,伊永文笺注:《东京梦华录笺注》卷六《立春》,中华书局,2006 年。谢维新《古今合璧事类备要》前集卷十五《立春出土牛》所载《东京梦华录·立春》作"立春前五日",无论从何种层面解释,今点校本《戒庵老人漫笔》作"立春前一月"均无依据。
⑤ 李诩撰,魏连科点校:《戒庵老人漫笔》卷一,第 21—22 页。
⑥ 翁方纲撰,吴格整理:《翁方纲纂四库提要稿》,第 571 页。
⑦ 李诩撰,魏连科点校:《戒庵老人漫笔》卷一,第 21 页。

综上所言,《考证》及《纂修四库全书档案》中对于《戒庵漫笔》的校勘显然相当精审,不仅存在文字讹脱的校改,还涉及人物、史实的更正,而这些校勘内容恰恰可以弥补今人整理本的不足。单就《戒庵漫笔》来说,其最早版本为万历二十五年刻本,后有顺治五年重刻本,通行本为光绪二十二年盛宣怀所刻,收入《常州先哲遗书》中。整理本采纳《常州先哲遗书》本,参校了万历本、顺治本,应该说相当符合校勘原则,之所以仍有讹误未勘出,原因并非出自校者,而在于校勘使用的工作底本乃至其他校本本身的疏误。今人点校注重底本与其他校本之间的参校,而很少关注底本与参校本共同存在却未被发现的问题,以致讹误频仍。《四库全书考证》以及四库馆臣的奏片恰是针对底本本身的校勘,馆臣饱读典籍,广征博引,很多校改都是不刊之论。但在今人整理本中,由于过分迷信底本,加上忽略了四库修书时业已取得的成果,典籍中的疏误始终未被发现。

四、小结

通过考辨清抄本《考证》中的校签内容,推断四库本、武英殿本《考证》以其为底本,再结合三种版本《考证》中卷次变动、类目调整及书籍名称的比勘,进一步印证清抄本《考证》应是为便于武英殿排印和抄录入阁而形成的修改本。在厘清《考证》的版本源流后发现,清抄本《考证》收录书籍最为完整,而且保存有《四库全书》中未曾收录以及无法体现的考证内容,具有极大的校勘价值,因而笔者以《戒庵漫笔》为例,探讨整理者未曾校勘的各种问题,藉此呼吁学界在整理古籍时重视《四库全书考证》及纂修《四库全书》的档案材料。

第四章 《四库全书》底本研究

乾隆时纂修《四库全书》,辑、录上自先秦下迄清代的主要书籍,共收书三千四百六十一种之多,素有"典籍总汇,文化渊薮"的赞誉。但《四库全书》在收录书籍时仅标明采择来源,并未著录版本,因而诸多书籍的四库底本有待研究。《四库全书总目》中偶有语句涉及书籍版本,但终是只鳞片爪。研究者在利用四库本时,不能辨别其版本系统,甚至做了很多无用的校勘。鉴于此,在研究中如果能够首先区分《四库全书》收录书籍的版本来源(或者说隶属的版本流传系统),对于研究《四库全书》的办理过程以及探讨馆臣对书籍的篡改、考订等,价值极大。笔者在研究《四库全书考证》的过程中,发现《考证》中的校签条目多涉版本,经比对后能够寻绎《四库全书》所收书籍的版本来源。因此,本章希望利用《考证》来判断《四库全书》所据底本的来源,[①] 通过考索四库底本,可以重新认识四库本的价值,并借鉴四库馆臣的校勘成果。

第一节 四库底本考索的方法与反思

《四库全书》的底本探讨,是四库学研究中较为重要的领域。关于四

---

① 此处需作概念的界定:四库底本指的是《四库全书》纂修时遗留的附有四库馆臣校改笔迹的本子,也称四库底稿本。而四库所据底本,则指的是《四库全书》收书时采纳的版本。前者指代具体的版本实物,后者虚指版本系统。

库底本研究,最早缘于对翰林院所藏《四库全书》的性质之考辨。清际以来,学者将翰林院所藏《四库全书》底本视为"第八部《四库全书》"。黄爱平先生在《翰林院〈四库全书〉底本考述》中提出,翰林院所藏书籍乃是纂修《四库全书》的底本,其来源是尚未发还的各藏书家进呈书籍。① 此论一出,纠正了相沿已久的错误观点。此后,研究四库底本者皆以此为嚆矢。翰林院所藏四库底本散佚后,各大藏书机构多有收贮,纷纷视为圭臬,而今人研究《四库全书》所据底本,皆是以藏书机构残存的底稿本为据,并结合其中的修改痕迹,推测底本源出,进而以馆臣的校改内容,探究四库馆办理书籍的过程。② 值得注意的是,这种研究方法基于查访的四库底稿本,难度较大。

　　二〇一一年罗琳先生整合全国藏书资源整理出版了《四库提要著录丛书》,收录四库底本三百余种,占现存四库底本四百多种(李致忠先生语)的百分之七十五以上,如此一来,无需查阅各收藏单位即可据此书按图索骥,为研究四库底本以及版本源流提供了相当便利的资源。这些四库底本或钤有表明底本的"翰林院印",或保留四库馆臣的修改墨迹,由于存有现实的文本,相对容易辨别。针对那些并不存世的四库所据底本而言,由于没有具体的书籍实物进行比勘,其版本来源便无从知悉。当然,学界在这方面仍旧进行了极具价值的探讨。杨洪升先生撰写的《〈四

① 黄爱平:《翰林院〈四库全书〉底本考述》,载王俊义主编《清代学术文化史论》,第 384 页,文津出版社,1999 年。
② 近些年研究四库底本的论文如: 苗润博:《〈日下旧闻考〉纂修考——兼谈新发现的四库稿本》(载《中华文史论丛》2015 年第 4 期)、《〈续资治通鉴长编〉四库底本之发现及其文献价值》(载《文史》2015 年第 2 期),陈晓伟:《〈庙学典礼〉四库底本与四库馆臣改译问题》(载《民族研究》2016 年第 3 期),以上文章皆是作者发现了四库底本,并撰文分析其价值。

库全书〉底本考》①、《〈四库全书〉底本续考》②即依据《四库全书总目》关涉版本的记载,结合藏书目录题跋、版本源流,并覆核《四库全书》所收书的具体形态,考辨了多种四库所收书籍的底本。这种考辨方法充分利用了与四库书籍有关的版本记载材料,推断的结论也较为可靠。

综上所述,学界研究《四库全书》所据底本,主要有两种方法:其一,利用存世的四库修书时的底稿本为依据,这是关于四库底本研究最为便捷的方法;其二,利用四库修书期间的版本著录信息,结合不同版本的比勘,确定底本。细究之后不难发现,第一种方法首先建立在搜寻四库底稿本基础上,本身就具有偶然性。第二种方法缺乏版本推定最为重要的证据,即《四库全书》本与所据底本之间的关联,仅仅以有关版本著录信息为据,稍有不足。此外,各阁所据的底本情形复杂,甚至有的底本被更换,这是研究四库所据底本时经常忽视的。由于底本不一,也就无从探讨四库馆臣的校改及办理过程。

一、《四库全书考证》与四库底本考索

笔者在最近的研究中发现,可以参考《四库全书考证》的底本校勘信息,反向回溯现存版本,并与四库本及相关书目如《四库全书荟要》《天禄琳琅书目》著录的版本源流进行覆核,这样便能确定《四库全书》所据的底本。《四库全书考证》是四库馆臣办理书籍时校勘成果的汇总,而考证内容均是针对四库收录书籍的底本而言,因此在推断《四库全书》收录底本方面具有极大价值。严格地说,《四库全书考证》对四库版本鉴定的价值远未得到开发,其中不仅涉及到所据底本,还包括相关的参校本。利用《四库全书考证》的校勘内容判断底本,既不同于前者直接使用底本的

① 杨洪升:《〈四库全书〉底本考》,《图书馆杂志》2009 年第 6 期。
② 杨洪升:《〈四库全书〉底本续考》,《聊城大学学报》2008 年第 5 期。

实物,也不同于后者完全用版本著录信息考证,而是既依据《四库全书》纂修过程中的版本记载,同时与现存的相关版本比对(诸如《四库全书》纂修时使用的参校本),最后确定底本。

探寻《四库全书考证》在考索底本方面的价值,学界已有相关尝试。《〈四库全书〉本〈诚意伯文集〉底本考》引述《四库全书考证》中关涉《诚意伯文集》的版本记载,推定《四库全书》收录的版本应为明正德本而非成化本。《考证》著录了四库馆臣校勘《诚意伯文集》时的校签内容,所述底本的信息与正德本一一对应,而与成化本难以印证,因而推定四库所据底本应为正德本。[①] 目力所及,这应是学界首次采纳《四库全书考证》的校勘内容作为推定四库底本的依据。事实证明,《四库全书考证》在研究四库所据底本以及参校本方面具有重要的参考价值,应该深入挖掘。

当前情况下,采用《四库全书考证》鉴定四库所据底本,可以藉助《四库全书荟要总目》的版本著录。相较《四库全书总目》而言,《荟要总目》不仅登载四库书籍的进献者,亦将版本来源和参校本逐一列明,与《四库全书考证》结合研究,同时佐证四库书籍的底本来源。

(一)四库本《博物志》所据底本考索

《四库全书荟要总目》卷四称"《博物志》十卷,旧本题晋张华撰,实后人伪托之书。今依前江苏巡抚臣萨载所上明商维濬稗海本缮录,据明郎廷极、程荣、国朝何允中诸本恭校"。[②]据此,《四库全书》所录《博物志》应以稗海本为底本,以郎廷极、[③]程荣、何允中诸本为参校本。今逐一检

---

① 张春国、江庆柏:《〈四库全书〉本〈诚意伯文集〉底本考》,《图书馆杂志》2014年第11期。
②《四库全书荟要》第1册,第172页。
③ 查郎廷极为清康熙时人,今不详该刻本流传情况,故从略。

覆《四库全书考证》,以各本记载相印证,从而探求四库本《博物志》所据的底本。

卷一　地理

《考证》载"'前枕黄河,背漳河',刊本'漳'讹'障',据《三国志》改"。[1]

稗海本作"前枕黄河,背障河"。[2]

四库本作"前枕黄河,背漳河"。[3]

查程荣《汉魏丛书》、[4] 何允中《广汉魏丛书》、[5] 吴琯《古今逸史》、[6] 皆作"漳"。明弘治刊本作"障"。[7]《考证》所言"刊本'漳'讹'障'",仅有稗海本、弘治本与之同,其他诸本皆不相符。

卷一　水

《考证》载"'五岳:华、岱、恒、衡、嵩',刊本'衡'讹'泰',据《尔雅》改"。[8]

稗海本作"五岳:华、岱、恒、泰、嵩"。

四库本作"五岳:华、岱、恒、衡、嵩"。[9]

查吴琯《古今逸史》、程荣《汉魏丛书》皆作"霍";何允中《广汉魏丛书》、明弘治刊本作"衡"。《考证》称"据《尔雅》改",疑有误,《尔雅·释山》作"霍山为南岳"。暂将《考证》的讹误搁置,以其所称"刊本

---

① 王太岳、曹锡宝等撰:《四库全书考证》卷七十二,第 1785 页。
② 中国国家图书馆藏,索书号:T00701。
③ 文渊阁《四库全书》第 1047 册,第 576 页。
④ 中国国家图书馆藏,索书号:T00683。
⑤ 中国国家图书馆藏,索书号:19671。
⑥ 中国国家图书馆藏,索书号:T00676。
⑦ 中国国家图书馆藏,索书号:16125。
⑧ 王太岳、曹锡宝等撰:《四库全书考证》卷七十二,第 1785 页。
⑨ 文渊阁《四库全书》第 1047 册,第 578 页。

'衡'讹'泰'"与诸本核对,仅《稗海》本作"泰",其他诸本或作"衡",或作"霍"。

卷四　物产

《考证》载"'龟三千岁,游于莲叶,巢于卷耳之上',刊本脱'游于莲叶'四字,据《汉魏丛书》增"。[①]

稗海本作"龟三千岁,巢于卷耳之上"。

四库本作"龟三千岁,游于莲叶,巢于卷耳之上"。[②]

查程荣《汉魏丛书》,作"龟三千岁,游于莲叶,巢于卷耳之上"。何允中《广汉魏丛书》作"龟三千岁,游于莲叶,巢于卷耳之上"。另查明弘治刊本刊作"龟三千岁,旋于卷耳之上"。《考证》称"脱'游于莲叶'四字",仅《稗海》本与之相符。

卷七　异闻

《考证》载"'孝元竟宁元年南阳郡中雨穀',刊本'竟'讹'景',据《汉书》改"。[③]

稗海本作"孝元景宁元年南阳郡中雨穀"。

四库本作"孝元竟宁元年南阳郡中雨穀"。[④]

查程荣《汉魏丛书》,作"孝元景宁元年南阳郡内雨穀"。何允中《广汉魏丛书》、弘治刊本作"孝元景宁元年南阳阳郡雨穀"。以该句行文比较,今《稗海》本作"郡中雨穀",与《考证》所述一致。

《考证》所载《博物志》底本与四库本的差异以及底本与参校本的区

---

① 王太岳、曹锡宝等撰:《四库全书考证》卷七十二,第 1785 页。
② 文渊阁《四库全书》第 1047 册,第 588 页。
③ 王太岳、曹锡宝等撰:《四库全书考证》卷七十二,第 1785 页。
④ 文渊阁《四库全书》第 1047 册,第 601 页。

别,完全符合《稗海》本的特征。尤以"华、岱、恒、衡、嵩"条最能印证,《稗海》本讹"衡"为"泰",其他诸本或作"衡",或作"霍",皆与《考证》记载不符。"鬼三千岁,巢于卷耳之上"一条亦与各本叙述不一,程荣、何允中本皆未脱漏,弘治刊本作"旋于卷耳之上"。《考证》的校勘信息明显针对稗海本而言,由此可以佐证《荟要》所云"据明稗海本缮录",并可以确定《四库全书》《四库全书荟要》所录《博物志》的底本应为明商维濬稗海本。

(二)四库本《盈川集》所据底本考索

《四库全书荟要总目》卷称"《盈川集》十卷,今依前浙江巡抚臣三宝所上范懋柱家藏明童佩刊本缮录,据明张燮本恭校"。《四库全书总目》著录为"浙江鲍士恭家藏本",并称"此乃明万历中龙游童佩从诸书衰集,诠次成编"。① 综此,《荟要总目》《总目》皆称以童佩刊本为底本。现将四库本、童佩本的差异与《考证》的校勘内容比覆,窥探四库修书时是否确以童佩本为据。

卷一　浮沤赋

《考证》载"'轻盈徘徊,容与庭隈',刊本'隈'讹'槐',据《文苑英华》改"。②

童佩刊本作"轻盈徘徊,容与庭槐"。③ 张燮本作"轻盈徘徊,容与庭隈"。④

四库本作"轻盈徘徊,容与庭隈"。⑤

---

① 永瑢等撰:《四库全书总目》卷一百四十九,《盈川集》提要,第 1278 页。
② 王太岳、曹锡宝等撰:《四库全书考证》卷七十四,第 1835 页。
③ 中国国家图书馆藏,索书号:A00516。
④ 中国国家图书馆藏,索书号:03542。
⑤ 文渊阁《四库全书》第 1065 册,第 199 页。

童佩本误"隈"为"槐",四库本改之。查《文苑英华》录杨炯《浮沤赋》,作"轻盈徘徊,容与庭槐"。[1]

卷三　王勃集序

《考证》载"'综六艺以成能',刊本'综'讹'绝',今改"。[2]

童佩刊本作"绝六艺以成其能"。张燮本无卷三。

四库本作"综六艺以成能"。[3]

童佩本讹"综"为"绝",四库本刊正,与《考证》叙述相符。查《王勃集》,作"综六艺以成能"。[4]

卷九　鄜国公墓志铭

《考证》载"'宋之戴公,尚闻商颂',刊本'宋'讹'鲁',据《诗序》改"。[5]

童佩刊本作"鲁之戴公,尚闻商颂"。张燮本亦作"鲁之戴公,尚闻商颂"。

四库本作"宋之戴公,尚闻商颂"。[6]

四库本之校改与《考证》所述相合。

卷十　左卫武将军成安子崔献行状

《考证》载"'推其天命,南端上将之文',刊本'文'讹'女'。又'奄息百夫之特',刊本'奄'讹'苟',并据《文苑英华》改"。

童佩刊本作"推其天命,南端上将之女……苟息百夫之特"。张燮本前句脱漏,后句作"奄息百夫之特"。

---

① 李昉等编:《文苑英华》卷三十七,中华书局,1966年,第165页。
② 王太岳、曹锡宝等撰:《四库全书考证》卷七十四,第1835页。
③ 文渊阁《四库全书》第1065册,第208页。
④ 王勃撰,谌东飚校点:《王勃集》,岳麓书社,2001年,第157页。
⑤ 王太岳、曹锡宝等撰:《四库全书考证》卷七十四,第1836页。
⑥ 文渊阁《四库全书》第1065册,第266页。

四库本作"推其天命,南端上将之文……奄息百夫之特"。[①]

经笔者逐一核对四库本与童佩刊本、张燮刊本《盈川集》,发现童佩刊本讹误、四库本刊正处,皆为《考证》登载,继又核查《考证》所据改的《文苑英华》等,皆能印证。由此,《四库全书》所收《盈川集》,应以明万历时童佩刊本为底本缮录。

当然,《四库全书荟要总目》与《四库全书总目》著录的书籍来源有时并不一致,比如《宋史纪事本末》,《荟要总目》记载为"前江苏巡抚臣萨载所上明徐申刊本缮录",《总目》录为"两淮盐政采进本",这两者是否同一版本,尚需甄别。在这种情形下,《考证》作为针对原本的校勘记载,判定底本的价值由此得到体现。据查《四库采进书目》,两淮盐政两次进呈书目中并未寻见《宋史纪事本末》,而在"江苏第一次进呈书目"中有《宋史纪事本末》《元史纪事本末》合十二本。由此猜测《总目》著录可能有误,《宋史纪事本末》应为江苏巡抚所进徐申刊本。鉴于此,笔者以北京大学藏万历三十三年徐申刊本与四库本逆向比对,若确以徐申本为底本,那么两者之间的差异必定与《四库全书考证》的校勘内容相合。

卷三 契丹盟好

《考证》载"'自古北口至柳河,回曲殆千里,欲夸示险远',刊本脱'口'字、'曲'字,并据《宋史》增"。[②]

徐申刊本作"自古北至柳河,回殆千里,欲夸示险远"。

四库本作"自古北口至柳河,回曲殆千里,欲夸示险远"。[③]

徐申刊本脱"口""曲"二字,四库本添补,与《考证》所言一致。经

---

① 文渊阁《四库全书》第 1065 册,第 281 页。
② 王太岳、曹锡宝等撰:《四库全书考证》卷三十一,第 754 页。
③ 文渊阁《四库全书》第 353 册,第 96 页。

查,《荟要》本亦脱"口""曲"字。①

卷八　王安石变法

《考证》载"'因难琦奏,曰:如桑弘羊笼天下货财以奉人主私用,乃可谓兴利之臣',刊本脱'今陛下修周公遗法,抑兼并,振贫弱,非所以佐私用,安可谓兴利之臣'二十七字,据《纲目续编》增"。②

徐申刊本作"因难琦奏,曰:如桑弘羊笼天下货财以奉人主私用,乃可谓兴利之臣乎?"

四库本作"因难琦奏,曰:如桑弘羊笼天下货财以奉人主私用,乃可谓兴利之臣。今陛下修周公遗法,抑兼并,振贫弱,非所以佐私用,安可谓兴利之臣乎?"③

四库增补二十七字正如《考证》所云。又查《荟要》本亦脱"今陛下修周公遗法,抑兼并,振贫弱,非所以佐私用,安可谓兴利之臣"二十七字。④

卷九　西夏用兵

《考证》载"'复出兵追夏人,杀其老幼二百',刊本'追'讹'还',据《纲目续编》改"。⑤

徐申刊本作"复出兵还夏人,杀其老幼二百"。

四库本作"复出兵追夏人,杀其老幼二百"。⑥

徐申刊本"追"讹"夏",四库本改之,与《考证》叙述相合。又查《荟

---

① 《四库全书荟要》第210册,第98页。
② 王太岳、曹锡宝等撰:《四库全书考证》卷三十一,第754页。
③ 文渊阁《四库全书》第353册,第213页。
④ 《四库全书荟要》第353册,第219页。
⑤ 王太岳、曹锡宝等撰:《四库全书考证》卷三十一,第755页。
⑥ 文渊阁《四库全书》第353册,第246页。

要》本作"复出兵追夏人,杀其老幼二百"。①

卷十一　建中初政

《考证》载"'贬惇武昌节度副使,居潭州',刊本脱'副'字,据《纲目续编》增"。②

徐申刊本作"贬惇武昌节度使,居潭州"。

四库本作"贬惇武昌节度副使,居潭州"。③

徐申刊本脱"副"字,四库本增之,与《考证》相符。经查,《荟要》亦脱"副"字。④

卷十二　金灭辽

《考证》载"'发契丹奚军三千,及中京禁兵等七千屯出河店',刊本'河''店'二字互倒,据辽金史改"。⑤

徐申刊本作"发契丹奚军三千,及中京禁兵等七千屯出店河"。

四库本作"发契丹奚军三千,及中京禁兵等七千屯出河店"。⑥

徐申刊本"河店"误作"店河",四库本改正,与《考证》叙述一致。又查《荟要》本作"屯珠赫店"。⑦

卷二十　孝宗朝廷议

《考证》载"'管仲尝三战三北',刊本脱下'三'字。又'寄食出胯下',刊本脱'下'字。并据《史记》增"。⑧

---

① 《四库全书荟要》第 353 册,第 252 页。
② 王太岳、曹锡宝等撰:《四库全书考证》卷三十一,第 755 页。
③ 文渊阁《四库全书》第 353 册,第 299 页。
④ 《四库全书荟要》第 353 册,第 307 页。
⑤ 王太岳、曹锡宝等撰:《四库全书考证》卷三十一,第 755 页。
⑥ 文渊阁《四库全书》第 353 册,第 331 页。
⑦ 《四库全书荟要》第 353 册,第 339 页。
⑧ 王太岳、曹锡宝等撰:《四库全书考证》卷三十一,第 755 页。

徐申刊本作"管仲尝三战北……又寄食出胯"。

四库本作"管仲尝三战三北……又寄食出胯下"。①《荟要》作"战三北"。②

徐申刊本脱"三""下"二字,四库本皆增补,且与《考证》叙述印证。

卷二十四　会蒙古兵灭金

《考证》载"'南门守者弃门走,门洞开',刊本'洞'讹'西',据张溥本改"。

徐申刊本作"南门守者弃门走,门西开"。

四库本作"南门守者弃门走,门洞开"。③《荟要》作"门洞开"。④

徐申刊本"洞"讹"西",四库本勘正。又查张溥本,作"南门守者弃门走,门洞开",⑤与《考证》所称"据张溥本改"皆能印证。

《四库全书考证》卷三十一录《宋史纪事本末》校勘记二十二条,以上所举仅数条,限于篇幅,难以逐一胪列。经笔者一一核验,徐申刊本与四库本相异处,皆如《考证》所载。

自《宋史纪事本末》成书以来,共有二十八卷本、十卷本及一百零九卷本流传,徐申刊本即为万历三十三年所刊二十八卷本,其后再无二十八卷本,世间流传以一百零九卷本居多。《四库全书》收录《宋史纪事本末》二十八卷,从卷数及卷目题名上判断,亦是以徐申刊本为据。文中不列其他版本记载,一是多数版本为乾隆修书之后所刊,与推定四库底本无涉,如江西书局本、广雅书局本等,二是因为卷数不一,显然不是

---

① 文渊阁《四库全书》第353册,第523页。
②《四库全书荟要》第353册,第537页。
③ 文渊阁《四库全书》第353册,第656页。
④《四库全书荟要》第353册,第672页。
⑤ 王太岳、曹锡宝等撰:《四库全书考证》卷三十一,第756页。

据此缮写,如万历三十五年刘日梧刊十卷本。根据《四库全书考证》著录的校勘信息,徐申刊本与四库本及张溥本皆能相互印证,徐申刊本的诸多讹误、脱漏,皆由四库馆臣更正,并反映在四库本中,以上版本的一一对应无疑证实了《宋史纪事本末》的四库底本为徐申刊本,参校本为张溥本。经过对比四库本与荟要本《宋史纪事本末》,发现荟要本多沿袭原本旧误,而四库本均予以刊正,这亦能佐证《荟要》采择的底本与《四库全书》所录底本一致,皆为徐申刊本。同时,《四库全书总目》载《宋史纪事本末》为两淮盐政采进本,且著为二十六卷,当属有误。

结合上文所述,将《四库全书荟要》著录书籍版本信息与《四库全书考证》涉及的版本校勘内容结合研究,探究四库所据底本,无疑是考索四库所据底本的一种方法。但是,《四库全书荟要》仅著录四百六十三种,除此之外的四库所录书籍的底本问题,无从直接知悉,因而只能援据《四库全书考证》的校勘内容探寻底本,试以《雍录》为例。

《四库全书总目》录作"大学士于敏中采进本",查《四库采进书目》,"总裁于(敏中)交出书目",确有《雍录》十卷,五本。又查"江苏省第一次进呈书目录"有《雍录》十卷,四本,刊本;"两淮盐政呈送书目"载《雍录》十卷,五本;"浙江采集遗书总录"亦记载《雍录》十卷,刊本。就这四者而言,卷数一致而册数不同,《四库全书》收录于敏中本,但并不详其底本源出,试藉助《四库全书考证》辨别底本所据。

自宋代以来至四库开馆期间,《雍录》仅有宋刻本、明代李经刻本、嘉靖无锡安氏刻本及吴琯《古今逸史》本流传,宋刻本久已失传,虽《直斋书录解题》有录,但元代以来的藏书目录皆未曾登载。《四库全书》纂修后,亦不见宋刻本踪迹,可以初步判断《四库全书》纂修时各地进献本中应无宋刻本《雍录》。嘉靖无锡安氏刻本亦不见于明清藏书目录,据黄永年先生考证,该本实即李经刊本。李经刊本中题有"锡山安国民泰校刊",安国为嘉靖时无锡著名刻书家,很有可能是李经委托安国代为刊刻,再运至西安府刷印,因而保留有安氏题款。① 因此,《四库全书》所收《雍录》,只可能是李经刊本或《古今逸史》本。检覆《四库全书考证》,校勘条目载"据《古今逸史》本增",很显然,《古今逸史》本属参校本,而底本应为李经刊本。但是否一如推论,尚需仔细比对《四库全书考证》中的校勘内容与四库本、李经本《雍录》的差异是否一致。

卷一　三辅创制

《考证》载"'京兆在故城南尚冠里',刊本脱'尚'字,据《三辅黄图》及《汉书·百官表注》增"。②

李经刊本作"京兆在故城南冠里"。

四库本作"京兆在故城南尚冠里"。③

卷二　未央宫

《考证》载"'凌室 武台',刊本脱'武台'二字,据吴琯《古今逸史》本增"。④

李经刊本作"凌室"。

四库本作"凌室 武台"。⑤

李经刊本脱"武台",四库本增,又查《古今逸史》本作"凌室 武台",皆与《考证》称"据吴琯《古今逸史》本增"相合。

卷二　东阙北阙

《考证》载"'是则以北阙为正门,而又有东门东阙',刊本'则'讹'似',又

① 程大昌撰,黄永年点校:《雍录》前言,中华书局,2002 年,第 5 页。
② 王太岳、曹锡宝等撰:《四库全书考证》卷四十,第 955 页。
③ 文渊阁《四库全书》第 587 册,第 253 页。
④ 王太岳、曹锡宝等撰:《四库全书考证》卷四十,第 955 页。
⑤ 文渊阁《四库全书》第 587 册,第 268 页。

'正门'下衍'矣'字,又脱'东门'二字,并据《汉书·高帝纪注》改删增"。①

李经刊本作"是似以北阙为正门矣,而又有东阙"。

四库本作"是则以北阙为正门,而又有东门东阙"。②

李经刊本与四库本记载相异处,皆如《考证》所言。

卷二 公交车司马门

《考证》载"'宫卫令诸出入殿门公交车司马门者皆下',刊本'出入'上衍'卫'字,据《汉书注》删"。③

李经刊本作"宫卫令诸卫出入殿门公交车司马门者皆下"。

四库本作"宫卫令诸出入殿门公交车司马门者皆下"。④

卷二 曲台

《考证》载"'后仓说礼数万言',刊本脱'礼'字。又'曲台校书著记',刊本脱'著'字。又'行礼射于曲台',刊本'礼''射'二字互倒。又'汉官曰',刊本'官'讹'书'。并据《汉书》增改"。⑤

李经刊本"后仓说数万言……曲台校书记……行射礼于曲台……汉书曰"。

四库本作"后仓说礼数万言……曲台校书著记……行礼射于曲台……汉官曰"。⑥

卷三 柏梁台

《考证》载"'元鼎二年',刊本'二'讹'元',据《汉书》及《三辅黄

---

① 王太岳、曹锡宝等撰:《四库全书考证》卷四十,第 955 页。
② 文渊阁《四库全书》第 587 册,第 268 页。
③ 王太岳、曹锡宝等撰:《四库全书考证》卷四十,第 955 页。
④ 文渊阁《四库全书》第 587 册,第 270 页。
⑤ 王太岳、曹锡宝等撰:《四库全书考证》卷四十,第 955 页。
⑥ 文渊阁《四库全书》第 587 册,第 271 页。

图》改"。

李经刊本"元鼎元年"。

四库本作"元鼎二年"。[1]

卷三　回中宫

《考证》载"'遂北出萧关',刊本脱'北'字,据《汉书》及《三辅黄图》增。又'回中在安定高平',刊本'高''平'二字互倒,案《汉书》安定郡有高平县,至元魏改为平高,应劭时无平高名也,今据改"。[2]

李经刊本作"遂出萧关……回中在安定平高,有险阻"。

四库本作"遂北出萧关……回中在安定高平,有险阻"。[3]

卷四　学士宣召

《考证》载"'学士院北扉者,为其在浴堂之南',刊本脱'者'字,又'为''其'二字互倒,并据《梦溪笔谈》增改"。[4]

李经刊本作"学士院北扉,其为在浴堂之南"。

四库本作"学士院北扉者,为其在浴堂之南"。[5]

卷四　玉华宫

《考证》载"'在坊州宜君县',刊本'君'讹'春',据《唐书》改"。[6]

李经刊本作"在坊州宜春县"。

四库本作"在坊州宜君县"。[7]

---

① 文渊阁《四库全书》第 587 册,第 279 页。
② 王太岳、曹锡宝等撰:《四库全书考证》卷四十,第 955 页。
③ 文渊阁《四库全书》第 587 册,第 280 页。
④ 王太岳、曹锡宝等撰:《四库全书考证》卷四十,第 956 页。
⑤ 文渊阁《四库全书》第 587 册,第 306 页。
⑥ 王太岳、曹锡宝等撰:《四库全书考证》卷四十,第 956 页。
⑦ 文渊阁《四库全书》第 587 册,第 314 页。

卷六　长水

《考证》载"'文帝出长门，若见五人于道北'，刊本'长门'下衍'亭'字，又脱'北'字，并据《汉书》删增。又'则虽司马迁亦误认长门亭而为长安城门矣'，刊本'而'讹'何'，据古今逸史本改"。[①]

李经刊本作"文帝出长门亭，若见五人于道……则虽司马迁亦误认长门亭何为长安城门矣"。

四库本作"文帝出长门，若见五人于道北……则虽司马迁亦误认长门亭而为长安城门矣"。[②]

覆核四库本与李经刊本的记载可知，举凡四库馆臣改删增补之处，皆如《考证》所载，亦与李经刊本一致。笔者仔细核验其他卷目所载内容，亦皆与《考证》记载及两刊本差异一致，此处不再赘列。同时，《考证》所言据《古今逸史》本改正条目，经查亦皆相符。因此，《四库全书》所录《雍录》的底本应为明代李经刊本。

《四库全书考证》作为四库馆臣校阅四库所录书籍形成的校勘意见的汇总，是甄别四库底本最为直接的证据。如果排除四库收书时更换底本这一特殊情形，《考证》可以作为一种较为实用的推定四库所据底本的方法。不仅可以辨析《总目》记载的讹误，亦能进一步窥视四库诸本（阁本与荟要本）的优劣。不可忽视的是，《考证》亦是经由馆臣抄录，难以避免的存在某些不足和讹误，因此具体利用时还需谨慎。

三、四库底本考辨的意义

学界对四库修书以及四库本颇有微词，一方面由于馆臣肆意篡改，致使书籍失真；另一方面四库本只是依据旧本抄录，在原本留存的情况

---

① 王太岳、曹锡宝等撰：《四库全书考证》卷四十，第956页。
② 文渊阁《四库全书》第587册，第341－342页。

下,四库本便被遗弃。平心而论,四库馆臣确有篡改典籍之举,但亦不乏考证之作。馆臣广征博引,考辨四库收书的底本讹误,相当精审。因此,考索四库所据底本的目的并非评审四库本的优劣,以免纠缠于毁誉或褒扬四库本的争论。笔者意在通过考索四库底本,辨别四库所收书籍的版本系统,为点校古籍提供版本依据。同时,在研究中发现,今人点校古籍注重底本与其他校本之间的参校,而很少关注底本与参校本共同存在却未被发现的问题,以致讹误频仍。

上文所引《雍录》,乃著名文献学家黄永年先生点校,但囿于时代,《考证》鲜有利用,因而忽略了其校勘成果,致使某些讹误未被校出。如《雍录》卷三“回中宫”条,“应劭注:回中在安定,平高有险阻”,①四库馆臣考证“平高”当作“高平”。查《汉书·地理志》,高平县属安定郡,②《元和郡县图志》载“平高县,本汉高平县,属安定郡。后魏太武太延二年于今县理置平高县”。③应劭注文只可以东汉时地名谓之,时无平高名,显然是借用后世地名。同时由于查明“平高”乃“高平”之讹,该句句读亦有误,当作“回中在安定高平,有险阻”。再如卷四“玉华宫”条,“在坊州宜春县”,④《旧唐书·地理志》作“坊州　宜君,旧属宜州。贞观十七年废,二十年复置,属雍州,管玉华宫。永徽二年,复废。龙朔三年,又割中部、同官两县地复置宜君县,理古裋祤城北,属坊州”。⑤又查宜春县,属江南西道之袁州,⑥与玉华宫无涉。诸如此类,不尽举。点校本《雍录》仍然

① 程大昌撰,黄永年点校:《雍录》卷三,第 86 页。
② 班固撰:《汉书·地理志》卷二十八下,中华书局,1962 年,第 1615 页。
③ 李吉甫撰,贺次君校注:《元和郡县图志》卷三,中华书局,1983 年,第 58 页。
④ 程大昌撰,黄永年点校:《雍录》卷四,第 86 页。
⑤ 刘昫等撰:《旧唐书》卷三十八《地理志》,中华书局,1975 年,第 1401 页。
⑥ 刘昫等撰:《旧唐书》卷四十《地理志》,第 1609 页。

沿袭李经刊本旧误，而忽略了《考证》的校勘。

上揭《宋史纪事本末》，今人整理本以江西书局本为底本，辅以万历三十三年徐申刊本、张溥本及张闻升本为参校本，还广泛征引《宋史》《长编》《东都事略》等书，校勘较为精审，很多底本以及参校本的讹误得到改正。笔者在研习中发现，凡改正底本讹误处，校者皆是利用《宋史》以及其他宋代典籍，即通过追溯《宋史纪事本末》转引的史实进行考证、校勘，这一做法确属精细，且能够系统校订底本舛讹。但是，纂修《四库全书》时，四库馆臣已然进行了他校，并形成了诸多修改意见。由于点校者不曾以四库本为参校本，亦未及措意《四库全书考证》，很多校勘其实可以直接参稽《四库全书》或者《考证》。而且，即使是重复了四库馆臣的工作，今人征引书籍时仍有疏漏。如卷二十一"契丹盟好"条，"自古北至柳河回屈殆千里"，[①] 查《宋史·刘敞传》称"自古北口至柳河，回屈殆千里"，[②]《考证》称"刊本脱'口''曲'二字"，显然是查照《宋史》本传后提出的校改。整理本仅补苴"屈（曲）"，"口"字仍脱。再如卷三十七"王安石变法"条，"因难琦奏，曰：如桑弘羊笼天下货财以奉人主私用，乃可谓兴利之臣"，[③] 复检《宋史·食货》载"因难琦奏，曰：如桑弘羊笼天下货财以奉人主私用，乃可谓兴利之臣；今抑兼并，振贫弱，非所以佐私用，安可谓兴利之臣乎？"[④] 整理本此处脱"今抑兼并，振贫弱，非所以佐私用，安可谓兴利之臣"。但《考证》所载为"脱'今陛下修周公遗法，抑兼并，振贫弱，非所以佐私用，安可谓兴利之臣'

① 陈邦瞻撰：《宋史纪事本末》卷二十一，中华书局，1977 年，第 155 页。
② 脱脱等撰：《宋史》卷三百十九《刘敞传》，中华书局，1977 年，第 10384 页。
③ 陈邦瞻撰：《宋史纪事本末》卷三十七，第 337 页。
④ 脱脱等撰：《宋史》卷一百七十六《食货志》，第 428 页。

二十七字"，与《宋史》略有差异。据查，四库馆臣乃据《续资治通鉴纲目》增补，虽两者小有差异，但点校本《宋史纪事本末》于此处脱漏，确是不争的事实。显然，在点校时若能参考《四库全书考证》，这样的疏漏是可以避免的。

从这里可以看出，我们应该重视底本本身的错谬。古籍整理的原则是在没有版本依据的情况下不能妄改底本，因而有些讹误没能校出亦在情理之中。但若是存在既定成见，忽视四库本，摒弃四库馆臣业已形成的校勘成果，那就是点校者本身的问题了。鉴于此，笔者呼吁学界重视四库馆臣的校勘成果，将四库馆臣篡改书籍与校勘成果区别对待，重视《四库全书考证》在整理古籍方面的价值。

《四库全书考证》作为馆臣校勘四库底本的成果，在推定《四库全书》所据版本方面有着最直接的证据，可以利用《四库全书荟要》与《四库全书考证》的相关记载考索四库所据底本，是除依据现存底稿本以及据相关版本信息推论底本两种方法之外的补充。同时，由于四库本历来不受学界重视，而《考证》也久不为所识，导致馆臣的校勘成果被忽视。今人在整理古籍时重复馆臣工作后仍存在某种不足，若能参稽《四库全书考证》，这些底本的讹误就能及早发现并在整理本中得以校正。

第二节 《群书考索》四库底本考察

《群书考索》，又名《山堂先生群书考索》《山堂考索》，前集六十六卷，后集六十五卷，续集五十六卷，别集二十五卷，合二百十二卷，南宋章如愚撰，其中别集二十五卷为吕中增辑。《总目》称"（如愚）庆元中登进士第，初授国子博士，改知贵州。开禧初，被召，疏陈时政，忤韩侂胄,罢归,事迹具《宋史·儒林传》"。①《总目》所载或是转引《金华先民传》,文字记载亦相差无几,惟"事迹具《宋史·儒林传》"为馆臣妄加,《宋史》并无章氏传记。章如愚除撰著《群书考索》外,尚有文集百余卷,今皆亡佚。《群书考索》突破了历来公私各家编纂类书时不加论断的传统,详述经史百家之异同,备载历代制度之沿革,折中群言,是类书编纂史上的一次创新。四库馆臣称誉"引据博赡,考辨精核者,则非南宋类书所及"。②

一、《群书考索》的版本流传探赜

《群书考索》的刻本流传情况基本清晰,有宋刻本、元圆沙书院刻本、明慎独斋刻本及四库本,且以上版本均有存世。但对于各刻本之间的关系,学人研究着笔不多。③

(一)宋刻本。据各时期目录题跋记载及馆藏著录,宋刻本至少曾有两种版本。上海图书馆藏有宋刻本《群书考索》,每半叶十三行,行二十字,书题"新刊山堂先生章宫讲考索",前有汪有开序,"惜哉书成而白玉楼召矣,后生晚学,罕见大全,通抱遗恨。惟中隐曹君尽得之,惧其传之不博,有孤先生之用心,镂梓以示同志,凡一百卷,厘为十集……淳祐戊申良月望日,后学朝奉郎监行在榷货务汪有开敬题"。④ 中隐曹君当指金华曹氏,此本应为中隐书院刻本。《藏园订补郘亭知见传本书目》载"《新刊山堂先生章宫讲考索》甲集十卷,宋章如愚撰辑。宋金华

---

① 永瑢等撰:《四库全书总目》卷一百三十五,《山堂考索》提要,第 1150 页。
② 永瑢等撰:《四库全书总目》卷一百三十五,《山堂考索》提要,第 1150 页。
③ 相关研究有李伟国《〈山堂考索〉的作者和版本》(载《文献》1984 年第 4 期)、刘磊《〈群书考索〉所引宋代史料研究》(华东师范大学 2009 年硕士学位论文)。
④ 李伟国:《〈山堂考索〉的作者和版本》,《文献》1984 年第 4 期。

曹氏中隐书院刊本,十三行二十字,白口,左右双栏。存甲集十卷。目后有'金华曹氏中隐书院刊行'牌子二行"。[①] 款式、牌记均一致,傅增湘经眼之宋刊《群书考索》即是上图藏本。序中所称"淳祐戊申",即南宋理宗淳祐八年。据李裕民考订,《群书考索》前集叙事下限至嘉定十四年,后集至庆元元年,续集至嘉定十一年,均未及理宗淳祐间,而别集则约在端平二年至景定之间。[②] 又查增辑别集之吕中,淳祐七年进士及第。由此,推测此本刊刻时别集尚未增辑。

《藏园群书经眼录》载有另一宋刻《群书考索》,称"《新刊山堂先生章宫讲考索》目录十卷丁集,宋刊巾箱本,半叶十三行,行二十字,白口,左右双栏,版心记'丁几'二字,上方记字数,栏外标篇名。每卷首书名下标阴文'丁集'二字,目录后有碑形牌子'▨山书院',字为白文"。[③] 此本版式俱与前述刻本相同,惟牌记不一,且"有耳",这是该刻本最重要的特征,应是另一宋刻本。国家图书馆藏有《新刊山堂先生章宫讲考索》丙集残页,每半叶十三行,行二十字,左右双栏,有耳。据此"有耳",且为丙集,似是傅氏著录之本。结合以上两刻本可知,宋刻本原有一百卷,以天干十集刊行,与元、明刻本前集、后集、续集之称有别,定是吕中增辑前的本子。

(二)元刻本。元刊本与宋刻本差别较大,首先在于分集,元刻本分前集、后集、续集、别集。其次添加了吕中增辑的内容,现存元刻本《群书考索》别集题"吕中增辑",实际上前、后、续三集亦经过吕中增补。如后集卷二十三引《皇朝编年》一书,是书为陈均所编,约纂成于宋理

① 傅增湘撰:《藏园订补郘亭知见传本书目》,中华书局,2009 年,第 790 页。
② 李裕民著:《四库提要订误》,中华书局,2005 年,第 297 页。
③ 傅增湘撰:《藏园群书经眼录》,第 832 页。

宗绍定间,并于端平二年进呈,章如愚绝无可能睹目,遑论征引。再次,元刊本对宋刻本进行了一些内容的修改,如宋刻本称"国朝",元刻本相应改作"宋朝"。元刻本流传较广,今国家图书馆、清华大学图书馆、日本静嘉堂文库均有收藏,每半叶十五行,行二十四字,黑口、双黑鱼尾,左右双边。前有牌记作"元延祐庚申圆沙书院新刊"。前集前有《山堂先生群书考索纲目》《山堂先生群书考索目录》等,并题署"宋山堂宫讲章如愚俊卿编"。①《仪顾堂续跋》载"标目别以黑质白章,以明正德戊辰刘洪慎独斋刊本互勘,明本颇有删削移易处。如卷五'中庸大学',元本经下有注,明本存经删注;卷八'六经门'、卷三十二'文章门',明刊先后颠倒。后集、续集、别集如此类亦多。此为初刊祖本,不久即毁于火,故流传甚少,见慎独斋郑京序,胜慎独本远甚"。②明慎独斋刊本前有郑京序,称"《山堂考索》一书,乃宋儒章公俊卿所编集,板行于世,间被回禄,失传久矣。文献故家,或有存者,又秘之以为己宝。乃者吾闻愈宪院公宾巡历抵建阳,手出是书,以示区公玉",③此所指即为元刻本,慎独斋本以元刻本为底本刊刻。《铁琴铜剑楼藏书目录》载"《山堂先生群书考索》,前集六十六卷,后集六十五卷,续集五十六卷,别集二十五卷,元刻本,宋章如愚撰。南宋率多杂事之家,是书最为精博,此元刊小字巾箱本雕椠亦工,不同麻沙书肆所刻"。④傅增湘称"此书元本,刊印尚精,惟别集二十五卷全缺,三集中缺十一卷。'御览''天禄'二玺俱真,而

---

① 严绍璗著:《日藏汉籍善本书录》,中华书局,2007 年,第 1014 页。
② 陆心源撰:《仪顾堂续跋》卷十一,《古书题跋丛刊》第 23 册,学苑出版社,2009 年,第 324 页。
③ 慎独斋刻本《群书考索》卷首。
④ 瞿镛编纂:《铁琴铜剑楼藏书目录》卷十七,《古书题跋丛刊》第 13 册,学苑出版社,2009 年,第 367 页。

《天禄》前后目均不载，或以其残缺太甚未著录耶"，①"御览""天禄"二玺表明元刻本曾藏于内府。

　　根据《郋园读书志》记载，元刻本曾经明人改易行款，而产生了一种与圆沙书院刊本稍有不同的刊本，可能是坊肆贾人伪充元本。此本"标题皆黑地白文'明正德戊辰刘洪慎独斋刻本'，不独改易行款，如标题无'山堂先生'四字，撰人题'山堂先生章俊卿编辑'"，均非元本版式，似是另一版本。叶氏猜测应是"好事者模仿重雕，使人得见山堂此书真面"。②

　　（三）明刻本。明刻本较易寻见，大概可知的有三种版本。明正德戊辰年慎独斋刘洪刊《山堂先生群书考索》，每半叶十四行，行二十八字，黑口，四周双边。卷首题"宋山堂先生章俊卿编辑"，前有明正德戊辰郑京序。每卷首题"建阳知县区玉刊行"，每卷末有"明正德三年慎独斋刊行"，或"皇明正德戊辰慎独斋刊行"木记。据郑京序，"闽金宪院宾出是书属建阳邑宰区玉，玉以付林刘洪，于是太守费愚、同知胡瑛、通判程宽、推官马敬各捐俸助成，复刘徭役一年以尝其劳，越二年乃成"，③因而刻本前题署"建阳知县区玉刊行"。此后正德戊寅年，建阳刘氏慎独斋重新刊刻《群书考索》，前有明正德戊辰郑京序，目录后有刊行木记，作"皇明正德戊寅慎独书斋刊行"。至正德十六年，又有慎独斋重修，补刊页及修正讹舛。北京师范大学图书馆藏有《群书考索》二百十二卷，标作"明正德三年至十三年刘洪慎独斋刻正德十六年重修本"。每半叶十四行，

---

① 傅增湘撰：《藏园群书经眼录》，第833页。
② 叶德辉撰：《郋园读书志》卷六，《古书题跋丛刊》第25册，学苑出版社，2009年，第213页。
③ 慎独斋刻本《群书考索》卷首。

行二十八字,黑口,左右双边,目录后有"皇明正德戊寅慎独斋刊"木记,又别集末有"正德十六年十一月内蒙建宁府知府张、邵武府同知校正过山堂考索,记改差讹三千二十七字,书户刘洪改刊"。由此可知,《群书考索》经正德三年刊行后,又于正德十三年重刻,并于正德十六年补修。

此外,现存《群书考索》"木集"十卷,每半叶十三行,行二十字,白口,间有细黑口,四周单边,有耳题。版心有刻工江文清、黄一松等。书口记字数,下记页数。此刻本曾被误作宋刻本,但版心所录刻工"黄一松"为明代新安刻工。[1]据史料记载,新安黄氏代代相传,刻书较多,黄一松为黄氏第二十七世刻工,约在万历间。[2]因此,上述《群书考索》"木集"十卷应是万历间所刻,但版式均仿照宋刻本,特别是保留"耳题",与宋刻本相同,或许这就是被误作宋刻本的重要原因。

二、四库所据底本考辨

《四库全书》收录《群书考索》,置于子部类书,然馆臣抄录时删去序言、《纲目》、目录以及门类小目,且提要中亦未明言采择版本,难以辨识以何本为据。唯一可以肯定的,四库本定不会以宋刻本为底本。首先,《四库采进书目》著录《群书考索》六种,其中两种无别集,另有一种仅有续集、别集,其他皆为前集、后集、续集、别集全帙。显然,各地征访的《群书考索》乃是元明刻本以来的分集情况,而非宋刻本之式;其次,卷数难以相合。目前所知,宋刻本为一百卷,为吕中增辑之前刊刻,四库本《群书考索》二百十二卷,且著录别集,与元、明刻本卷数一致,而与宋刻本

---

① 李红英:《〈四库全书总目·山堂考索〉条辩证——兼谈〈山堂考索〉的版本源流》,《文津学志》第 3 辑,2010 年。按:所谓"木集"实为书贾挖改所致,经核,其内容对应后集卷五十五至卷六十四。
② 曹之著:《中国古代图书史》,武汉大学出版社,2015 年,第 142 页。

差异较大。因此，《四库全书》采择《群书考索》，或以元刻圆沙书院本为据，或以明慎独斋刻本为底本。前贤研究《群书考索》的四库底本，亦在明刻慎独斋本与元刻圆沙书院本间纠葛，却始终没有直接证据。兹分述两者持论依据，逐一剖析，以明断四库底本源出。

就当前研究来看，持明刻本为四库底本者居多，而且论据相对较为充分，经逐一梳理，持论均难成立。

首先，以分门标目推论慎独斋本为底本。《铁琴铜剑楼藏书目录》称："《山堂先生群书考索》，前集六十六卷，其卷目六经、诸子、诸经、诸子百家、韵学字学、诸史、圣翰、书目、文章、礼、礼器、乐、律吕、历数、天文、地理凡十六门；后集六十五卷，其目官制、官、士、兵、民、财、赋税、财用、刑凡九门；续集五十六卷，其目经籍、诸史、文章、翰墨、律历、律、历、五行、礼乐、封建、官制、兵制、财用、舆地、君道、臣道、圣贤凡十七门；别集二十五卷，其目图书、经籍、诸史、礼、乐、历、人臣、士、财用、兵、夷狄、边防凡十门。案其标目分合与四库本绝异，当是俊卿旧第也。目后有墨图记云'延祐庚申圆沙书院新刊'。"[1] 瞿氏认为元刻本目录分合与四库本绝异，虽未言四库本所据，但其未尽之意，自不待言。胡玉缙藉此推断"然则提要所据，殆刘本欤"。[2] 因此，《群书考索》的目录以及分门情况成为了判断明刻本为底本的证据之一。

据查，元刻本《山堂先生群书考索》前集有《山堂先生群书考索纲目》《山堂先生群书考索目录》，但《纲目》与《目录》存在差异，且与文中

---

① 瞿镛编纂：《铁琴铜剑楼藏书目录》卷十七，《古书题跋丛刊》第13册，学苑出版社，2009年，第367页。

② 胡玉缙撰，王欣夫辑：《四库全书总目提要补正》，中华书局，1964年，第1067—1068页。

内容相左。《四库全书》在收录《群书考索》时,应是觉察到目录与内容的差异,四库馆臣直接摒弃《群书考索》中《纲目》和《目录》的分门标准,依据文中内容,重新调整细目,除别集外,其他诸集皆有改撰。

如前集,《纲目》分六经、诸子、百家、诸经、诸史、圣翰、书目、文章、礼、礼器、乐、律吕、历数、天文、地理等十五门,而《目录》则分六经门卷一至卷八,诸子门卷九,诸经门卷十,诸子百家门卷十至卷十一,韵学字学门卷十一,诸史门卷十二至卷十七,圣翰门卷十八至十九,书目门卷十九,文章门卷二十至卷二十二,礼门卷二十三至卷三十九,礼器门卷四十至卷四十六,乐门卷四十七至卷五十二,律吕门卷五十三,历数门卷五十四至卷五十七,天文门卷五十八,地理门卷五十九至卷六十六。经与文中内容核查,实为十四门,且具体卷数分置以及门类名称均与《纲目》和《目录》存在出入,如诸子门,文中作经史门;诸史门,文中作正史门;卷四十为仪卫门,目录中缺;卷五十三实为律历门;卷五十七为律吕门;文中无诸经门、韵学字学门、书目门。明代慎独斋刻本《纲目》《目录》及文中内容相异情形与此同。四库本前集分六经门(卷一至卷八)、经史门(卷九)、诸子百家门(卷十至卷十一)、正史门(卷十二至卷十七)、圣翰门(卷十八)、类书门(卷十九)、文章门(卷二十至卷二十二)、礼门(卷二十三至三十九)、仪卫门(卷四十)、礼器门(卷四十一至卷四十六)、乐门(卷四十七至卷五十二)、律吕门(卷五十三)、历数门(卷五十四至卷五十六)、律历门(卷五十七)、天文门(卷五十八)、地理门(卷五十九至卷六十六)。其中,类书门乃将圣翰门中类书单独新增类书门,元明刻本卷二十皆为有卷次之名而无内容,四库馆臣可能察此而另添类书一门,于此一来,卷目与内容便名实相符。除此,其他门类名称均据文中内容改撰。

再如后集,《纲目》分官制、官、士、兵、民、财、赋税、财用、刑等九门,《目录》则分官制门卷一至卷二十,官门卷二十一至卷二十六,士门卷二十七至卷三十七,兵门卷三十八至卷五十,民门卷五十一,财门卷五十二,财赋门卷五十三至卷六十一,财用门卷六十三至卷六十四,刑门卷六十五等九门,具体名称与《纲目》有别。核查文中内容,分门名称和卷数情况差别很大,内容分官制、官、士、兵、兵制、民、财、赋税、财赋、财用、刑等十一门,其中卷一至卷二十为官制门,卷二十一为官门,卷二十六至卷三十七为士门,卷三十八至四十为兵门,卷四十一至卷四十三为兵制门,卷四十四至卷五十为兵门,卷五十一为民门,卷五十二为财门,卷五十三为赋税门,卷五十四至卷五十七为财赋门,卷五十八至卷六十三为财用门,卷六十四又为财赋门,卷六十五为刑门。很显然,文中内容存在相同门类而分置各卷的情形,《四库全书》在抄录入阁时将后集调整为官制门(卷一至卷二十五),士门卷二十六至卷三十七,兵门卷三十八至卷四十,兵制门卷四十一至卷四十三,兵门卷四十四至卷五十,民门卷五十一,财门卷五十二,赋税门卷五十三,财赋门卷五十四至卷五十七,财用门卷五十八至卷六十四,刑门卷六十五,使得门类名称与内容相合。

再如续集,《纲目》分经籍、诸史、文章、翰墨、律历、律、历、五行、礼乐、封建、官制、兵制、财用、舆地、君道、臣道、圣贤等十七门,而《目录》则分经籍、诸史、文章、翰墨、律历、律、历、五行、礼乐、封建、官制、兵制、财用、君道、臣道、圣贤十六门。核查文中内容,无翰墨一门,有舆地门,其他均同。慎独斋刻本中《纲目》《目录》及文中内容标目均与元刻本同。《四库全书》所录续集删翰墨一门名称,其他均同。

由于四库本删去《纲目》及《目录》,并依据《群书考索》的具体内容重新标目,以求与分门之下的内容完全一致,因而再以元、明刻本之《纲目》或《目录》核对,定难相符。《铁琴铜剑楼藏书目录》所称标目与四库本绝异,乃是以《目录》为据,而未察《群书考索》文中的分门标目。若以此论,元刻本与明刻本的标目分合完全一致,又何谈四库本以明刻本为底本?《四库全书总目提要补正》又未及核对慎独斋本,即推测"以刘本为据",有失严谨。据查,瞿氏称"标目分合绝异",或是以《总目》为比勘对象,而没有核对四库书籍。《总目》分前集为六经、诸子百家、诸经、诸史、圣翰、书目、文章、礼、乐、律吕、历数、天文、地理等十三门,分后集为官制、学制、贡举、兵制、食货、财用、刑法等七门,分续集为经籍、诸史、文章、翰墨、律历、五行、礼乐、封建、官制、兵制、财用、诸路、君道、臣道、圣贤等十五门,分别集为图书、经籍、诸史、文章、律历、人臣、经艺、财用、兵制、四夷、边防等十一门。[①] 很显然,若以《总目》所载与元刻本对勘,标目分合确实差别极大。但《总目》所叙分门,与四库本亦截然不同,故不可以此推测四库本以慎独斋刻本为据。据实而论,四库本与元、明刊本在具体内容的分门标目上并无太大差异,只是略有调整门类而已。因此,以分门标目情形来判断《群书考索》的四库底本,实难成立。

其次,以《总目》叙述推论明刻本为底本。《总目》载"如愚,字俊卿,婺州金华人。庆元中登进士第,初授国子博士,改知贵州。开禧初,被召,疏陈时政,忤韩侂胄,罢归,事迹具《宋史·儒林传》",[②] 有学者认为提要的这段叙述与慎独斋刻本之卷首《章如愚小传》接近,显然是转述而

---

① 永瑢等撰:《四库全书总目》卷一百三十五,《山堂考索》提要,第1150页。
② 永瑢等撰:《四库全书总目》卷一百三十五,《山堂考索》提要,第1150页。

略加剪裁。① 经辨识，《总目》应是转引自《金华先民传》而非明刻本前之《章如愚小传》。

明慎独斋刻本《章如愚小传》称"章如愚，字俊卿，婺州金华人，自幼颖悟，负才尚气，登宁宗庆元中进士第。初受国子博士，凡诏诰制敕，皆出其手。未几，改知贵州，政绩大著。开禧初，被召，上疏极陈时政，因忤韩侂胄，罢秩归乡"。② 对比《总目》，确有雷同相似处。但将《总目》与《金华先民传》对勘，文本更为近似，"如愚字俊卿，金华人，庆元中登进士第，累官国子监博士，改知贵州，开禧中被召，上疏极谏时政，因忤韩侂胄，罢归讲学论学"。《总目》与《金华先民传》均没有叙及章如愚幼年场景，除偶有措辞有别，几乎全然相同。因此，《总目》应是直接转引《金华先民传》。同时，还有一条史料可以佐证。《天禄琳琅书目》子部著录《群书考索》，并附载章如愚生平，其称"考《金华先民传》称，如愚字俊卿，金华人，庆元中登进士第，累官国子监博士，改知贵州，开禧中被召，上疏极谏时政，因忤韩侂胄，罢归讲学论学"，③《天禄》直接称述转引《金华先民传》，而《天禄》的编纂者于敏中等亦为四库馆臣，结合《四库全书》的编纂过程分析，《总目》可能直接以《天禄》叙述为据。但有一点不可否认，《金华先民传》撰于嘉靖年间，上距慎独斋本刊刻已逾数年，亦有可能是转述慎独斋刻本《章如愚小传》而来。就史实来看，《总目》所述章如愚事迹与明慎独斋刻本《章如愚小传》没有构成直接联系，而只是通过《金华先民传》勾勒出因袭之迹，因而不能据此认定四库本《群书考索》的底

---

① 李红英：《〈四库全书总目·山堂考索〉条辩证——兼谈〈山堂考索〉的版本源流》，《文津学志》第 3 辑，2010 年。
② 慎独斋本《群书考索》卷首《章如愚小传》。
③ 于敏中等撰：《天禄琳琅书目》卷九，《古书题跋丛刊》第 5 册，学苑出版社，2009 年，第 275 页。

本为慎独斋本。

再次,以《天禄琳琅书目》记载推定底本为慎独斋本。《四库全书》收录《群书考索》著"内府藏本",而《天禄琳琅书目》卷九恰著录明版慎独斋刻本《群书考索》,"《群书考索》,宋章如愚辑,前集六十六卷,后集六十五卷,续集五十六卷,别集二十五卷,共二百十二卷……称曰'山堂先生所著有群书考索六十六卷'云云,盖作传者仅见其前集,而不知其尚有后、续、别三集。今坊间所行刊本亦止有前、后、续三集,而别集往往无之,此书方为全本,摹印颇精,亦明版之佳者也"。[①] 因而学者据以认为四库所录内府藏本即为《天禄》著录之慎独斋刊本。[②] 这种推论可能没有考虑到以下两点:第一,《四库全书》所称内府藏本与《天禄》著录并不是一一对应的,即《天禄》著录的版本,不为四库本采择的情况相当普遍。如《路史》,《天禄》明版史部有著录,但《四库全书》以两江总督采进本为底本。第二,《天禄》著录的并非全部内府藏本,仍有很多内府书籍不在其著录范围,元刻本《群书考索》即属此例。《藏园群书经眼录》录元刻本《群书考索》,称"每册前后钤'乾隆御览之宝'大玺及'天禄琳琅'小玺",[③] 显然,元刻本亦曾收贮于内府,且藏于昭仁殿,四库馆臣极可能睹目并据为底本。因此,以《天禄》录明刻本《群书考索》而不录元刻本,即推断底本为明刻本,有失偏颇,亦难成确凿之证。

目前来看,持元刻本为四库底本者仅《四库提要订误》所称"库本所

① 于敏中等撰:《天禄琳琅书目》卷九,《古书题跋丛刊》第5册,学苑出版社,2009年,第275页。
② 李红英:《〈四库全书总目·山堂考索〉条辩证——兼谈〈山堂考索〉的版本源流》,《文津学志》第3辑,2010年。
③ 傅增湘撰:《藏园群书经眼录》,第833页。

据为元延祐七年圆沙书院刊本",① 但遗憾的是不著因由。经笔者查阅，湖南省图书馆藏有四库底本《群书考索》，《湖南省志》卷二十八《文物志》著录为"湖南省图书馆藏元刻本《山堂先生群书考索》残本六册，存别集卷十三至十八，卷二十二至二十五，系以二指宽的黄色横纹纸印造，行款版式俱与'央图'本同。卷中粘有清乾隆四库全书馆签条，及四库校官校勘讹字的签条，知为四库全书底本。钤有'石溪钮氏家藏''慎独''乾隆御览之宝''天禄琳琅'等印",② 该本行款、版式一如元刻，故可知元刻本《群书考索》应为四库底本。那么，进一步对比元、明刻本与四库本的具体内容，可以提供更多佐证。

其一，叙述内容先后情形。陆心源《仪顾堂续跋》称"卷五'中庸大学'，元本经下有注，明本存经删注；卷八六经门、卷三十二（案：应作卷二十二）文章门，明刊先后颠倒"。据查，慎独斋本卷五"中庸大学"下经下无注文，圆沙书院本经下有注。又卷二十二文章门，慎独斋本先述范晔《后汉书》，继之《魏书》、王隐《晋书》、沈约《宋书》曰魏齐王、沈约《宋书》曰元嘉十五年，元刻本则为范晔《后汉书》，沈约《宋书》曰魏齐王，继之《魏书》、沈约《宋书》曰元嘉十五年、王隐《晋书》。检覆四库本《群书考索》，卷五"中庸大学"下经注皆存，卷二十二文章门叙述内容与元刻本一致。

其二，阙文情形。今存各种慎独斋本刊本前集卷六十六末阙"正郑公在前白公起复之意也……民犯重法则仁"等数百字，据查，阙文原因并非刻本年久脱页，而是刊刻时遗漏。翻检四库本与元刻本《群书考索》，

---

① 李裕民著：《四库提要订误》，第254—255页。
② 湖南省地方志编纂委员会编：《湖南省志》卷二十八《文物志》，湖南出版社，1995年，第659页。

叙述内容完整，并无阙文。此外，慎独斋本后集卷六十三财用门作"太宗作新译经之首教序。雍熙二年诏自今经业精熟者方许系籍"，脱"仁宗作景祐天竺字原序以赐之"。四库本、元刻本皆不脱。

　　其三，讹误情形。慎独斋本后集卷五十五财赋门漕运类"唐皇，至开元国用渐广"，查《群书考索》的撰写体例，叙述事件前均加各朝帝王庙号，如此句前称太宗后有肃宗，疑"唐皇"应作"唐明皇"。覆核四库本及元刻本，确为"唐明皇"。又慎独斋本后集卷五十六作"宋太宗淳化三年，置常平仓。初置籴场"。四库本、元刻本皆作"太宗淳化三年，置常平仓。置场籴同前"。"场籴"应为"籴场"之误，明刻本改之。四库本与元刻本讹舛一致，而明刻本不误。又四库本前集卷五十四历数门载"国朝隆兴二年以王朴《钦天历》时刻错谬，命有司重加研复"，查《宋史·方技上》作"至建隆二年，以《钦天历》谬误，诏处讷别造新历"。隆兴为南宋孝宗年号，建隆为北宋太祖年号，四库本"隆兴"应为"建隆"之讹。覆核元刻本《群书考索》，亦作"隆兴"，于此可知，四库本乃承袭元本。由三种版本间讹误的改正与沿袭情形可以发现，元刻本与四库本极为一致，这种细微讹舛或者说修正恰能说明四库本的底本为元刻本。

　　由以上具体内容的比对可知，四库本与元刻本在叙述顺序、阙漏及讹误等方面完全一致，而与慎独斋本则差别很大，因此，四库本必定以元刻本为底本。同时，在比勘三个版本的内容时发现，元刻本多处存有墨钉，而这些修改恰又与明刻本相同，因而猜测四库本或许亦曾参校明刻本（相关情况列表二十三如下）。还有一点，《四库全书》收录《群书考索》时刻意删去了书中涉及夷狄的内容，如前集卷六十二地理门删去"夷狄类"，直接以"要害类"为首，别集卷二十二夷狄门"历代夷狄类"删去大量内容，举凡"尊夏攘夷"之说抑或贬低夷狄的内容，均被撤出。

表二十三　元刻本、明刻本与四库本内容核查表

版本 卷次	元刻本	明刻本	四库本
前集卷十一诸子百家门百家类杂家条	自序其世家固当以■亲为主	自序其世家固当以孝亲为主	自序其世家固当以孝亲为主
前集卷四十仪卫门卤薄类历代卤薄条	次东四■贼仓户■■属驾一列	次东西捕贼仓户等曹属驾一列	次东西捕贼仓户等曹属驾一列
前集卷四十仪卫门卤薄类	■牛曲于	钩牛曲舆	钩牛曲舆
前集卷六十二地理门	夷狄类　要害类	夷狄类　要害	删去夷狄类
别集卷二十二夷狄门			删去"尧舜御夷狄"
别集卷二十二夷狄门春秋御夷狄			删去"夷狄至于中国,犹阴之有阳,犹君子之有小人。天之道,岂因阳而废阴,人之道,岂以君子而废小人哉"
别集卷二十二夷狄门宣帝御夷狄			删去"中国之有夷狄,譬如日之有月,阳之有阴,更盛而迭衰,故其所以待之之道如何耳"

三、小结

由于《四库全书》收录《群书考索》时删去序言、纲目及目录,《总目》中亦未详述版本来源,因而《群书考索》的四库底本一致以来不为所知。经过详细比勘各版本的标目分合、《总目》所载章如愚事迹等,明刻慎独斋本绝非四库底本。后又查得湖南省图藏有四库底稿本,恰为元刻圆沙书院本。在比对三者版本内容后发现四库本与元刻本存在讹误一致等情形,更加印证了元刻本为四库底本的判断,但《四库全书》在抄录时也曾参校明刻本,很多墨钉处的记载与明刻本一致。

第三节 《西湖游览志》四库底本考辨

《西湖游览志》为明嘉靖间田汝成所撰,叙列西湖山川,因名胜而附事迹,合卷二十有四。明代之前关涉西湖地志者,宋乾道间有周淙撰《临安志》十五卷,咸淳间潜说友又续成一百卷,但湖山只是其中一目,自不必详尽。吴自牧《梦粱录》、周密《武林旧事》于岁时、风俗特为详细,而山川、古迹又在所略。《西湖游览志》以游览为名,多纪湖山之胜,实则关于宋史者尤多。田汝成慕说西湖之胜,钩沉稽古,广泛搜辑历代有关西湖者,为研究西湖历史及周边遗迹兴废沿革之绝佳史料,《总目》称誉其"鸿纤巨细,一一兼赅"。① 此后,田氏又将涉及西湖一地的掌故轶闻以及文人题咏一类,"剪裁之遗,兼收并蓄,分门汇种",② 整理而成《西湖游览志馀》二十六卷。

一、《西湖游览志》的版刻情况

《西湖游览志》及《志馀》成书后,历经多次增删和翻刻。嘉靖二十六年,上距田汝成撰成是书不久,杭州知府严宽即属命贰守刊刻,③ 此为《西湖游览志》之初刻本。至万历十二年,巡按浙江监察御史范鸣谦重刻,"因忆田君所为西湖志下文学掌故,求之业已漫漶不可读矣,湖山在目而文献靡征可乎? 于是捐赎锾,檄郡丞喻均校其漫漶,而属诸剞劂",④ 范刻本在初刻本基础上增加了嘉靖二十六年至万历间的相关记

---

① 永瑢等撰:《四库全书总目》卷七十,《西湖游览志》提要,第 618 页。
② 田汝成撰:《西湖游览志》卷首,万历十二年范鸣谦刻本,中国国家图书馆藏。
③ 田汝成撰:《西湖游览志》卷首《叙》,嘉靖二十六年严宽刻本。
④ 田汝成撰:《西湖游览志》卷首,万历十二年范鸣谦刻本。

载,其他内容基本沿袭旧刻,甚至讹误衍文仍与旧刻相同。但在检索版本时发现,现存范刻本应有两种,正文前皆有范鸣谦序,每半叶十行,行十八字,版心刻书名、页数。但两种范刻多有不同,其中一种范刻并未添撰嘉靖二十六年后之内容,且有多处改正嘉靖旧刻的讹误。如卷十五乡贤祠条"宋本学教授钱唐吴师仁",另一范刻本改作"宋府学教授钱唐吴师仁"。① 很显然,以上两种范本并非同一板片所刻。万历二十五年,杭州太守季东鲁再刻《西湖游览志》,《重刻西湖游览志跋》作"始刻于丁未,继修于甲申,迄今复漫漶过半矣。不佞读而思之,郡志顷新于百年久旷之后,综括大要,足垂明信,若其故实,纤细罔遗,则是志羽翼为多,固戛然一国之史也……乃令生徒校而补之,捐俸再梓"。② 此次刊刻校勘较为精审,刊正了此前刻本中的舛讹。及万历四十七年,商维濬重又雕版,书题"钱塘田汝成辑撰,会稽商维濬重订",有继锦堂刻本及瑞莲堂刻本,继锦堂本前有万历乙未商维濬作《西湖新志序》,次有《图次》,分别介绍《西湖游览志》卷首历代图幅之详情,次载江铎《湖山一览图》,皆为其他刻本所无。瑞莲堂本无商维濬序,余皆与继锦堂本大致相同。两刻本较嘉靖原刻增删损益较多,与原刻差异很大,如卷首图幅之末增录商维濬所题《浙江省城图》、聂大年所题《苏堤春晓》、屠隆所题《柳浪闻莺》、莫璠显所题《麦院风荷》、张瀚所题《两峰插云》、汤焕所题《平湖秋月》、陈禺谟所题《三潭印月》、王洧所题《雷峰夕照》、杨周所题《南屏晚钟》、马洪所题《断桥残雪》。③ 康熙二十八年,姚靖再次刊刻《西湖游览志》,题

① 田汝成撰:《西湖游览志》卷首,万历十二年范鸣谦刻本。
② 田汝成撰:《西湖游览志》卷首,万历二十五年季东鲁刻本。
③ 田汝成撰:《西湖游览志》卷首,万历四十七年商维濬刻本,两刻本均藏中国国家图书馆,索书号分别为 14081、12170。

《西湖志全集》，前有大清康熙己巳古吴姚靖重刻序，并改隶原书卷次，删《志》为八卷，改《志馀》为十八卷。[1] 光绪二十二年，丁丙以商维濬刻本为底本，重刊《西湖游览志》，是为嘉惠堂本。

　　关于《西湖游览志》的版刻情况，丁丙称"是书始刻于嘉靖二十六年丁未，继修于万历十二年巡按范公鸣谦，至二十五年，杭州太守季公东鲁又刻之。及四十七年，会稽商氏维濬略为增益，别新雕镂。是七十三年中，板凡四刻矣。国朝康熙己巳，姚氏靖又删《志》为八卷、《志馀》为十八卷"。[2] 此将《西湖游览志》的历次刊刻逐一厘清，但所称"及四十七年，会稽商氏维濬略为增益，别新雕镂"实有误舛，早于万历十二年范鸣谦刻本时，即已添撰嘉靖二十六年后的记载，显然已是对原刻本的增益。

　　二、《西湖游览志》的四库底本

　　《四库采进书目》著录《西湖游览志》两种，"浙江省第四次汪启淑家呈送书目"作"《西湖游览志》二十四卷，《志馀》二十六卷，明田汝成撰，八本"，[3] "浙江采集遗书总录"作"《西湖游览志》二十四卷，《志馀》二十六卷，刊本，明钱塘田汝成撰"。[4] 又《四库全书总目》录《西湖游览志》提要，称"汪启淑家藏本"，[5] 与《四库采进书目》相符。据此，《四库全书》采择的《西湖游览志》底本应是汪启淑家藏本。但汪氏家藏本又是以何本为据，尚不得而知。汪启淑是江南著名的藏书家，代以盐业为生，积累了巨额财富。乾隆时以捐资入仕，历任工部都水司郎中、兵部职

---

① 田汝成撰：《西湖游览志》，康熙二十八年姚靖刻本。
② 丁丙撰：《松梦寮文集》卷三《西湖游览志后跋》，《清代诗文集汇编》（第720册），上海古籍出版社，2010年。
③ 吴慰祖校订：《四库采进书目》，商务印书馆，1960年，第100页。
④ 吴慰祖校订：《四库采进书目》，第257页。
⑤ 永瑢等撰：《四库全书总目》卷七十，《西湖游览志》提要，第618页。

方司郎中。史载汪启淑喜访书，厉鹗称"雪压扁舟浪有棱，载来书重恐难胜"，[①] 可见汪启淑一次购书之多。汪氏自称收藏有"藏书百储，古印万钮"，但其藏书颇为自秘，绝不外借，甚至连同乡鲍廷博都谢绝。汪氏家藏散佚后，鲍廷博《跋庶斋老学丛谈》幸灾乐祸地称"吾友郁君潜亭所贻也。间有误书，思之不适，闻某公有善本，欣然偕潜亭往借，秘不肯宣，仅录林吉（佶）人两跋相授耳。是为乾隆甲午。迨嘉庆甲子，始据常熟钱功甫手钞本，一扫乌焉之讹，而潜亭已修文地下，惜其不及见也。往读某公所著《清暇录》，历数近来藏书家，而自述其储书之富。曾几何时，悉已散为云烟，眇兹一粟，漂流沧海中，杳不知其所之矣"。[②] 汪启淑殁后，其藏书便散于坊肆间。至嘉庆十三年，尽为集古斋书铺购去，黄丕烈《尧圃藏书题识》云"己巳春，余为武林之游，三上城隍山索观古书于集古斋，盖其主人在杭城书贾中为巨擘，而去岁新收开万卷楼书，故不惮再三至也"。[③]

　　由于汪启淑家藏书籍的流散，尚没有直接史料印证四库进呈本《西湖游览志》的版本，因此，我们可以尝试藉助《四库全书考证》中的版本校勘信息以及《西湖游览志》各版本之间与四库本的比勘确定四库所据底本。但在鉴别四库底本前，我们可以从刻板时间与《四库全书》纂修时间方面直接排除光绪刻本，继而在简单的对比卷目卷次和部分内容后推定四库本亦非以商维濬刻本及姚靖刻本为据。

　　首先，从具体内容上看，不可能以商维濬本为底本。商维濬刻本卷二"十锦堂三堤胜迹"作"出钱塘门，自断桥西径湖中有旧堤，今为十锦

---

① 徐珂编：《清稗类钞》第 31 册，中华书局，2003 年，第 70 页。

② 鲍廷博撰，周生杰、季秋华辑：《鲍廷博题跋集》卷二《庶斋老学丛谈跋》，浙江古籍出版社，2012 年，第 100—101 页。

③ 黄丕烈撰，屠友祥校注：《尧圃藏书题识》卷十，上海远东出版社，1999 年，第 870 页。

堂,又名孙堤,中为锦带桥,至望湖亭为孤山、四贤堂、林逋墓、放鹤亭、玛瑙坡、尚书俞公祠、西溪别墅、近山书院、六一泉,又北为西泠桥",另在正文中增"十锦堂"条。其他诸刻本皆作"孤山三堤胜迹",并阙"出钱塘门,自断桥西径湖中有旧堤,今为十锦堂,又名孙堤,中为锦带桥"。四库本亦阙"出钱塘门,自断桥西径湖中有旧堤,今为十锦堂,又名孙堤,中为锦带桥",与商维濬本差异明显。商维濬本卷三"南山胜迹"条作"出涌金门稍北为柳州亭、陈公祠、问水亭,折而南为两峰书院、楼外楼、孙公烈祠、钱王祠",正文中又增"柳州亭、陈公祠、问水亭"诸条。其他诸刻与四库本皆作"出涌金门,折而南为两峰书院",并阙"柳州亭、陈公祠、问水亭"各条,四库本亦阙以上诸条。仅以卷二、卷三内容比勘可知,商维濬本与其他诸刻以及四库本差别明显,内容各异。此外,其他各卷不仅内容亦有不同,而且增删、补刻处明显与四库本不同,因此四库本《西湖游览志》绝非以商维濬本为据。

其次,卷目卷次上看,不可能以姚靖本为底本。康熙己巳,姚靖重刊《西湖游览志》,题《西湖志全集》,前有大清康熙己巳古吴姚靖重刻序。《中国古籍善本书目》载"康熙二十八年姚氏三鉴堂刻本"即此本。以姚刻本与四库本比勘,不仅卷目卷次不符,姚刻本删二十四卷为八卷,改《志馀》二十六卷为十四卷,与各本卷数皆不相符。以《志馀》卷目为例,改"偏安佚豫"作"偏安逸豫","佞幸盘荒"两卷合为一卷,改"板荡凄凉"至卷末,"贤达高风"四卷合为两卷,"才情雅致"三卷合为两卷,"艺文鉴赏"两卷合为一卷,删去"术技名家"一卷,增"岁时风俗"一卷,"尾巷丛谈"五卷合为三卷,删去"熙朝乐事"一卷。此外,更为重要的是,姚刻本删节大量内容,与四库本难以相合,因此不可能以姚刻本为底本。

行文至此,已然排除了商维濬刻本和姚靖刻本作为四库本《西湖游览志》底本的可能,那么《四库全书》采择的汪启淑家藏本究竟是嘉靖刻本、范鸣谦刻本还是季东鲁刻本? 还需要仔细鉴别。幸运的是,《四库全书考证》卷四十录有《西湖游览志》之考证内容十三条,皆为四库馆臣针对底本之校改。① 因此,利用《考证》的校勘信息可以逆向推定《四库全书》的底本。

卷三 "南山胜迹门学士桥"条,"'汝成为之记',刊本'之'讹'倍',据别本改"。

案:查范鸣谦、季东鲁刻本,皆作"汝成为倍记",嘉靖本作"汝成为之记",商维濬刊本作"汝成为作记",姚靖本作"汝成为倍记"。此称"据别本改"之"别本",当指嘉靖本,其他诸本皆不能相合。由此亦可推定四库本《西湖游览志》不可能以嘉靖本为底本。

卷八 "北山胜迹门菩提院"条,"'淡妆浓抹是吴姝',刊本'吴'讹'吾',据《太仓悌采集》改"。

案:检覆范刻本、季刻本作"吾",嘉靖本亦作"吾"。

卷八 "望湖楼"条,"'未成小隐聊中隐',刊本'聊'讹'成'。又'我本无家更安往,故乡无此好湖山',刊本'往'讹'住'、'湖'讹'江',并据苏诗改"。

案:范刻本、季刻本皆讹。嘉靖本亦讹。

卷八 "石函桥之北"条,"'梅庄园',刊本'庄'讹'冈',据《咸淳临安志》改"。

案:嘉靖本、范刻本、季刻本皆作"冈"。

卷九 "楼霞洞"条,"'穹然如夏至',刊本'穹'讹'窣',据沈梅《西湖志》改"。

案：范刻本作"穹"，季刻本作"窄"，嘉靖本作"穹"。《考证》所述与季刻本相符。

卷十　"元邓文元诗'忆我初年慕禅悦（当作蜕）'，刊本'禅悦'（当作蜕）讹'蝉蜕'，据《素履斋集》改"。

案：查嘉靖本、范刻本皆作"禅蜕"。季刻本作"蝉蜕"，与《考证》所述相符，或为四库所据之底本。

卷十　"合涧楼"条，"'一山门作两山门'，刊本上'门'字讹'分'，据《长庆集》改"。

案：嘉靖本、范刻本、季刻本，皆讹为"分"。

卷十　"赵师秀冷泉夜坐诗'清坐非人世'，刊本'非'讹'无'，据《清苑斋集》改"。

案：嘉靖本、范刻本、季刻本皆讹作"无"。

卷十二　"南山城内胜迹门玄妙观"条，"'一龛香火领宫祠（应作祠宫）'，刊本'香'讹'烟'，今改"。

案：嘉靖本、范刻本、季刻本皆讹作"烟"。

卷十六　"南山分派城内胜迹门，郇侯祠"条，"'李泌字长源'，刊本'字'讹'守'，据《晋书》改"。

案：嘉靖本、范刻本皆不误，季刻本讹作"守"。《考证》所述与季刻本一致。

卷十九　"南山分派城外胜迹门铁幢浦"条，"'安抚赵与蔥作亭覆幢'，刊本'蔥'讹'葱'，据《宋史》改"。

案：嘉靖本、范刻本、季刻本皆误。

卷二十　"北山分派城外胜迹门吉祥寺"条，"'千枝万叶巧剪裁'，刊本'巧剪'讹'争巧',据苏诗改"。

案：嘉靖本、季刻本不误，范刻本作"争巧裁"，与《考证》所述相符。

卷二十三 "北山分泒城外胜迹门南京户部分司"条，"'国初差御史监三闸',刊本'三'讹'生',据《西湖图说》改"。

案：嘉靖本、范刻本、季刻本皆作"生"。

综合上述《考证》内容与各刻本的对校，可以得出以下几点：第一，《考证》所称"据别本改"，根据各刻本的比勘，很显然这个"别本"即为嘉靖本，这就排除了底本为嘉靖本的可能。第二，所有条目的底本讹误与嘉靖本、范刻本、季刻本、商维濬本、姚靖本均能相符，惟"'穹然如夏至',刊本'穹'讹'窄'"、"'李泌字长源',刊本'字'讹'守'"及"'忆我初年慕禅悦（蜕）',刊本'禅悦（蜕）'讹'蝉蜕'"三条仅与季刻本内容完全对应。据此而言，《考证》的所有校改内容应以季刻本为据，猜测四库所用底本应为季东鲁本。第三，"'千枝万叶巧剪裁',刊本'巧剪'讹'争巧'"所述却与季刻本迥异，与范刻本相同，似与"底本为季刻本"的推论相抵牾，应是参校了范刻本所致。

《考证》所述多条与嘉靖本、范刻本及季刻本内容相符，但完全一致者仅季刻本，因此季刻本为四库底本的猜测是有依据的。循此思路，我们可以进一步以四库本《西湖游览志》对校嘉靖本、范刻本及季刻本，若能得出四库本与某刻本内容或者讹误一致，那么四库本《西湖游览志》以何本为底本便可知悉。

四库本《西湖游览志》卷二"孤山三堤胜迹"条，作"自断桥西径湖中，过望湖亭，为孤山、四贤堂、林逋墓、放鹤亭、玛瑙坡、尚书俞公祠、岁寒岩、六一泉"，嘉靖本、范刻本作"自断桥西径湖中，过望湖亭，为孤山、四贤堂、林逋墓、放鹤亭、玛瑙坡、尚书俞公祠、西溪别墅、近山书院、六一泉,又北为西泠桥"。季刻本与四库本同,惟四库本尚阙"又北为西泠桥"
一句。

四库本《西湖游览志》卷三"学士桥"条作"清波门过流福水桥,频
湖为学士桥,折而南为茶坊岭",范鸣谦刻本后有"稍西为万松公馆"一
句。季东鲁刻本作"清波门过流福水桥,频湖为学士桥,折而南为茶坊
岭",无"稍西为万松公馆"一句,与四库本一致。

四库本《西湖游览志》卷六"表忠观"条作"杀宏诛昌,奄有吴越。
金券玉册,虎符龙节。大城其居,包洛山川",此句与季刻本内容相同,然
嘉靖本、范刻本误"包洛"为"包落"。

四库本《西湖游览志》卷七严维《九日高斋》诗"条"渔浦浪花摇素
壁",嘉靖本、范刻本作"汉浦浪花摇素壁",季刻本与四库本同。

四库本《西湖游览志》卷八"显功庙"条"建炎三年冬",嘉靖本、范
刻本皆作"建炎三年十二月",惟季刻本作"建炎三年冬"。再如"又西,
为锦坞、初阳台、紫阳书院、葛翁井",嘉靖本、范刻本皆作"又西,为锦坞、
初阳台、葛翁井",阙"紫阳书院",季刻本不阙。

四库本《西湖游览志》卷八"宝云庵"条"林静初无一鸟喧",嘉靖
本、范刻本作"林静初无一鸟鸣",季刻本与四库本同。

四库本《西湖游览志》卷八"虎头岩"条"其子孙视诸藩为盛",嘉靖
本作"其子孙视诸邸为盛",范刻本该字阙,另一范刻本作"其子孙视诸邸
为盛"。季刻本作"其子孙视诸藩为盛",与四库本同。

四库本《西湖游览志》卷九"栖霞岭"条"右仙姑,两山夹峙",嘉靖
本、范刻本作"右仙姑,西山夹峙",显误。季刻本正作"右仙姑,两山夹
峙",与四库本同。

四库本《西湖游览志》卷九"岳武穆王墓"条"孝宗,诏复飞官",嘉

靖本、范刻本作"孝宗时,诏复飞官",四库本脱"时"字。查季刻本亦作"孝宗,诏复飞官",脱误与四库本一致。

四库本《西湖游览志》卷九末有"佛慧禅寺,晋天福中建。智胜庵,皇明弘治间建。东岳庙,宋时建。青芝坞西南,为庆化山、水竹坞、神霄雷院。水竹坞,宋为步司前军寨,其旁有宋殿撰周杞墓。杞,处州人。建炎三年,知常州,值苗、刘之乱,杞倡义勤王,以功除右文殿修撰。卒,葬于此。其兄格,建炎初,为浙西提刑,死于陈通之乱,赠龙图阁学士,敕葬于其山。兄弟忠义,名震一时。神霄雷院,宋咸淳间,羽士陈崇真者,自闽来,卜居于此。善雷法,因敕建雷院以居之,赐号冲素真人。六月二十四日,郡人云集,设醮舍贵,至今不废"。查嘉靖本、范刻本无此段,然另一范刻本录有此段,季刻本亦有载,与四库本同。

四库本《西湖游览志》卷十"葛翁井"条"寺有归云堂、三昧正爱阁",嘉靖本、范刻本"爱"作"受",另一范刻本作"爱"。季刻本作"爱",与四库本同。

四库本《西湖游览志》卷十"青林洞"条"青林洞,一名理公岩。岩扉深杳",嘉靖本、范刻本作"广扉深杳",另一范刻本作"户扉深杳"。季刻本作"岩扉深杳",与四库本同。

四库本《西湖游览志》卷十末"岭下"条下接永福寺条,嘉靖本、范刻本两条间皆载呼猿洞条。季刻本无此记条,与四库本同。

四库本《西湖游览志》卷十二"吴山"条"市镇隐振,漏尽犹喧",嘉靖本、范刻本作"市镇隐赈"。季刻本作"市镇隐振",与四库本同。

四库本《西湖游览志》卷十二"东岳中兴观"条"道日普明,宗风益振",嘉靖本、范鸣谦刻本作"道日晋明,宗风益振"。季刻本作"道日普明",与四库本同。

四库本《西湖游览志》卷十二"东岳中兴观"条"书灿龙章,增重湖山之胜",嘉靖本、范刻本作"画灿龙章"。季刻本作"书灿龙章",与四库本同。

四库本《西湖游览志》卷十二承"天灵应庙"条"万瓦连云人世罕,一鸡啼日海波红",嘉靖本、范刻本作"万瓦连云人世窄"。季刻本作"万瓦连云人世罕",与四库本同。

四库本《西湖游览志》卷十三下"瓦巷"条"北为熙春桥街、清泠桥街",嘉靖本、范刻本作"清泠桥街"。季刻本作"清泠桥街",与四库本同。

四库本《西湖游览志》卷十三"甘泉坊"条"而相国、西井,至今不泯者,盖有自然之源,不系于水口之修不修也",嘉靖本、范刻本作"至今不竭者"。季刻本作"至今不泯者",与四库本同。

四库本《西湖游览志》卷十四"忠清里"条"东有枢密巷、钤辖巷,宋有钤辖司、威乙巷",嘉靖本、范刻本作"东有枢密巷、斡辖巷,宋有斡辖司、威乙巷",季刻本与四库本同。

四库本《西湖游览志》卷十五"布政使司"条"燕文贵纸画山水小巷,极精",嘉靖本、范刻本下有"士雷小景、符道隐山水"。季刻本无此句,与四库本同。

四库本《西湖游览志》卷十五"乡贤祠"条"宋府学教授钱唐吴师仁",嘉靖本、范刻本作"宋本学教授钱唐吴师仁",另一范刻本作"宋府学教授钱唐吴师仁"。季刻本作"宋府学教授钱唐吴师仁",与四库本同。

四库本《西湖游览志》卷十七"龙翔宫"条"杨维祯碑铭云:二马渡江一马泷",嘉靖本、范刻本作"杨继祯碑铭云:二马渡江一马龙"。季刻本作"杨维祯碑铭云:二马渡江一马泷",与四库本同。

四库本《西湖游览志》卷二十"观桥"条"桥北有普庵院,至正年建"，嘉靖本、范刻本无此句。季刻本作"桥北有普庵院，至正年建"，与四库本同。

四库本《西湖游览志》卷二十二"江涨桥"条"嘉靖间圮，今复建"，嘉靖本、范刻本作"嘉靖二十六年圮"，另一范刻本作"嘉靖间圮，今复建"。季刻本与四库本同。

四库本《西湖游览志》卷二十四"六和塔"条"宣和三年，塔寺俱毁，赤地无疑"，嘉靖本、范刻本作"宣和三祀，塔寺俱毁，赤地无疑"。季刻本作"宣和三年，塔寺俱毁，赤地无疑"，与四库本同。

综合以上版本的对勘，我们可以得出以下结论：其一，四库本虽系以别本为据抄写而成，然杂成众手，或亦有脱误，如卷二脱"又北为西泠桥"，各刻本皆无遗漏，仅四库本阙略，因而只可能为馆臣抄写而致脱误。因此，在处理这些脱误时，需分清是底本的讹脱还是馆臣抄写轻忽而致。其二，对勘中发现四库本有多条内容与另一范刻本亦能相符，这仅能印证两范刻本之间存在删改，另一范刻本显然更接近四库所据底本。但更多条目显示两范刻本内容一致，且与四库本有别，因此另一范刻本并非四库底本。其三，四库本《西湖游览志》的内容与季刻本在讹误、脱漏、内容记载等方面皆一致，特别是嘉靖本、范刻本阙略的内容，仅季刻本有载，因此四库本只可能以季刻本为底本。据此，四库本《西湖游览志》以季刻本为底本的推论不辨。其四，季刻本虽为四库底本，但两者间亦有记载不同，如四库本卷二"孤山三堤胜迹"尚书俞公祠条有"祠内左有木香一本，引蔓双柏高三丈余，枝条蒙密，洒落满庭，花时如进玉垂珠，雪色照耀，软香袭人，闻数百步。众鸟鸣噪其上，终日不去，至花残乃不复闻；右有古梅一株，盘抱奇石，干出石孔中，岁久与石吻合，老干枝丫，如从石面生也。疏花冷朵，与乔松相映，每霜月流空，斜阳在树，真若梦罗浮，与姑射仙人游也。此湖上二奇,四方游客见者,无不赏羡",季刻本《西湖游览志》此段缺略。查检其他刻本,嘉靖本、商维濬本、姚婧本皆阙,仅范鸣谦刻本载录。四库本《西湖游览志》以范刻本为据,补充了季刻本阙略的记载,猜测四库馆臣缮录《西湖游览志》时或仍参考其他刻本,这一点《四库全书考证》所称"据别本改"亦可自证。

三、四库底本考辨之价值

《西湖游览志》存有嘉靖刻本、万历刻本及康熙刻本等几个版本,《四库全书》纂修时即采择其中之一,又形成了四库本。值得玩味的是,每一版本内容或增或删,因而考订四库本《西湖游览志》的底本,不仅对于整理《西湖游览志》具有珍贵的版本学价值,而且还能鉴别各版本的优劣。此外,《西湖游览志》保存的史料较多,且不同版本有增益内容,这更能反映不同时期西湖的沿革兴衰,具有极佳的史料价值。

(一)版本学价值

在非四库学研究领域,似乎对四库本存有一致的偏见。由于《四库全书》纂修时篡改书籍,致使内容失真,很多学者利用四库本时多是小心翼翼,但凡有其他版本,四库本便弃置一旁,绝少参考。古籍整理中,这种情形可能更为普遍。四库修书形成的校勘意见,如阁书后所附考证、《四库全书荟要》所附考证、《四库全书》纂修过程中涉及书籍校改的奏谕和书札以及专门汇集馆臣校勘的《四库全书考证》,这些内容对现今的古籍整理工作具有珍贵的价值。四库本《西湖游览志》以季东鲁刻本为底本,并参考嘉靖本、范刻本而成,校改了版本流传中的讹误,应该说是今人从事古籍整理时需要借鉴的材料。但就笔者所见,《西湖游览志》有浙江人民出版社一九八〇年点校本、上海古籍出版社一九九八年《西湖文献》整理本、东方出版社二〇一二年《中国历代风俗丛刊》整理本、上海古籍出版社二〇一七年整理本。其中浙江人民出版社整理本以嘉惠堂本为底本，仅作句读之功，并无校勘之役。上海古籍出版社整理本以祖本嘉靖本为据，参以四库本、嘉惠堂本，但忽略了季刻本、商维濬本以及《四库全书考证》的校勘内容。东方出版社之整理本以四库本为据，底本选择较好，但仅以嘉靖本、嘉惠堂本参校，且亦有多处没有采纳《四库全书考证》的校勘意见。

鉴于《西湖游览志》各刻本内容皆有不同，因而在从事具体的整理工作时，选择一个绝佳的底本至关重要。就《西湖游览志》的七个版本而言，范刻本在嘉靖本基础上有增益，季刻本在范刻本基础上进行了精善的校勘，四库本又以季刻本为底本，参以正史等各种史料印证，又辅以嘉靖本、范刻本为参校，改正了季刻本的诸多讹脱与错谬。此外商维濬刻本又添撰其他各刻本均不登载的史料，更加详细地记载了西湖一地之沿革兴衰。康熙间姚靖刻本仅有删改之举，应该说于版本流传无益。光绪间丁丙刻嘉惠堂本，以嘉靖本、范刻本为据，却未及参考季刻本、四库本，于商维濬刊本亦未征引。从版本学角度来，嘉靖本、范刻本、季刻本、四库本及嘉惠堂本为同一系统，但内容损益、校勘精审或有差异。而商维濬刻本增补之史料未见任何刻本因袭，故可自成一个版本。姚靖刻本恣肆删改，其卷目、内容与原刻本相差甚远，并不足取。因此，结合《西湖游览志》的各刻本情形，应以四库本或季刻本为底本，重点增补商维濬刻本之史料，参以嘉靖本、范刻本、嘉惠堂本校订。如此一来，不仅在内容上完全覆盖所有刻本，还能吸收范刻本及其他刻本已有的校勘意见，特别是四库修书期间形成的校改。

（二）史料价值

《西湖游览志》是研究西湖一地及周边胜迹历史变迁、兴废沿革的重要史料，由于各刻本系统内容增删不一，需分别叙述原刻本内容之价值和增益部分之价值。如此分述，既是由于版本流传产生的困顿，但同时，或许正是诸家对《西湖游览志》的增补，以致出现新的版本，方才为研究西湖及周边地物提供了新的史料。

首先，各刻本《西湖游览志》所共有的史料价值。《西湖游览志》前附有三幅宋代杭州《京城图》《西湖图》《浙江图》等地图，对于研究古代杭州的城市构造和基本衙署、建筑等，意义重大。目前学界主要利用咸淳《临安志》所附《京城四图》研究古代杭州的景物、标示等，但自南宋以来历代刊刻的《临安志》皆有不同程度的漫漶，以致图中地物辨识不清，如京城右四厢之太医局、牛羊司等地物，宋刻《临安志》早已无从辨识，而《西湖游览志》所附《京城图》能够提供绝佳的补充。据阙维民先生研究，《西湖游览志》乃是依据南宋咸淳《临安志》附图《京城图》《西湖图》《浙江图》而来，因此，既可与咸淳《临安志》附图比勘研究，又能补识各版本《临安志》附图的缺失和漫漶。值得注意的是，在对比《西湖游览志》各刻本地图时发现，商维濬本前附之地图已非嘉靖原貌，如《浙江省城图》增加了明代设立的坊里及其他内容，"万历初年以至甲午，增新坊里，图画极备"，从这个层面来看，商维濬本所附地图已然涵盖了明代杭州的地物沿革，于明史研究，或有裨益。

其次，增益部分之史料价值。《四库全书总目》称誉《西湖游览志》"实则关于宋史者为多"，[①] 这一点从其所附宋朝地图的价值已经窥见。此外，商维濬刻本增补之内容皆为嘉靖二十六年后直至万历间之西湖沿革，特别是一些重要胜迹的兴衰。于此看来，《西湖游览志》之史料价值，不仅有裨于宋史，于明史亦有参酌之用。嘉靖刻本《西湖游览志》湖心寺

---

① 永瑢等撰：《四库全书总目》卷七十，《西湖游览志》提要，第618页。

条仅录有弘治间毁塔一事,至于湖心寺的历史沿革皆付阙如。由于湖心寺于弘治间焚毁,至万历间筹备重修,故嘉靖刻本、范刻本及季刻本中皆不曾记载该寺复建过程。商维濬刻本不仅增补湖心寺重修复建的过程,还详悉叙述该寺的历史沿革、得名缘起等。由商维濬本所录可知,湖心寺始建于晋天福年间,并历宋大中祥符间赐额易名,后又经天顺间重修,弘治间焚毁及万历间复建诸事。据史料记载,湖心寺于天启元年复建完成,但天启之前湖心寺已有寻访塔基、筑台增堤等筹备事宜,正是经万历间的多次复修,湖心寺才能在原址上重新复建。这些难得的细节记载不见他书,惟商维濬增补本《西湖游览志》有录,且是研究湖心亭历史的重要史料。

《西湖游览志》自成书后,历经多次刊刻,形成多种刻本,且各刻本存在不同程度的校勘、增益,不仅增加了史料,还改正了初刻本存在的讹误,这是《西湖游览志》在版本流传中的珍贵价值。《四库全书》纂修时采择季东鲁刻本为底本,并进行了详细的刊正,这些校勘成果是四库馆臣校书的总汇,为整理古籍提供绝佳的参考。因此,通过考订四库底本,比勘各刻本的异同,能够知悉各刻本《西湖游览志》在叙述西湖周边地物、胜迹沿革方面的史料价值。

第五章 《四库全书总目》探研

近年来,随着各大馆藏文献的影印出版,《四库全书总目》的研究进入新的热潮。提要分纂稿、《总目》残稿、各阁抄本《总目》、各阁卷前提要、卷前提要抄本及四库底本所附提要稿等纷纷进入研究者视野,愈发促进四库学研究的兴盛。目前,学界对各馆藏机构留存的馆臣分纂稿、《四库全书总目》残稿的研究较为集中,基本厘清了《总目》残稿的性质、编纂与修改时间、各残稿之间的关联等重要问题。但对于各阁抄本《总目》、卷前提要抄本及底本提要稿,关注较少。[①] 值得注意的是,《四库全书总目》开始由馆臣分纂稿汇编修改而至《总目》稿本,继而抄成各阁书前提要,并以抄本形式入藏七阁,后又经不断修改形成新的稿本,直至最终的殿本。由此看来,《总目》的编纂并不是连贯的一条主线,分纂稿与稿本《总目》、抄本《总目》及各类卷前提要构成三个不同的流程,各自又属于《总目》编纂不同阶段的产物,因而既存在承袭又相互区隔。这就使得我们在研究《总目》的编纂及校改过程时,不仅仅只关注稿本的情况,而应该结合各阁卷前提要、抄本《总目》做综合的判断。

---

① 目前所知有王菡《〈四库全书总目〉之稿本及文溯阁本述略》(收入《南山论学集——钱存训先生九五生日纪念》第71—79页)、崔富章《文澜阁〈四库全书总目〉残卷之文献价值》(《文献》2005年第1期)关注文溯阁、文澜阁抄本《四库全书总目》,另外刘浦江《关于天津图书馆藏〈四库全书总目〉残稿的若干问题》也注意到《四库全书》卷前提要的相关问题。

第一节　文溯阁、文澜阁抄本《四库全书总目》

《四库全书总目》虽然经过乾隆四十六年二月与乾隆四十七年七月两次进呈御览，并在此之后屡经馆臣修改，最终于乾隆六十年交由武英殿刊刻后庋藏各阁。但在这个过程中，《四库全书总目》曾以抄本的形式入藏各阁，只是由于武英殿本《总目》刊刻完竣并入藏各阁，方才撤回。而现存的文溯阁、文澜阁抄本《总目》，其上钤盖"文溯阁宝""古稀天子之宝""乾隆御览之宝"等，皆属原贮各阁之书，其中文溯阁抄本后经撤回。① 各阁抄本《总目》，彼此的抄写时间和入阁时间皆不相同，具体提要的内容亦多有歧互，大致与《总目》的修改过程相呼应，保存了不同阶段《总目》修改的成果，因而可以据此考察《总目》编纂、修改和各阁《四库全书》撤换等相关议题。

一、文溯阁、文澜阁抄本《总目》的基本面貌及抄写时间

（一）文溯阁抄本《总目》的基本面貌

文溯阁抄本《总目》，分藏天津图书馆、辽宁省图书馆和中国国家图书馆。其中天津图书馆存一百四十三卷，分别为卷首、卷一至三十三、三十五至三十六、三十八至四十一、四十四至四十七、五十至八十、八十二至九十、一百十七至一百十八、一百二十四至一百二十九、一百三十六至一百三十七、一百四十六至一百五十一、一百五十六至一百七十四、一百七十七至二百。辽宁省图书馆存十六卷，分别为卷一百十九至一百二十三、一百三十至一百三十五、一百三十八至

---

① 文澜阁抄本《总目》应属原藏本，未见档案记载有殿本《总目》重新庋藏文澜阁，猜测南三阁抄本《总目》并未撤回。

一百三十九、卷一百四十三至一百四十五,各册末端题署协勘官与誊录拔贡生。中国国家图书馆存二卷,为卷一百四十至一百四十一,卷一百四十前有浮签作"臣蔡新恭校",有"抱残""董增儒印"及"北京图书馆藏"诸印。三处所藏文溯阁抄本《总目》封面及装帧略有不同,应该是后期经过改装,其中辽图藏本为内府原装黄绢面,题"钦定四库全书总目",下题卷次。每卷卷端均钤盖"文溯阁宝",卷末钤"乾隆御览之宝"。每半叶九行,行二十一字,朱丝栏,单鱼尾,四周双边,版心上题"钦定四库全书总目",下题部类及页数。三处所藏抄本《总目》,卷次互为补充,版式特征皆相一致,抄写字迹亦能相合,应属同书而分置。从上述抄本《总目》装帧形式来看,黄绢面、朱丝栏与清宫档案所述《四库全书》形制一致,半叶九行、行二十一字、单鱼尾、四周双边及版心题署内容等版式特征,亦与《四库全书》相符。校签中所署"蔡新",为四库馆总裁之一,《四库全书》职名表题有蔡新之名。加上卷端、卷末之钤印,可以确证为乾隆时期抄入文溯阁之《四库全书总目》。

文溯阁庋藏之抄本《四库全书总目》,于乾隆四十八年八月由京师运往盛京,据《盛京皇宫和关外三陵档案》所录《武英殿修书处为派员押送文溯阁陈设之〈四库全书总目〉等书及五军道里表事咨盛京内务府》称"(乾隆四十八年八月十二日)本处应送往盛京文溯阁陈设《四库全书》内《总目》二十五匣、《简明目录》三匣、《考证》十二匣,共三十五匣,请烦贵府查收,按照架图并此次带往图样陈设"。[①] 据档案可知,文溯阁庋藏之《总目》于乾隆四十八年八月十二日开始运往盛京,而此时入藏的《总目》并非武英殿定本,而与乾隆四十七年七月十九日之进呈本又间隔不

少时日，猜测应该属于《总目》进呈后修改过程中的某次抄本。此后，文溯阁所藏《总目》于乾隆五十五年七月二十日撤回京师另行缮写。《奏为校勘文溯阁书籍事竣事一折》称"（乾隆五十五年七月二十日）再，书籍次序既经更改，所有御案前陈设之《总目》《考证》《分架图》均应另缮，亦经陆锡熊带回办理。此外尚有革任侍郎陆费墀另造《分架图》四本，系预备晒晾书籍时检查归架之用，亦一并交陆锡熊照式另缮一分，随书发来，合并陈明。为此谨奏"，① 从奏折中反映的复校情况来看，《总目》《考证》以及《排架图》均经陆锡熊带回四库馆重新抄写。这些书籍除《总目》外，均在乾隆五十六年十月抄写完竣，并交由文溯阁归架，《盛京皇宫和关外三陵档案》载"本院左都御史陆上年奉旨详校文溯阁全书，所有应行抽换各书，现交礼部员外郎张照原议赍送，并先行抽阅。今定于十一月起程，除《总目》一部应俟刊刻告竣再由武英殿送往外，相应各书开列清单咨明，希即会同查照归架。"② 值得注意的是，此次归架书中，《总目》未在其列，档案明确称"俟刊刻告竣再由武英殿送往"，是知此时已经筹划《总目》刊刻事宜，并预备以武英殿刻本发往各阁庋藏。

综上所述，文溯阁藏抄本《总目》于乾隆四十八年入藏，又于乾隆五十五年七月二十日撤回四库馆，乾隆五十六年时已谕令文溯阁俟武英殿刊刻《总目》完竣后再行造送。所以，我们有理由相信，现今留存的钤盖"文溯阁宝"与"乾隆御览之宝"的抄本《总目》即为此次撤回本。由于文溯阁抄本《总目》抄成于乾隆四十八年八月十二日之前，极有可能仅吸收了《总目》在乾隆四十七年七月至四十八年八月之间的修改，对于了解《总目》进呈初期的面貌，极具价值。

---

① 中国第一历史档案馆，档号：04-01-38-0016-008。
② 杨丰陌、赵焕林、佟悦主编：《盛京皇宫和关外三陵档案》，第127页。

（二）文溯阁抄本《总目》的抄写时间

文溯阁抄本《总目》的抄写时间，刘浦江先生曾有过简要论述，认为"北四阁写本《总目》最初可能入藏于乾隆四十八年，后来由于《总目》内容的变化又更换过新的写本"，继而推定文溯阁、文澜阁抄本《总目》都形成于乾隆五十五年左右。[①] 这一观点，可能不确，从文溯阁抄本《总目》中的相关内容来看，绝不会晚至此时。首先，从上述档案的记载来看，文溯阁抄本《总目》入藏之后，经过乾隆五十五年撤回，后续并未再次誊抄入阁，而直至乾隆六十年武英殿刻本《总目》入藏，故而刘先生所论"更换新的写本"并不属实，其"抄成于乾隆五十五年"之说亦无依据。其次，文溯阁抄本《总目》中出现多处涉及乾隆五十三年谕令禁毁的内容，如卷一百十九《丹铅余录》，录有"周亮工"及"周亮工《书影》"、卷一百二十《封氏闻见记》录"周亮工《书影》称'真卿取句首字不取句末字者'"、卷一百二十二录周亮工《书影》、卷一百二十三《说郛》录"周亮工《书影》称'南曲老寇'四家"、卷一百三十四录周亮工《赖古堂藏书》、卷一百三十八《祝氏事偶》录有"大致与后来李清之《诸史同异录》、周亮工之《同书》约略相似"等。对比天津图书馆藏《总目》残稿，亦录有以上提要，但天图之上有墨笔勾乙，删去李清、周亮工等涉及违碍内容，显系乾隆五十二年谕令剔除禁毁著作后所删改。因此，文溯阁抄本《总目》的抄写时间定早于乾隆五十二年，否则不会登载谕令禁毁的内容，这就推翻了刘先生所认为的"文溯阁抄本《总目》抄成于乾隆五十五年"的观点。

从天图、国图《总目》残稿中的提要修改，可以将文溯阁抄本《总目》抄写时间的下限定在乾隆四十九年七月二十四日。据查，国图《总目》

[①] 刘浦江：《关于天津图书馆藏〈四库全书总目〉残稿的若干问题》，《文史》2014年第4辑。

残稿卷六十九史部地理类录《吴中水利书》，后有馆臣墨笔题签作"此条之后，《昆仑河源考》前，酌留空白六十行，以便补换《河源纪略》提要，切记"，天图《总目》残稿卷七十五史部地理类存目四录《今水经》提要，馆臣墨笔增"《河源纪略》诸书，勘验"等字。由国图、天图《总目》增补有关《河源纪略》内容来看，残稿中的墨笔增补内容应该是《河源纪略》编纂正在进行或是完成之后，馆臣修改《总目》而致。据《纂修四库全书档案》载，《河源纪略》于乾隆四十七年七月十四日开始编纂，"（乾隆四十七年七月十四日）所有两汉迄今，自正史以及各家河源辨证诸书，允宜通行校阅，订是正讹，编辑《河源纪略》一书。着四库馆总裁督同总纂等，悉心纂办，将御制河源诗文冠于卷端。凡蒙古地名、人名译对汉音者，均照改定正史，详晰校正无讹，颁布刊刻，并录入《四库全书》，以昭传信"，即已开始编纂《河源纪略》，那么馆臣在《总目》中预留其提要位置，顺理成章。《河源纪略》于乾隆四十九年七月二十四日编纂告竣，"（乾隆四十九年七月二十四日）臣等于乾隆四十七年七月内钦奉谕旨，同总纂官纪昀、陆锡熊等纂辑《河源纪略》一书，经臣等酌拟凡例，并请派纂修官六员公同检查，详按舆图，徧稽经史，分门区目，节次缮写恭进。仰蒙我皇上睿裁指示，宸翰昭垂，得以考证异同，凡汉唐以来足迹所不能至者，无不星罗眉列，缕晰分派源流，从此永彰定论。是由圣朝版章式廓，一订向来耳食之讹，勒为成编，传信万世。兹臣等将今书七门，冠以原谕旨及御制诗文，共编成二十六卷，缮写清本，装为四函，恭呈御览。俟命下，即赶缮正本四分，归入《四库全书》，并移交武英殿刊刻颁行"，①也就是说，

① 中国第一历史档案馆编：《纂修四库全书档案》，"质郡王永瑢等奏《河源纪略》底本告成所有纂修等请旨议叙折"（乾隆四十九年七月二十四日），上海古籍出版社，1997年，第1790—1791页。

《总目》中馆臣预留《河源纪略》提要的内容,应该形成于乾隆四十七年七月十四日以后,甚至可以将时间放宽至《河源纪略》编纂告竣之后。覆核文溯阁抄本《总目》,《吴中水利书》之后并未添补《河源纪略》提要,《今水经》提要内容亦未作校改。从这两书的提要来看,文溯阁本《总目》并未吸收天图、国图残稿中的修改内容,应该抄写于馆臣校改之前,也就是《河源纪略》或尚未编纂,或尚未编纂完竣之前。若《河源纪略》编纂告竣,与此同时《总目》残稿中又有馆臣添补提要校签,最终未增补提要,显然有违编纂的正常流程。因此,我们认为文溯阁抄本《总目》应该早于乾隆四十九年七月二十四日。

从禁毁书《问山集》的著录情况,推定文溯阁抄本《总目》抄写于乾隆四十八年四月之后。乾隆四十八年,清高宗御览《四库全书》后发现丁炜《问山集》颇有违碍,谕令四库馆严加审核,后经馆臣审阅,认为其有违碍悖逆之处,"(乾隆四十八年四月十七日)前蒙发下丁炜《问山集》四本,臣等详细阅看,其中字句谬妄之处,谨逐一签出呈览。查是书经两淮采进,现在《四库全书》列入存目。前此该总纂等因存目书内恐有违碍应毁之本,呈请总裁奏明,派员覆阅办理。而是书因该馆提调遗漏送阅,是以未经列入汇奏应毁之数,应请即行撤毁,其存目之处一并扣除,并行文福建巡抚雅德查出板片,解京销毁"。① 据此可知,乾隆四十八年四月,《问山集》因存在违碍字句,自《四库全书》集部别集类存目中撤出。核查天津图书馆藏《总目》残稿,仍存在《问山诗集》,提要作"炜以长短句擅长,诗文亦清切典雅,不涉王、李、钟、谭之派。然酝酿未深,微伤于

---

① 中国第一历史档案馆编:《纂修四库全书档案》,"军机大臣奏列入全书存目之《问山集》字句谬妄请即撤毁片"(乾隆四十八年四月十七日),第 1726— 1727 页。

薄"。①而文溯阁抄本《总目》别集类存目已经删去《问山诗集》,并在原位置补入《吾友于斋诗抄》一书。武英殿本《总目》则删去丁氏著作,未再补入他书。就《问山集》的存删情况来看,显然文溯阁抄本《总目》遵照乾隆四十八年四月十七日的谕令进行了校改。这一特例能够说明文溯阁抄本《总目》应该晚于乾隆四十八年四月形成,结合上述乾隆四十八年八月送往盛京度藏,故可知文溯阁抄本《总目》抄写于乾隆四十八年四月至八月间,这也与上文以《河源纪略》一书所做推论相符合。

(三)文澜阁抄本《总目》的基本情形与抄成时间

文澜阁抄本《总目》,现藏浙江图书馆,存十五册,计二十七卷,分别为卷六十四至六十五、六十九至七十一、七十八至八十、一百二十五、一百四十、一百四十八至一百五十三、一百五十六至一百五十七、一百六十二至一百六十五、一百八十三、一百八十五至一百八十六、一百九十五至一百九十六。每半叶九行,行二十一字,朱丝栏,单鱼尾,四周双边,版心上题"钦定四库全书总目",下题部类及页数。每卷首尾分别钤盖"古稀天子之宝"与"乾隆御览之宝"。察其版式特征及钤盖印章,为文澜阁旧藏《总目》无疑。②

关于文澜阁抄本《总目》的抄成时间,刘浦江先生认为约在乾隆五十五年左右,此观点或源于《四库全书总目》卷首所称南三阁书于"(乾隆五十五年六月)《四库全书》……因前卷页浩繁,中多舛错,特令总纂官复加详细雠校……厘定藏事,悉臻完善。所有江浙两省文宗、文

---

① 永瑢、纪昀等撰:《纪晓岚删定〈四库全书总目〉稿本》第 8 册,国家图书馆出版社,第 305 页。

② 崔富章先生撰有《文澜阁〈四库全书总目〉残卷之文献价值》(《文献》2005 年第 1 期)论及文澜阁抄本《总目》的具体情形,并分析与浙本、殿本的异同。

汇、文澜三阁应贮《全书》,现在陆续颁发藏庋"。① 此处"陆续颁发藏庋"只是表明南三阁《四库全书》的庋藏时间,非指具体的抄写完成时间。至于南三阁《四库全书》的实际完竣时间,应在乾隆五十二年六月十二日。《办理四库全书档案》称"(乾隆五十二年六月十二日)今续办三分《全书》,已经告竣"。② 循此,文澜阁抄本《总目》应不会晚于乾隆五十二年六月十二日完成。除了上述档案记载的文澜阁《全书》的完竣时间外,根据残存的二十七卷文澜阁《总目》,亦能对其抄成时间做一个较为准确的推定。

首先,文澜阁抄本《总目》卷六十四史部传记类存目六录有"周亮工《书影》曰: 尝见欈李李君实作《礼白岳记》,分视之则为一则,合视之,共为一记"、卷六十九地理二著录周亮工《闽小记》提要,由这两处涉及周亮工违碍书籍的现象来看,文澜阁抄本《总目》必然早于乾隆五十二年八月之前,此亦能证明刘浦江先生所言"文澜阁《总目》抄成于乾隆五十五年"有待商榷。其次,上文论及文溯阁抄本《总目》的抄写时间时,以天图、国图残稿《总目》中有关《河源纪略》一书的校签为证,认为文溯阁本《总目》中未增补该书提要,故应在乾隆四十九年七月二十四日《河源纪略》完竣前形成。循此,我们在查阅文澜阁抄本《总目》发现卷六十九地理类二著录《钦定河源纪略》,恰与文溯阁《总目》不同,显然已经遵照天图、国图《总目》残稿进行了增补,据此可以判断文澜阁抄本《总目》的形成时间应该晚于文溯阁,即晚于乾隆四十八年四月至八月。最后,据查国图《总目》残稿卷六十九地理类二《居济一得》后有另纸题写《治河奏绩书》附《河防述言》提要,此书系乾隆五十年谕令增入《四库全书》。乾

---

① 永瑢等撰:《四库全书总目》卷首,第 7—8 页。
② 王重民编:《办理四库全书档案》,"乾隆五十二年六月十二日谕"。

隆五十年六月十六日，乾隆帝要求军机处查明张霭生《河防述言》是否收入《四库全书》，军机处调查后上奏"遵旨查张霭生所著《河防述言》一书，并未写入《四库全书》，亦未列入存目。且书中鄂敦他腊等地名，讹写处颇多，应请旨将此书交四库馆照新定河源图内一律更改，缮入《四库全书》"。① 同年九月，四库馆改定《河防述言》完竣，乾隆帝谕令置于《治河奏绩书》之后，"着四库馆总裁即将《河防述言》一书录入《四库全书》，附于靳辅《治河奏绩》一书之后，以示朕博采群言、片长必录至意"。② 由此可以知悉，国图《总目》残稿中馆臣另纸题写提要，必是遵照乾隆帝谕令而行，故其校改时间应晚于乾隆五十年九月月二十九日。而文澜阁《总目》《居济一得》后补录《治河奏绩书》提要，未附《河防述言》提要内容，推断文澜阁本《总目》的形成时间应在乾隆五十年九月二十九日之前。那么，根据文澜阁抄本《总目》的登载提要情形及与文溯阁《总目》、国图《总目》残稿的异同来看，其形成时间应介于乾隆四十八年四月（或八月）至乾隆五十年九月二十九日之间，这一推论与南三阁《四库全书》的整体完竣时间（乾隆五十二年六月）亦相吻合。

二、《四库全书总目》编纂相关问题探研

（一）文溯阁抄本《总目》与天图残稿的关系

文溯阁抄本《总目》抄写于乾隆四十八年四月至十二月间，而这一时期《总目》仍然在馆修改，因此我们应该着重考察文溯阁抄本《总目》的提要内容是否吸收或者采纳四库馆臣的校改，但这一问题的探讨还需要

---

① 中国第一历史档案馆编：《纂修四库全书档案》，"军机大臣奏遵查《河防述言》一书未写入全书应交馆更改缮入片"（乾隆五十年六月十六日），第1883页。
② 中国第一历史档案馆编：《纂修四库全书档案》，"谕内阁着四库馆总裁将《河防述言》一书录入《四库全书》"（乾隆五十年九月二十九日），第1891页。

与现存各《总目》残稿以及其上的校改情形进行全面的分析,才能够得出比较准确的结论。目前学界较为认同的观点是中国国家博物馆、上海图书馆、台北"国家图书馆"《总目》残稿为乾隆四十六年二月的初次进呈本,[①]而天津图书馆、国家图书馆、辽宁省图书馆所藏《总目》残稿吸收了上图等残稿的校改内容,应为乾隆四十七年以后抄写而成。在对比文溯阁抄本《总目》与各《总目》残稿的内容后,发现与天图、国图所藏《总目》残稿关系密切,存在前后承袭关系,如果这个推论得到印证,那么在天图、国图残稿之后,至殿本刊刻之前,四库馆曾多次抄写《总目》。

从文溯阁抄本《总目》与天图藏《总目》残稿对比来看,前者采纳了天图、国图《总目》残稿中的某些修改以及馆臣的校签内容,如天图《总目》卷一百八十九《隋文集》提要天头有校签作"前半次序须照目录单细查挨写,另纸写提要二篇须照目录单补入,凡'宏'字改'弘'者仍写'宏'"。[②]此校签针对"宏"与"弘"的避讳情况,最终确定恢复"宏"字。关于"宏"与"弘"的校改,其实早在上图《总目》残稿中就多次出现,只不过上图残稿中校改的内容是将"宏"改为"弘"。细查文溯阁抄本内容不难发现,提要中频繁出现的"弘治",已经改为"宏治",恢复原字。通过"弘"字的避讳情形,可以看出《总目》编纂和修改过程比较复杂,有些修改并非一蹴而就,而是经过斟酌甚至反复,才最终确定。文溯阁抄本《总目》中"宏"的恢复,与乾隆六十年殿本一致,因此我们能够确定天图中

---

① 参见刘浦江《关于天津图书馆藏〈四库全书总目〉残稿的若干问题》(《文史》2014年第4辑)、苗润博《台北"国家图书馆"藏〈四库全书总目〉残稿考略》(《文献》2016年第1期)、夏长朴《试论国家图书馆藏〈四库全书总目〉稿本残卷的编纂时间——兼论与天津图书馆藏〈总目〉稿本残卷的关系》(《中国四库学》第3辑)。
② 永瑢、纪昀等撰:《纪晓岚删定〈四库全书总目〉稿本》第8册,第635页。

的校签乃是最终修改,而文溯阁抄本应晚于天图《总目》残稿抄成。现将对比内容胪列如下:

卷一百十九子部杂家类三《丹铅余录》,天图《总目》作"在明三百年间,固铁中铮铮者矣",有墨笔于"在"前加"其",于"明"前加"有",并删去"三百年间"。文溯阁抄本《总目》作"其在有明,固铁中铮铮者矣",与天图残稿修改相符。

卷一百十九子部杂家类三《拾遗录》,天图《总目》作"如《论语》'不舍昼夜'",有墨笔改"如"为"其","《论语》"后增"类中如"三字。文溯阁抄本《总目》作"其《论语》类中如'不舍昼夜'",与天图残稿修改相符。

卷一百二十子部杂家类四《春明退朝录》,天图《总目》作"敏求有《长安志》,已著录",有墨笔涂乙,将"《长安志》"改作"《唐大诏令》"。文溯阁抄本《总目》作"敏求有《唐大诏令》,已著录",与天图残稿修改一致。

卷一百二十一子部杂家类五《元城语录》,天图《总目》作"《行录》一卷,崔子钟所续编,明大名兵备副使于文熙又补缀其文",有墨笔于"崔"前增"明"字,改"子钟"为"铣",又删"大名"前之"明"字。文溯阁抄本《总目》作"《行录》一卷,明崔铣所续编,大名兵备副使于文熙又补缀其文",与天图残稿修改一致。

卷一百二十一子部杂家类五《嬾真子》,天图《总目》作"盖永卿之学,自安世出也。又开卷冠以司马光事,书中亦多称光,盖安世之学,又自光出也。是书《宋史·艺文志》著录",有墨笔删"盖永卿之学,自安世出也",又改"安世之学,又自光出也"为"其渊源所自出也",并删"是书"二字。文溯阁抄本《总目》作"又开卷冠以司马光事,书中亦多称光,盖其渊源所自出也。《宋史·艺文志》著录",与天图残稿修改相符。

卷一百二十一子部杂家类五《石林燕语》,天图《总目》作"《石林燕语》十卷附《考异》十卷"，墨笔涂删"十卷附《考异》"。文溯阁抄本《总目》作"《石林燕语》十卷"，与天图残稿修改相符。

卷一百二十一子部杂家类五《墨庄漫录》，天图《总目》作"《墨庄漫录》四卷"，有墨笔涂改"四"为"十"。文溯阁抄本《总目》作"《墨庄漫录》十卷"，与天图残稿修改一致。

卷一百二十一子部杂家类五《吹剑录外集》，天图《总目》作"无学道之名，有学道之实"，有墨笔涂乙，改"学道"为"道学"。文溯阁抄本《总目》作"无道学之名，有道学之实"，与天图残稿修改一致。

卷一百二十三子部杂家类七《竹屿山房杂部》，天图《总目》作"种植部十卷，讱子公望撰"，有墨笔于"讱子公望撰"前增"尊生部十卷"。文溯阁抄本《总目》作"种植部十卷，尊生部十卷，讱子公望撰"，与天图残稿修改一致。

卷一百二十三子部杂家类七《清秘藏》，天图《总目》作"作《清河书画坊》及《真迹日录》之张丑，即其长子也"，有墨笔于"作《清河书画坊》"前增"谦德即"三字，又删"及"，改"即其长子"为"后改名"。文溯阁抄本《总目》作"谦德即作《清河书画坊》及《真迹日录》之张丑，后改名也"，与天图残稿修改相符。

卷一百二十三子部杂家类七《意林》，天图《总目》作"《意林》五卷，浙江范懋柱家天一阁藏本"，有墨笔涂改作"江苏巡抚采进本"，且眉批题签作"原注与提要不符"。文溯阁抄本《总目》作"《意林》五卷，江苏巡抚采进本"，与天图残稿修改相符。

卷一百二十三子部杂家类七卷末按语，天图《总目》作"至删掇群书，存其原第，始于梁庚仲容《子钞》，而马总《意林》以下继焉，亦杂编之类……并附见于此，亦不得已之变例也"，有墨笔涂改为"今虽离析其书，各著于录，而附存其目以没搜辑之功者，悉别为一门，谓之杂编……亦列之此门"，与文溯阁抄本《总目》同。

卷一百三十二子部杂家类存目九《智品》，天图《总目》作"明徐玉衡撰"，有墨笔改"徐"为"樊"。文溯阁抄本《总目》作"明樊玉衡撰"，与天图残稿修改一致。

卷一百三十二子部杂家类存目九《掌录》，天图《总目》作"苏秦、张仪录书掌股事也"，有墨笔涂抹"录书掌股"。文溯阁抄本《总目》作"苏秦、张仪事也"，与天图残稿修改相符。

卷一百三十二子部杂家类存目九《湘烟录》，"义渠由天启乙丑进士"，有墨笔圈涂"义渠由"三字。文溯阁抄本《总目》遵天图残稿修改。

卷一百三十二子部杂家类存目九《珍珠船》，天图《总目》作"万历以后，往往皆然，继儒其尤著者也"，有墨笔圈涂"继儒其尤著者"六字。文溯阁抄本《总目》作"万历以后，往往皆然也"，与天图残稿修改一致。

卷一百三十二子部杂家类存目九《迪吉录》，天图《总目》作"所录皆因果之事，词颇近鄙"，有墨笔校改"所录皆"为"皆杂录诸书"，并圈涂"词颇近鄙"。文溯阁抄本《总目》作"皆杂录诸书因果之事"，与天图残稿校改一致。

卷一百三十三子部杂家类存目十《无事编》，天图《总目》作"甚至以乔知之为晋人，疏漏可知矣"，有墨笔圈涂"疏漏可知矣"。文溯阁抄本《总目》遵天图残稿校改，删去"疏漏可知矣"。

卷一百三十三子部杂家类卷末按语，天图《总目》作"右杂家类杂纂之属一百九十六部二千五百七卷，内十四部无卷数，皆文渊阁著录"，有墨笔校改"一百九十六"为"一百九十八"、"五百七"为"七百三十七"、"十四"为"十三"、"文渊阁著录"为"附存目"。文溯阁抄本《总目》作

"右杂家类杂纂之属一百九十六部二千五百七卷,内十四部无卷数,皆附存目",较天图《总目》,仅改"文渊阁著录"为"附存目",其他修改内容并未吸纳。

卷一百三十四子部杂家类存目十一《艺圃搜奇》,天图《总目》作"苏轼《格物麤谈》即伪本《物类相感志》",有墨笔圈涂删去此句。文溯阁抄本《总目》遵天图残稿修改。

卷一百三十四子部杂家类存目十一《左传国语国策评苑》,天图《总目》作"则于简端杂采诸家之论,亦颇芜陋云",有墨笔校改删去"亦颇芜陋"。文溯阁抄本《总目》作"则于简端杂采诸家之论云",与天图残稿修改一致。

卷一百三十五子部类书类一《白孔六帖》,天图《总目》于提要末增"焉,居易始末具《唐书》本传,传有《东家杂记》,已著录",文溯阁抄本《总目》遵天图残稿修改。

卷一百三十五子部类书类《古今姓氏书辨证》,天图《总目》于"即原序所称文昌先生者是也"下增"椿有《画继》,已著录",文溯阁抄本《总目》遵天图残稿修改。

卷一百三十五子部类书类《帝王经世图谱》,天图《总目》于"为朱子所论罢"前增"与朱子相忤",文溯阁抄本《总目》遵天图残稿修改。

卷一百三十五子部类书类《锦绣万花谷》,天图《总目》作"序中称命名者,为乌江萧恭父",有墨笔于"恭父"下增"案尤侗,《明艺文志》注此书为萧恭父作,盖因此语而误",并天头有校签作"双行小注'恭父'下"。察提要所增字句,乃属馆臣遵校签内容修改而致。文溯阁抄本《总目》与天图残稿校改同。

经比勘,天图《总目》残稿中墨笔校改内容、增删字句等,皆为文溯阁抄本《总目》继承,由此可以看出文溯阁抄本《总目》定是遵照天图《总目》残稿的校改抄写而成。不过,我们也注意到,文溯阁抄本《总目》并未全然遵照天图残稿校改,亦有很多修改内容并未体现在文溯阁《总目》之中,如卷一百二十三子部杂家类七《研山斋杂记》,天图《总目》作"《研山斋杂记》四卷,原任编修励守谦藏本",有墨笔涂去"原任"二字。文溯阁抄本《总目》仍作"原任编修励守谦藏本",未遵天图残稿修改。卷一百三十五子部类书类《山堂考索》,天图《总目》作"《山堂考索》二百二卷",有墨笔涂改"二百二卷"为"前集六十卷、后集六十五卷、续集五十六卷、别集二十五卷",且天头有校签作"卷数照改本"。文溯阁抄本《总目》仍作"二百二卷",并未遵天图校改。凡涉及李清、周亮工等人提要,天图残稿均有涂改、删毁字样和校签眉批,而文溯阁抄本依旧登载违碍内容。此外,天图残稿中存有多数校签,乃馆臣调整书籍次序所用,如"《日知录》,写于《义府》之后"、[①]"《义门读书记》,写于《樵香小记》之后"、[②]"《二妙集》《谷音》《河汾诸老诗集》《瀛奎律髓》《梅花百咏》《天下同文集》《古赋辨体》,以上书目照所开次序挨写,幸勿错误",[③]核查武英殿刻本《总目》,以上书籍次序皆依校签修改,而文溯阁抄本并未吸收。这些迥异的内容,恰恰表明文溯阁抄本并非全部吸收天图残稿的修改。两者之间的校改异同看似相互违伐,实则正好反映文溯阁抄本乃天图残稿校改过程中的产物,而非最终成果。天图残稿的修改一直延续至乾隆五十七年,而文溯阁抄本在乾隆四十八年四月至八月间已经抄写完成,故而只是吸纳了天图残稿的部分校改。

---

① 永瑢、纪昀等撰:《纪晓岚删定〈四库全书总目〉稿本》第4册,第595页。
② 永瑢、纪昀等撰:《纪晓岚删定〈四库全书总目〉稿本》第4册,第615页。
③ 永瑢、纪昀等撰:《纪晓岚删定〈四库全书总目〉稿本》第8册,第495页。

颇具吊诡的是，我们在文溯阁抄本《总目》中发现《小字录》提要一篇，检其内容，与天图残稿原文不同，亦与修改不符，无法呈现出与天图《总目》残稿之间的关联，较为奇特。为便于叙述，现将两者原文附录于此。

文溯阁抄本《总目》：

> 《小字录》一卷。宋陈思撰。思有《宝刻丛编》，已著录。是书因陆龟蒙《侍儿小名录》所载未广，思复为推衍，集史传所载小字，以为一编。龟蒙之书丛杂无绪，思故条分缕析，先列历代帝王，而自汉以后诸臣则按代胪载，较原书为有条理。然如北周晋公宇文护，小字萨保，见于本传，而此顾遗之，则亦不免于漏略矣。原本尚有明沈宏正《补录》一卷，以思原本未备，续为增辑，与思原书合刊行之。较思虽似详悉而征引讹谬不一而足，中间如辽、金、元诸臣所载小字者，皆不知音译，随意牵引，颇不足依据，兹删汰宏正所补录，专录存思书，为识小之助焉。

天图《总目》残稿：

> 小字录一卷〔补录六卷〕^① 江苏巡抚采进本
>
> 《小字录》，宋陈思撰。〔《补录》，明沈宏正撰。〕思有《宝刻丛编》，已著录。〔宏正字公路，松江人。思〕[是]^②书因陆龟蒙《侍儿小名录》稍加推广，集史传所载小字，以为一编。[明沈]宏正〔又以思原本未备，续为增辑，与思书合〕[为]刊行之。思病龟蒙之书丛杂无编，故条分缕析，先列历代帝王，而自汉以后诸臣则按代胪列，较龟蒙书为有条理。然如北周晋公宇文护小字萨保，见于本传，而此

---

① 加"〔 〕"表示馆臣删去文字。
② 加"[ ]"表示馆臣补入文字。

顾遗之，则亦不免于漏略。〔至宏正所编，虽校详悉，而征引又失之太繁，中间如辽、金、元诸臣所载小字，皆不知音译，踵谬沿讹，亦多不足据。〕特以〔二人相续〕〔其〕搜罗旧籍〔所陈〕，十得七八，亦足以备检寻，故〔并〕录存之，为识小之一助焉。

察二者提要内容，文溯阁抄本《总目》与天图残稿原文迥异，据刘浦江先生研究，天图《总目》中《小字录》提要原文，乃据上图《总目》残稿的修改而致，显然文溯阁抄本《总目》与此二者不是同一系统。再看天图残稿中的墨笔修改，圈涂"《补录》六卷"、"《补录》，明沈宏正撰"、"宏正字公路，松江人"、"至宏正所编，虽较详悉而征引又失之太繁，中间如辽、金、元诸臣所载小字者，皆不知音译，踵谬沿讹，颇不足依据"，改"宏正又以思原本未备，续为增辑，与思书合刊行之"为"明沈宏正为刊行之"。[1] 除前两处涂删一致外，文溯阁抄本与天图残稿校改亦全然不一，甚或天图残稿中删去的字句，仍旧存于文溯阁抄本之中。据此，仅以《小字录》提要来看，文溯阁抄本《总目》与天图残稿似乎并无承袭关系，与前文推论相违背。但查看前后提要字迹、格式时，发现文溯阁抄本中《小字录》与其它提要字迹不一，且书名卷数之后，未注明何地采进，与《总目》格式不同，似是不同时期誊抄换写而至，而抽换的方法是割去原书页，另纸誊写新提要后再粘到原位置上，黏贴痕迹较为明显。经与现存各提要文本比勘，发现与文渊阁《四库全书》所录《小字录》卷前提要完全一致，因此大致可以推定《小字录》提要，本不属于文溯阁抄本《总目》，乃是馆臣临时抽换，以早已完竣的文渊阁《四库全书》卷前提要为据，誊抄而成，以致书名之下未及题写书籍采择来源。既然《小字录》提要的特殊性有了比较清楚的解

---

[1] 永瑢、纪昀等撰：《纪晓岚删定〈四库全书总目〉稿本》第 5 册，第 645 页。

答，那么就无法构成对文溯阁抄本与天图残稿之间承袭关系的反证。

（二）文澜阁抄本《总目》与天图残稿的关系

与文溯阁抄本《总目》情形相似，文澜阁抄本《总目》大量吸收了天图残稿的校改内容，但同时又有很多的修改没有采纳，二者之间亦存在因袭和相互区隔的关系。

首先看一下文澜阁抄本《总目》吸纳天图残稿修改的部分，多是一些文辞的乙正、赘句的剔除、按语的添补和某些内容的增删。

文辞乙正：集部别集二《东皋子集》，天图残稿作"然绩为王通之弟，而志趣高雅，不随通聚经议学"，墨笔改"经议"为"徒讲"，文澜阁遵此修改。同卷《王右丞集笺注》，天图残稿作"固可与顾注相辅而行也"，墨笔改为"核其品第，固犹在顾注上也"，文澜阁抄本遵此修改。

赘句剔除：集部别集二《王子安集》，天图残稿作"唐王勃撰，勃事迹具《唐书·文苑传》，传称其文集三十卷"，墨笔勾去"勃事迹具"及后一处"传"字，剔除后作"唐王勃撰，勃《唐书·文苑传》称其文集三十卷"，文澜阁抄本与删改同。与此处剔除赘语相同的还有集部别集二《盈川集》《骆丞集》。集部别集五《南阳集》，天图残稿作"即熙宁名臣资政殿大学士赵抃之祖也"，墨笔删"熙宁名臣"四字，文澜阁抄本遵此删改。集部别集十三《蔡忠惠集》，天图残稿作"宋蔡襄撰，襄字君谟，仙游人。天圣八年举进士甲科，官至端明殿学士，知杭州，徙南京留守。未及行，以忧归。越岁，卒于家。乾道中追谥忠惠，事迹具《宋史》本传"，墨笔删"襄字君谟"后各句，增"襄有《茶录》已著录"。与此校改类似者还有集部别集十五《平斋文集》。料想馆臣剔除这些内容，盖因登载《茶录》时已有蔡襄生平介绍，故而汰其重复。

按语添补：集部别集二《孟浩然集》，天图残稿于"传前有天宝四载宜城王士源序"后增"案士源即补《亢仓子》之王士元,其事亦见序中,此作源字,盖传写异文",天头处并有眉批作"此二十七字双行写'序'字下",文澜阁抄本遵此增补。集部别集十五《方泉集》于"以为不减贺白"下增"案贺、白谓李贺、李白也。语殊杜撰,谨附订于此",文澜阁抄本与此同。

内容增删:集部别集二《杜诗详注》,天图残稿作"可资考证者为多,如诸将诗第一首,'早时金盌出人间'句,注家或引《汉武故事》'茂陵玉盌',则与金盌不符,或引《搜神记》'卢充金盌',则与汉朝陵墓不相应。兆鳌独据《杜诗博议》所引戴叔伦诗'汉陵帝子黄金盌,晋代仙人白玉棺'句,谓其事必出旧史,但故籍散佚,令不可见。如斯文之类,亦往往为旧注所不及也",墨笔删去"可资考证者为多"后各句,补"亦未可竟废也"。集部别集十三《絜斋集》,天图残稿作"甫举嘉定七年进士第一,官至兵部尚书,以才略显,亦有传在《宋史》中,盖能承其家学者云",墨笔尽皆删去。集部别集十五《蒙斋集》,天图残稿"举嘉泰七年进士",墨笔增于"进士"后增"第一";于"其佚固已久矣"后增"今取《永乐大典》所载者以类排比,厘为十八卷"。再者就是一些违碍书籍的删除,如《云栖诗集》《菊山清隽集》等。文澜阁抄本与此同。

虽然文澜阁抄本《总目》仅存二十七卷,但经过与天图残稿的对比,发现天图残稿上墨笔涂改的内容大部已经被文澜阁抄本吸收,且与武英殿刻本《总目》保持一致。与此同时,也发现一些天图残稿的修改内容没有被文澜阁抄本采纳的情况。如:集部别集十六《后村集》六十卷,天图残稿签条作"查原本实只五十卷",并墨笔改"六"为"五",核查文澜阁抄本,仍作"六十卷"。集部别集存目十《世恩堂集》,天图残稿有签条作"'文治'二字另行高一格写",覆核文澜阁抄本,依旧未顶格书写。另有一些未遵天图残稿校改的是书籍次序调整的内容,如《鲍参军集》眉批作"写于《谢宣城集之后》"、《舒文靖集》眉批签条作"写于《云庄集》之后"、《沧洲尘缶编》眉批签条作"写于《安晚唐集》之后"、《庸斋集》眉批签条作"写于《文溪存稿》之后"。仔细审阅文澜阁抄本未吸收的天图残稿校改内容,皆是馆臣签条修改部分,且笔迹与提要的直接涂改不一,定非同时形成,文澜阁抄本抄成时,馆臣尚未以签条形式作出修改。而且,诸如"'文治'二字另行高一格写"、"写于……之后"等签条皆是格式与次序的调整,似乎是抄写定本前的一次集中校改。

综上所论,文溯阁、文澜阁抄本《总目》吸收了天图《总目》残稿的某些修改内容,二阁本与天图本之间存在前后相继的关系。当然,文溯阁、文澜阁抄本《总目》也有大量内容没有遵照修改,这与天图残稿经过多次校改有关。因而上述证据只能帮助我们推定两阁抄本《总目》晚于天图《总目》残稿的某次修改,而非其所有校改内容的最终成果。

(三)天图《总目》残稿的编纂时间及性质的一点补充

关于天图《总目》残稿的编纂时间,刘浦江、夏长朴两位先生曾有过深入研究,但各自论断大相径庭。刘浦江先生通过考查《契丹国志》的办竣时间为乾隆四十八年二月,因而《契丹国志》提要的重新撰写应在乾隆四十八年二月之后,而天图《总目》残稿已然为重撰之后的提要,故天图《总目》残稿定在这个时间之后。后又通过考查天图《总目》残稿上的批注文字,认为与乾隆五十一年刊刻《总目》密切相关,应为刊刻《总目》的清样本,最终将天图《总目》残稿的抄成时间确定为乾隆五十一年。[①] 夏长朴先生则以《问山集》于乾隆四十八年四月遭禁毁,而天图《总目》存有此书为证,结合《契丹国志》与《离骚图》提要的修改,认为其应在乾隆

---

① 刘浦江:《关于天津图书馆藏〈四库全书总目〉残稿的若干问题》,《文史》2014年第4辑。

四十八年二月编纂完成。综合两位先生所论，虽结论相悖，但推论逻辑
与论述过程大部相合。前文在覆核文溯阁抄本与天图残稿后，发现二者
存在承袭关联，文溯阁抄本《总目》抄于乾隆四十八年四月至八月之间，
故天图残稿应大致亦在这个范围，笔者倾向于认同天图《总目》残稿编纂
于乾隆四十八年二月之说。

刘浦江先生将天图残稿定为乾隆五十一年刻本的清本，原因在于天
图之上的校签批注："《赖古堂藏书》，周亮工编。宋字刻本已删，底本亦
应勾去"、"共成四页零二行，与刻板合缝。只消挖板心一卷，不必全刻
矣"。批注中所称"宋字刻本""刻本"等信息，显然指代某一刻本而言，
而"底本"则为天图《总目》。于此，刘先生将其视为乾隆五十一年刻本
的清样本，实为创见。但如果天图本为乾隆五十一年清样本，断不会存
有丁炜《问山集》一书。同时，乾隆四十七年清高宗下令编纂《河源纪
略》，乾隆四十九年七月告成。若天图本为乾隆五十一年的清样本，则必
应存有此书。据查，天图残稿原作"《钦定西域图志》，勘验精详，昭示万
代"，又有墨笔补入"《河源纪略》诸书，勘验"诸字，最终形成"《钦定西
域图志》《河源纪略》诸书，勘验精详，昭示万代"。据此，天图《总目》抄
写时，《河源纪略》尚未编纂或尚未编纂完成，故而《今水经》提要并未
言及《河源纪略》，直至馆臣修改时《河源纪略》或已完竣，故而馆臣于此
添补提要。据此，天图《总目》原文定在此之前完成，即早于乾隆四十九
年七月编纂完成。各种证据均能印证天图《总目》残稿并非乾隆五十一
年刻本的清样本，但这些校签确实又是针对刻本而言，这是需要认真探
究的。

若要研究有关"刻本"的校签究竟何意，则需要全面思考天图、国图
《总目》残稿中的修订内容。关于这一点，刘浦江先生认为天图残稿之上

的修改应该分为两类：一类是乾隆五十一、二年间纪昀等总纂官根据底本审定刻本清样时提出的校订意见；另一类是乾隆五十三年以后总纂官在该稿本上所做的后续修订。刘先生的这个论断，是建立在天图《总目》为乾隆五十一年刻本的清样本的基础上，一旦推翻了这个基础，那么有关天图两类修订内容的观点，也值得商榷。据笔者观察，天图残稿上的修改，大致应该分为四个时间段：首先，通过上文的文溯阁抄本与天图、国图《总目》的对比，发现文溯阁抄本大量吸收了天图、国图残稿上的修改意见，因而毫无疑问地推论文溯阁抄本《总目》晚于天图、国图本的某一次校改，因此天图、国图残稿的原文定在文溯阁抄本之前形成，即早于乾隆四十八年四月至八月这个时间段。据此，我们认为天图、国图残稿中的一些修改内容，应该是乾隆四十八年四月至八月之前形成。其次，天图残稿卷七十五作"《钦定西域图志》，勘验精详"，又有墨笔改作"《钦定西域图志》《河源纪略》诸书，勘验精详，昭示万代"，这就帮助这条校签修改内容应该晚于《河源纪略》告成，即乾隆四十九年七月二十四日。再次，天图残稿中《祝氏事偶》提要，底本原文作"后来李清之《诸史同异》、周亮工之《同书》，其体实权舆于此"，其上修改删去"李清之《诸史同异》"，后又有黏贴签条指出周亮工《同书》违碍。从《祝氏事偶》提要的修改情况来看，显然此处删改乃乾隆五十二年三月李清文字狱案发生之后，而此时保留了周亮工《同书》，故应在同年八月周亮工著作禁毁之前。翻检天图残稿，多处黏贴签条提出删去周亮工著作，如《书影》《封氏闻见记》《赖古堂诗集》等，这些签条的形成应在乾隆五十三年八月之后。最后，还有一些修改内容属于乾隆五十三年至六十年《总目》刊刻之前形成，如《钦定台湾纪略》《八旬万寿盛典》等。

由于庋藏文溯阁、文澜阁之抄本《总目》皆有大量内容采纳了天图

《总目》稿本的修改，这让我们对天图残稿的性质有了进一步的认识。上述天图残稿的修改大致有四个时间段，而经过对比文溯阁、文澜阁抄本《总目》，绝大多数的修改，完成于乾隆五十二年违碍典籍发现之前。笔者猜测，在乾隆四十八年至乾隆五十二年之间，《总目》经馆臣的校改、删定，已经臻于完善。上自乾隆帝下至馆臣，皆以为《总目》已经修改完毕，可以抄入各阁且刊刻了，而据档案记载，确曾于乾隆五十一年刊刻过《总目》。未曾想乾隆五十二年三月违碍书籍被发现，刊刻事宜搁置，《总目》继续交由馆臣修改，故而在此之前已经抄成的文溯阁、文澜阁《总目》没有吸收乾隆五十二年三月之后的修改。

　　档案中的蛛丝马迹固然应该引起我们重视，但当留存的档案并不能完整再现历史的全景时，我们只能依据现有史料，做出比较符合实际的推论。天图《总目》残稿中的修改是逐步进行的，这一点毫无异议。如果我们将天图上有关"刻本"的校签，理解为乾隆六十年武英殿刊刻《总目》时，馆臣核查底本与乾隆五十一年刻本时留下的修改内容，似乎亦未为不可。其称"宋字刻本""刻本"乃指乾隆五十一年刊刻《总目》，"底本"乃天图《总目》残稿，"只消挖板心一卷，不必全刻矣"则是提出建议指出乾隆六十年刻本该如何刊刻《春秋例要》。后来由于底本（天图《总目》）、刻本（乾隆五十一年刻本）提要尚需修改者较多，猜测馆臣应该放弃使用这个本子作为武英殿刻本的底本了，否则不会仅有几处有关"刻本"的校签，而且将殿本《总目》与天图残稿原文和修改对比，内容尚有很大差异，因此我们猜测应该在天图残稿之后，另有一个誊清本作为殿本《总目》的底本，天图本只是临时充当了底本的角色，天图本中多次出现的"写于某某书之后"以及有关格式的校改，似乎应证了这一猜测。

三、小结

随着四库学发展日益兴盛,研究领域与议题亦别开生面。但我们应该清醒地认识到,四库研究最核心的问题应该是《四库全书》的纂修与清朝学术文化之间的关联,而《四库全书总目》的编纂研究正是深入开展这一核心议题的关键。各馆藏单位陆续发现《总目》稿抄本乃至《四库全书》编纂档案,为四库学的发展提供了更多新材料,能够帮助我们更好地探究《总目》编纂的细节、各《总目》稿抄本的性质及相互之间的关联。辽宁省图书馆、天津图书馆、国家图书馆所藏文溯阁抄本《总目》,乃四库修书期间撤回,后又以武英殿刻本《总目》庋藏。令人欣喜的是,文溯阁抄本《总目》直接承袭天图《总目》残稿的某次修改,从而勾勒出各阁抄本《总目》与残稿修改之间的关联,对分析、推定《总目》的修改过程,具有极大价值。

第二节　《四库全书总目》地理类提要辨证

自清代以来,对于《四库全书总目》的研究就已经开始,阮元汇集《四库未收书提要》是为第一部补苴《总目》之作,此后诸如《禁书总目》《续四库提要三种》等接续而起。有关《总目》的研究,提要的考辨始终占据主流,余嘉锡《四库提要辨证》是为第一部系统考辨提要的专著,成为提要考辨的扛鼎之作。余嘉锡不仅深知《总目》之价值,还能精道地分析出《总目》讹舛的因由,"况此官书,成于众手,迫之以期限,十余年间,办《全书》七部,《荟要》两部,绳之以考成,校勘鲁鱼之时多,而讨论指意之功少,中间复奉命纂修新书十余种,编辑佚书数百种,又于著录之书,删改其字句,销毁之书,签识其违碍,固已不暇给,救过弗遑,安有余力从容研究乎？"① 继之胡玉缙撰《四库全书总目提要补正》，广征博引，补正提要二千二百零九篇。二十世纪九十年代以来，陆续出版了崔富章《四库提要补正》、李裕民《四库提要订误》、杨武泉《四库全书总目辨误》、魏小虎《四库全书总目汇订》等，可以说《总目》的研究成果愈发欣欣向荣。针对地理类提要，诸位前贤进行了不同程度的考辨、纠谬和补正，为学界研究提供了极大便利。但提要纰缪，难可胜言，前贤考订不可避免也有未及措意之处，因而笔者不揣简陋，辑录所学所考于下。

1.《方舆胜览》七十卷

> 宋祝穆撰。穆字和甫，建阳人。②

按，"建阳"为"建宁"之误。《建宁府志》卷十八人物文学类载"穆父康国，从朱子居崇安。穆少名丙，与弟癸同事文公于云谷。"③ 另《朱文公文集》卷十八《外大父祝公遗事》称，"其二子丙、癸相从于建阳"，④ 此谓丙、癸二人于建阳受业于朱熹，而非云祝氏为建阳人。

> 是书前有嘉熙三年吕午序，盖成于理宗时。⑤

按，余嘉锡考称宋刊本前有"吕午序、祝穆自序、祝洙跋"，盖祝穆原本成于理宗时，而祝洙重订本则在度宗时。余氏并称"修提要时，既未见元本，又失去洙跋，仅据吕午之序，故以为穆在理宗时作也"。按此句有误，据查，四库本《方舆胜览》前录吕午序、祝穆自序及洙跋，余氏所称

---

① 余嘉锡著：《四库提要辨证》序录，云南人民出版社，2004年，第31页。

② 永瑢等撰：《四库全书总目》卷六十八，《方舆胜览》提要，第596页。

③ 嘉靖《建宁府志》卷十八，《天一阁藏明代方志选刊》第28册，上海古籍书店，1981年，第467—470页。朱熹撰，朱杰人、严佐之、刘永翔校注：《朱文公文集》卷九十八《外大父祝公遗事》，《朱子全书》第25册，上海古籍出版社，2002年，第4573页。

④ 永瑢等撰：《四库全书总目》卷六十八，《方舆胜览》提要，第596页。

⑤ 余嘉锡著：《四库提要辨证》，第348页。

四库本"失去洙跋"有误,提要或是未细审洙跋以致误,余氏未加覆核又误矣。

2.《新安志》十卷

　　宋罗愿撰。愿有《尔雅翼》,已著录。初,梁萧几作《新安山水记》,王笃又作《新安记》,唐亦有《歙州图经》。及宋大中祥符中,李宗谔撰次《州郡图经》,颁之天下,于是旧志皆佚。洎经方腊之乱,新《图经》亦随散失。愿尝杂采诸书,创为稿本,而未就。淳熙二年,赵不悔为州守,乃俾愿续成之。其书第一卷为《州郡》;第二卷为《物产贡赋》;第三卷至五卷为所属之歙、休宁、祁门、婺源、绩溪、黟六县;第六卷、七卷为《先达》;第八卷为《进士题名》,凡贤良、明经、赐策、献策、特奏名、武举皆附之,义民、仙释,亦并在是卷;九卷为《牧守》;十卷为《杂录》。叙述简括,引据亦极典核。[1]

按,《州郡图经》,文津阁、文溯阁提要作"《新图经》",又阙"其书第一卷为《州郡》;第二卷为《物产贡赋》;第三卷至五卷为所属之歙、休宁、祁门、婺源、绩溪、黟六县;第六卷、七卷为《先达》;第八卷为《进士题名》,凡贤良、明经、赐策、献策、特奏名、武举皆附之,义民、仙释,亦并在是卷;九卷为《牧守》;十卷为《杂录》"及"程敏政《新安文献志》记愿所作《胡舜陟墓志》后曰:《鄂州新安志》,于王黼之害王俞,秦桧之杀舜陟,皆略而不书,非杏庭、虚谷一白之,则其迹泯矣。然则是书精博虽未易及,至其义类取舍之间,疑有大可议者。姑记二事,以验观者云云。案刘克庄《后村诗话》,谓舜陟欲为秦桧父建祠,高登不可,因劾登以媚桧。会舜陟别以他事忤桧下狱死,登乃得免。则舜陟之死,乃欲附于桧

---

[1] 永瑢等撰:《四库全书总目》卷六十八,《新安志》提要,第598页。

而反见挤耳。愿之不书,殆非无意,未可遽以为曲笔也。"另文津阁、文溯阁提要并有"皆足以补史家之缺"一句,文渊阁提要与《总目》皆无。

3. 嘉泰《会稽志》二十卷

> 直龙图阁沈作宾为守,始谋纂辑。[①]

按,《嘉泰会稽志》之撰者,各书互有不同,有题"沈作宾、施宿纂修",亦有署"沈作宾、赵不迹撰",《四库全书初次进呈存目》作"宋通判绍兴府事吴兴施宿,郡人冯景中、陆子虚、朱霈、王度同撰"。[②]《宋史·艺文志》即称"沈作宾、赵不迹《会稽志》二十卷"。[③]《直斋书录解题》作"通判吴兴施宿武子、郡人冯景中、陆子虚、朱霈、王度等撰"。[④]钱大昕跋称"宋庆元间直龙图阁沈作宾守郡,因通判施宿之请,延郡士冯景中、陆子虚等编"。[⑤]施宿事迹已备,余皆不显。《宋史·沈作宾传》作"沈作宾,字宾王,世为吴兴归安人。以父任入仕,监饶州永平监,冶铸坚致,又承诏造雁翎刀,称上意,连进两资。中刑法科,历江西提刑司检法官,入为大理评事。改秩,通判绍兴府。秩满,知台州,后除大理正,亲嫌,改太府丞,迁刑部郎"。[⑥]今所见《会稽志》多明正德本,宋本实难睹目。《著砚楼书跋》称"《会稽志》以嘉泰本最古,世传正德五年重刻一本,四库本当即自所出,而宋本则未之见也。此抄本末有'嘉泰二年五月日■■俞澄王思安具安抚使司校正书籍传梓'……志分类颇详瞻,但不加图录,于形势

---

① 永瑢等撰:《四库全书总目》卷六十八,《会稽志》提要,第599页。
② 江庆柏等整理:《四库全书初次进呈存目》,第165页。
③ 脱脱等撰:《宋史》卷二百四十《艺文志》,第5165页。
④ 陈振孙撰:《直斋书录解题》卷八,《古书题跋丛刊》第1册,学苑出版社,2009年,第142页。
⑤ 钱大昕撰:《潜研堂文集》卷二十九《跋会稽志》。
⑥ 脱脱等撰:《宋史》卷三百九十《沈作宾传》,第11960—11961页。

沿革,失所稽览。"①

4. 嘉定《赤城志》四十卷

宋陈耆卿撰。②

按,陈耆卿《赤城志》之后,有吴子良《赤城续志》八卷、林表民《赤城三志》四卷。《十驾斋养新录》"嘉定癸未十一月自序,称'前守黄𥪖命余偕陈维等纂辑,会黄去,匆匆仅就未备束其稿十年矣。今青社齐公硕复以命余,于是郡博士姜君容总榷之,邑大夫蔡君范以下分订之,又再属陈维及林表民等采益之'",③故历代藏书目录有称"陈耆卿、陈维、林表民同撰"者。瞿镛《铁琴铜剑楼藏书目录》载"《嘉定赤城志》四十卷,明刊本,宋陈耆卿、陈维、林表民同撰,此本仅存图十",④此称图存十,与提要所云"此本乃无一图"迥异。又郭协寅《赤城志跋》作"确山明府出所刻《赤城志》属寅覆校……图十三,佚其四,明人补刻二张,坊里阛阓迥与宋殊,因删去,从其朔也",⑤据郭氏之言,此本仅存图十,与《瞿目》合。

5. 宝庆《四明志》二十一卷

宋罗濬撰。濬,庐陵人,官赣州录事参军。《文献通考》作罗璿,盖传写误也。先是,乾道中,知明州张津始纂辑《四明图经》,而搜采未备。宝庆三年,焕章阁学士、通议大夫、知庆元府兼沿海制置使庐陵胡榘复命校官方万里因《图经》旧本,重加增订。如唐刺史韩察之

---

① 潘景郑著:《著砚楼书跋》,上海古籍出版社,2006 年,第 99 页。
② 永瑢等撰:《四库全书总目》卷六十八,《赤城志》提要,第 599 页。
③ 钱大昕撰:《十驾斋养新录》卷十四,上海书店,1983 年,第 315 页。
④ 瞿镛撰:《铁琴铜剑楼藏书目录》卷十一,《古书题跋丛刊》第 13 册,第 286 页。
⑤ 陈耆卿纂:《嘉定赤城志》卷末《〈赤城志〉跋》,中国文史出版社,2008 年,第 436 页。

移州城、唐及五代郡守姓名,多据碑刻史传补入。其事未竟,会万里赴调中辍。濬与槩同里,适游四明,遂属之编定。①

按,"宝庆三年",杭世骏跋称,"《书录解题》作宝庆二年庐陵胡槩为守,属其乡人罗濬撰《四明志》二十一卷。"②据查《直斋书录解题》卷八称"赣州录事庐陵罗濬修,时胡槩仲方尚书为守,濬其乡人也",③《解题》未载"宝庆二年",盖为杭世骏妄添。钱大昕跋称《志》修于宝庆,而志内叙事往往及绍定、端平、嘉熙、淳祐、宝祐,盖后人次第增入,非宝庆元刻本",④全祖望亦赞同其说,跋称"《宝庆志》中有载及胡尚书以后事者,予初甚疑之,既而知是书尝为刘制使黻所增加也"。⑤余嘉锡继之辨称"《宝庆志》中宝庆以后事,即用刘黻续志散入其中",盖上承钱氏、全氏之说。

又按,宝庆《四明志》列史浩传记,尽称贤德,而不书沮张浚规画用兵诸事,盖因"书成于史弥远枋国之日,故其父得佳传"。⑥又"浩老成忠厚,不居宠利,在南渡诸相中本自表表,世徒訾其沮张浚用兵一事,不知符离之役,张以轻进而无功,则史之持重为可取",⑦此皆为其父遮羞耳。

盖当时明州虽建府号,而不置倚郭之县,州与县各领疆土。如今直隶州之体,特与他郡不同也。⑧

---

① 永瑢等撰:《四库全书总目》卷六十八,《四明志》提要,第599页。
② 杭世骏撰:《道古堂文集》卷二十七《〈宝庆四明志〉跋》,《清代诗文集汇编》第282册,上海古籍出版社,2010年,第279页。
③ 陈振孙:《直斋书录解题》卷八,收入《古书题跋丛刊》第1册,第142页。
④ 钱大昕撰:《潜研堂文集》卷二十九《跋〈宝庆四明志〉》,第472页。
⑤ 全祖望:《鲒埼亭集外编》卷三十五《三跋四明宝庆开庆二志》,《清代诗文集汇编》第303册,,第380页。
⑥ 钱大昕撰:《潜研堂文集》卷二十九《跋〈宝庆四明志〉》,第472页。
⑦ 钱大昕撰:《潜研堂文集》卷二十九《跋〈宝庆四明志〉》,第472页。
⑧ 永瑢等撰:《四库全书总目》卷六十八,《四明志》提要,第599页。

按，"盖当时明州虽建府号，而不置倚郭之县，州与县各领疆土。如今直隶州之体，特与他郡不同也"。《宋史·地理志》载"绍熙五年，以宁宗潜邸，升为府，治县六，鄞、奉化、慈溪、定海、象山、昌国"，故知首县鄞县即为明州府治所，"不置倚郭之县"有误。又直隶州之制源于元朝，与府同级，为朝廷直管。府下之州，称为散州。庆元府下辖六县，府治鄞县，并非后世直隶州之例。

6. 咸淳《临安志》九十三卷

元潜说友撰。说友字君高，处州人。[1]

按，《四库全书初次进呈存目》作"宋潜说友撰"，[2]《总目》详述潜说友投元之事，署元而不署宋，褒贬自见。李裕民以《总目》称"元潜说友，不妥，元应该改为宋"，殊不知乃馆臣有意为之，并非讹舛。"九十三卷"，《初次进呈存目》、文津阁、文溯阁提要作"一百卷"，文渊阁与《总目》同，《咸淳临安志》原本一百卷，流传日久，稍有缺略，存有九十三卷、九十五卷之本。钱大昕跋称"予从海盐胡氏、常熟毛氏先后得宋刊本八十卷，又借抄一十三卷，其七卷终阙焉"，[3] 此为九十三卷本，四库据此登载。季振宜藏有九十五卷本宋刊咸淳《临安志》，"今年正月偶得平湖高氏本二十二册，中间节次阙失，而尽于八十一卷。每册有季沧苇图记，以传是楼宋版书目证之，其卷帙相符，盖即东海旧物也。内四卷迄第九卷，实季氏补钞，中称理宗为今上，应是施锷《淳祐志》羼入。而六十五、六十六两卷，又竹垞先生所未见也。凡影宋刻钞者一十六卷，影钞者二十八卷，又影宋刻钞序目三十八翻，合刻本通得九十五卷，仍缺者，第一卷卷首序录

---

① 永瑢等撰：《四库全书总目》卷六十八，《临安志》提要，第600页。
② 江庆柏等整理：《四库全书初次进呈存目》，第164页。
③ 钱大昕撰：《潜研堂文集》卷二十九《跋〈咸淳临安志〉》，第474页。

二翻,第六十四卷及九十卷、九十八卷至一百卷。"① 此本较钱大昕本,补配卷六十五、六十六。

卢文弨跋作"始余之抄是书也,不得善本,求之他氏亦复然。更一二年间,友人鲍以文氏乃以不全宋刊本借余,向所阙六十五、六十六两卷独完然具备。余得据以抄入,虽尚阙第六十四第九十及最末三卷,然视曝书亭所抄则已较胜矣。宋本前有四图,但字已漫漶,余请友人图之,其依稀有字迹而不可辨者,余以方图识其处,又校对其文字异同,始知外间本删落甚多,顾力不能重写,则以字少者添于行中,字多者以别纸书之,缀于当卷之后,且注其附"。② 据此,卢氏抄本阙第六十四、第九十及第九十八、九十九、一百等五卷,与季振宜藏本卷数相同,为清代校勘较善之本。

> 彝尊从海盐胡氏、常熟毛氏先后得宋椠本八十卷,又借抄十三卷,而其碑刻七卷终阙,无可考补。今亦姑仍其旧焉。③

按,提要云"而其碑刻七卷终阙",《四库全书初次进呈存目》、文津阁提要、文溯阁提要皆作"其七卷终阙",并无"碑刻"二字,乃《总目》及文渊阁提要添撰。黄丕烈跋云"杭大宗《道古堂集》有跋云云,今是书所缺六十四至六十六为人物,九十、九十八、九十九为纪遗中之纪事、纪文,一百为纪遗中之历代碑刻目,宋本原目具志中,杭云'碑刻七卷,仍缺如也',未免考之不的尔。"④ 据此,咸淳《临安志》所缺七卷并非碑刻七卷,

---

① 吴寿旸撰:《拜经楼藏书题跋记》卷三,《宋元明清书目题跋丛刊》第17册,北京:中华书局,2006年,第635页。
② 卢文弨撰:《抱经堂文集》卷九,《续修四库全书》第1432册,上海古籍出版社,2002年,第631页。
③ 永瑢等撰:《四库全书总目》卷六十八,《临安志》提要,第600页。
④ 黄丕烈撰,潘祖荫辑:《士礼居藏书题跋记》,《古书题跋丛刊》第8册,第27页。

《总目》乃攘袭杭世骏跋文而称"碑刻七卷终阙"。

7. 至元《嘉禾志》三十二卷

志中兼及松江府华亭县，盖元时本隶嘉兴路，明初析置也。[①]

按，南宋庆元元年，升秀州为嘉兴府，华亭县属之。据《元史·地理志》载，元至元十四年，升华亭县为华亭府，领华亭县。次年，华亭府改名松江府。泰定三年，罢松江府，华亭县改属嘉兴路，隶江浙行省，又设都水庸田使司于原松江府治。天历元年，罢都水庸田使司，复置松江府，华亭县仍隶松江府。[②]华亭县隶嘉兴府之时间断限应为南宋庆元元年至元至元十四年及元嘉定三年至天历元年，提要所云"元时本隶嘉兴路"，馆臣不知华亭之隶属间有改易，有以偏概全之嫌。钱大昕《跋至元嘉禾志》称"修于前至元甲申，至戊子岁刊行"，[③]是知《志》撰于至元二十一年，成于至元二十五年，华亭县已改属松江府，故提要称"本隶嘉兴府"或有误。另提要云"明初始析置也"亦不确，元时析置华亭县入松江府，非明初始置。

8. 延祐《四明志》十七卷

志中考核精审，不支不滥，颇有良史之风。[④]

按，文津阁、文溯阁提要皆作"二十卷"。瞿镛《铁琴铜剑楼藏书目录》载："延祐《四明志》二十卷，然阙第九卷至第十一卷。"[⑤]全祖望《跋延祐四明志》亦作"然皆失去第九卷、第十卷、第十一卷，盖无从觅其足本矣"，[⑥]

① 永瑢等撰：《四库全书总目》卷六十八，《嘉禾志》提要，第601页。
② 宋濂等撰：《元史》卷六十二《地理志五》，中华书局，1976年，第1495页。
③ 钱大昕撰：《潜研堂文集》卷二十九《跋〈至元嘉禾志〉》，第474页。
④ 永瑢等撰：《四库全书总目》卷六十八，《四明志》提要，第601页。
⑤ 瞿镛撰：《铁琴铜剑楼藏书目录》卷十一，《古书题跋丛刊》第13册，第288页。
⑥ 全祖望撰：《鲒埼亭集外编》卷三十五《跋延祐四明志》，《清代诗文集汇编》第303册，第380页。

是知刊本已佚三卷,故提要云十七卷。又《永乐大典》引延祐《四明志》合十一条,除月湖七条见于今刊本外,其他如小湖条有宋舒亶《引水记》,惟因今刊本卷十脱佚,仅目录有《引水记》云云;又如"仓条""黑蜡油条""大风油条",延祐《四明志》皆无,当是卷九至十一之佚文。延祐《四明志》撰述体裁及立传原则,颇有争讼,周中孚、全祖望皆有跋语相及,《郑堂读书记补逸》卷十二作"每考各系小序,义理谨严,考证精审,而辞尚体要,绰有良史风裁。盖清容早从王厚斋、舒舜侯、岳祥载诸遗老游,学有渊源,又博览典籍,练习词章,尤熟于乡邦掌故,宜其从事于地志,自非余子可及也"。[①] 全祖望《延祐四明志跋》称"清荣文章大家,而《志》颇有是非失实之感,如谢昌元、赵孟传皆立佳传,而袁镛之忠反见遗,盖清荣之父,亦降臣也,又累于吴丞相履斋有贬词,殆其以大父越公之怨,非直笔也。"[②] 盖《郑志》赞其撰述义例谨严,颇有良史之风,主褒扬,全跋訾其立传非实,主毁誉。

9.《齐乘》六卷

元于钦撰。钦字思容,益都人,历官兵部侍郎。[③]

按,文津阁提要作"青州人",益都本为青州旧称,盖无误也。《嘉靖青州府志》载"于钦,字思容,益都人,博学多闻。初任国子助教,升兵部侍郎,奉命山东周览原隰,询乡老水经地记、历代沿革,著书六卷名曰《齐乘》。"[④] 书成之后,于至正间刊刻,《青州府志》又载:"钦尝以所纂《齐

---

① 周中孚撰:《郑堂读书记补逸》卷十二,《古书题跋丛刊》第11册,第449页。
② 全祖望撰:《鲒埼亭集外编》卷三十五《跋〈延祐四明志〉》,《清代诗文集汇编》第303册,第380页。
③ 永瑢等撰:《四库全书总目》卷六十八,《齐乘》提要,第601页。
④ 杜思等修纂:嘉靖《青州府志》卷十五,《天一阁藏明代方志选刊》第41册,第38页。

乘》嘱潜，钦卒。至正间，潜为两浙盐运副使节，禀命工梓之以行。"①

> 然钦本齐人，援据经史，考证见闻，较诸他地志之但据舆图、凭空言以论断者，所得究多，故向来推为善本。卷首有至元五年苏天爵序，亦推挹甚至，盖非溢美矣。②

按，文津阁提要作"但据舆图、凭空言以论断者，实为详确可信，故向来推为善本焉"，并脱"卷首有至元五年苏天爵序，亦推挹甚至，盖非溢美矣"。文溯阁提要作"卷首有至元五年苏天爵序，亦亟称之"。《齐乘》所载地名，多有讹舛，钱大昕考之甚详，《齐乘跋》称"古今地名，似同而异者多矣，苏建封平陵侯，非扶风之平陵也，班超封定远侯，非临淮之定远也，汉献帝封山阳公，非淮安之山阳，亦汉之山阳郡也。即以齐地言之，今之淄川，汉淄川国，今之昌邑，非汉昌邑国，思容亦既知之矣。匡衡封乐安侯，本在临淮僮县，而思容以千乘之乐安当之，此亦千虑一失也。"③

10.《钦定日下旧闻考》一百二十卷④

按，文津阁、文溯阁提要皆作"一百六十卷"。浙本《总目》、赵怀玉刻本《简明目录》、粤刻本《简明目录》仍作"一百二十卷"。一百二十卷，应为《日下旧闻考》纂修之初的预定卷数，随着纂修的进行，预估的卷数仍会改变。《各馆现办各书酌定完竣日期清单》记载"《日下旧闻考》，已进过一百六十六卷，未进约二十卷"，⑤是知该书卷数始终未定，至最终进呈始定

---

① 杜思等修纂：嘉靖《青州府志》卷十五，《天一阁藏明代方志选刊》第41册，第38页。
② 永瑢等撰：《四库全书总目》卷六十八，《齐乘》提要，第601页。
③ 钱大昕撰：《潜研堂文集》卷二十九《跋〈齐乘〉》，第475页。
④ 永瑢等撰：《四库全书总目》卷六十八，《钦定日下旧闻考》提要，第603页。
⑤ 中国第一历史档案馆编：《纂修四库全书档案》，"军机大臣奏遵旨将各馆纂修拟定各书完竣日期等清单进呈片"（乾隆四十七年六月二十六日），第783页。

为一百六十卷。《总目》及《简明目录》依据预估卷数而未作修改。① 另文津阁提要有明显脱误,"原本所列古迹"后至"藻绘山川"数十字脱漏。

11.《钦定盛京通志》一百二十卷②

按,阿桂进表称"因故峡以折衷,扩新篇为考索,三十七门之按部以倍加详,一百三十卷之分函数惟赢而更审",又查《四库全书》收录之《盛京通志》,为一百三十卷,故知提要"一百二十卷"误。文渊阁、文津阁、文溯阁提要皆误。

> 旧有志书三十二卷,经营草创,叙述未详。③

按,文溯阁提要作"旧有志书三十卷",查《盛京通志》初经康熙三十二年纂修,成三十二卷。雍正十二年再次纂修,为三十二卷之初稿本,乾隆元年魏枢勘定成四十八卷。此外又有乾隆十三年之武英殿本《盛京通志》三十二卷,不详纂修人员。是知四库之前,《盛京通志》无三十卷之数,当为"三十二卷"。

12.《河南通志》八十卷

> 嘉靖中始创为之,亦仅具崖略而已。④

按,嘉靖之前,胡谧于成化二十二年纂《河南通志》。天顺间,河南按察提学副使刘昌兼采择七郡邑志,汇为总志,书未成而他调。成化间,胡谧删削而成十九卷,谓《河南通志》,此书体例"以县系州,州系府,府系三司,而冠之以宗藩"。⑤ 故知河南有志,始于成化,"嘉靖中始创为之"

---

① 参见苗润博:《〈日下旧闻考〉纂修考——兼论新发现的四库稿本》,《中华文史论丛》2015 年第 4 期。

② 永瑢等撰:《四库全书总目》卷六十八,《钦定盛京通志》提要,第 603 页。

③ 永瑢等撰:《四库全书总目》卷六十八,《钦定盛京通志》提要,第 603 页。

④ 永瑢等撰:《四库全书总目》卷六十八,《河南通志》提要,第 607 页。

⑤ 成化《河南通志》卷首,成化二十二年本。

有误。

13.《陕西通志》一百卷

> 陕西旧《通志》为康熙中巡抚贾汉复所修,当时皆称其简当。而阅时既久,因革损益,颇不相同。[1]

按,《陕西通志》,始纂于成化间。成化四年,伍福始有纂志之举,至十一年撰成,《千顷堂书目》《明史·艺文志》录有是书三十五卷。[2]嘉靖二十一年,赵廷瑞继而纂修《陕西通志》,凡四十卷,首有赵廷瑞序、周南序、王邦端序、马理序、王九思序,后有周文瀚跋。万历三十九年,汪道亨、周宇、冯从吾等复撰《陕西通志》,志凡三十五卷,首列图考一卷,继分建置沿革、天文、疆域、山川、风俗、户口田赋、职官、学校、寺观古迹、名宦、人物、列女、艺文等。前有李思孝、毕懋康、汪道亨等所作序。是知明时《陕西通志》凡三修,提要云旧志仅以康熙所修《通志》为始,或有不确。

14.《广东通志》六十四卷

> 国朝康熙二十二年始辑有通志。[3]

按,广东之有《通志》,始于嘉靖十四年,后续有纂修通志之举,明季凡三修。嘉靖十四年,戴璟、张岳始编《广东通志》,"四月两司会议聘文士纂述,抚按俱各详允",[4]阅数月而成,书名《广东通志初稿》。凡四十卷,首一卷为广东地理总图、各府地图。《总目》存目类录有是志,并称"璟于嘉靖乙未以临代之时,二月而成,未免涉于潦草。其门类亦多未

① 永瑢等撰:《四库全书总目》卷六十八,《陕西通志》提要,第608页。
② 张廷玉等撰:《明史》卷九十七《艺文志》,中华书局,1974年,第2410页。
③ 永瑢等撰:《四库全书总目》卷六十八,《广东通志》提要,第608页。
④ 戴璟纂修:《广东通志初稿》序,《北京图书馆藏古籍珍本丛刊》第38册,书目文献出版社,1996年,第2页。

当"。^①嘉靖三十六年,广东巡抚谈恺属命黄佐重修《广东通志》,删定草稿,题写论赞,至嘉靖三十八年成书,四十年刊刻。凡七十卷,分图经、事纪、表、志、列传、外志六类。事纪叙及正德十六年,职官表至嘉靖四十三年,故知志成刊刻后仍有续纂。万历二十七年,两广总督陈大科以黄佐《广东通志》书成日久,令郭棐继而纂修,至万历三十年书成。《志》凡七十二卷,《总目》存目类录有该书,并称"其藩省志图之后,即列事纪五卷,茫无端绪,惟仙释、寺观列之外志,较他志体例为协"。提要所云"康熙二十二年始辑有通志"有误。

15.《云南通志》三十卷

康熙三十年始草创通志。^②

按,云南有省志,始于元大德间之《云南志略》,清时已不传,陶宗仪《说郛》引《总叙》《风俗》两目。洪武十四年平云南,即命撰省志,"命儒臣考按图籍及前代所有志书,更定而删正之,明年六月成书。"^③此书未见,纂修之事不详。景泰五年,陈文、王毅等纂《云南图经志书》,郑颙《云南志·序》称"景泰甲戌五年孟秋七月,有诏修舆地志书",^④书得十卷以进,前四卷为地理志,余皆《艺文志》。正德五年,提刑按察副使周季凤以彭刚旧稿为据,纂修《云南志》,《序》称"前督学清江彭公性仁,复修未就去位"。又晁必登《序》称"彭刚志稿,周君公仪复加编次,考于群史,参以前志,益以今日见闻,纲以统纪,题以分事,期月而始成卷,凡四十有

---

① 戴璟纂修:《广东通志初稿》序,《北京图书馆藏古籍珍本丛刊》第 38 册,第 2 页。

② 永瑢等撰:《四库全书总目》卷六十八,《云南通志》提要,第 609 页。

③ 黄虞稷撰:《千顷堂书目》卷八《地理下》,第 228 页。

④ 陈文纂修,李春龙、刘景毛校注:《云南图经志书》序,云南民族出版社,2002年,第 1 页。

五。"①万历间,李元阳应贵州巡抚邹应龙之托,纂修省志,以正德《云南志》为底本,复加编次,凡十七卷,下分"地理、建设、赋役、兵食、学校、官师、人物、祠祀、寺观、文艺、羁縻、杂志"等二十志。以上各志皆创于康熙之前,提要云"创于康熙三十年"实有不确。

16.《贵州通志》四十六卷

> 明赵瓒始创修新志,其后谢东山、郭子章及本朝卫既齐等,递事增修,渐有轮廓。②

按,弘治间,贵州提学副使沈庠、宣慰使司儒学教授赵瓒等纂修《贵州图经新志》,"每府州前有地图,后分建置沿革、形胜、风俗、山川、土产、公署、学校、书院、宫室、寺观、祠庙、关梁、馆驿、古迹、陵墓、名宦、流寓、科贡、列女、仙释、题咏"。③又地理类存目录赵瓒《嘉靖贵州图经新志》,以嘉靖冠之,又增按语"或云弘治时纂",盖未能明断。考郭子章《黔记·艺文志》"《贵州图经》,弘治间提学沈庠编"④及《明孝宗实录》卷一百九弘治九年二月乙卯,"升刑部郎中沈庠为按察司副使",⑤故知该志应为沈庠按察贵州时与赵瓒等编纂。

又谢东山《嘉靖贵州通志》,周中孚《郑堂读书记补遗》卷十二载"嘉靖中提学副射洪谢东山创为《通志》十二卷",⑥《志》于嘉靖三十二

---

① 正德五年《云南志·序》,《天一阁藏明代方志选刊续编》第70册,上海书店,1990年,第3页。

② 永瑢等撰:《四库全书总目》卷六十八,《贵州通志》提要,第609页。

③ 傅增湘著:《藏园群书经眼录》,第423页。

④ 郭子章撰,赵平略点校:《黔记》卷十四《艺文志上》,西南交通大学出版社,2016年,第364页。

⑤《明孝宗实录》卷一百九,"弘治九年二月乙卯"条,台湾"中研院"历史语言研究所,1962年,第1994页。

⑥ 周中孚撰:《郑堂读书记补遗》卷十二,《古书题跋丛刊》第11册,第446页。

年始修,此事杨慎《贵州通志·序》亦有记载,称"癸丑岁,中丞成都刘公、侍御东莱宿公应麟首倡增修,及今中丞松江张公核翼、侍御汝宁陈公效古、方伯德安高公翀,仍俾删润,而督学宪副使谢公东山实主简书笔削,博引经史,旁采子集,又参访故老,咨访儒生,浃洽而罔遗,精炼而无秕"。①

万历二十七年,郭子章以右副部御史巡抚贵州,撰《黔记》。《黔记》成于万历三十一年,民国《贵州府志·艺文略》称"是书成于万历三十一年,是时播州初平,子章于戎马拮据间辑此"。②然《黔记》卷二《大事纪》载有万历三十六年事,疑或为子章养归后或有增补。康熙十一年,贵州巡抚曹申吉,"奉檄开局,广延耆彦,采辑旧闻,旁搜遗失",③凡阅六月即告成。康熙三十一年,贵州巡抚卫既齐续有增补。

17.《水经注集释订讹》四十卷

> 国朝沈炳巽撰。炳巽字绎旃,归安人。④

按,全祖望《沈氏〈水经〉校本跋》称,"苕中老友沈绎旃少与其兄东甫从事于此,东甫遂以属之",⑤可知沈炳巽与其兄沈炳震均曾校订《水经注》。沈炳巽《凡例》称"先兄东甫亦曾究心于此,后缘从事于新旧两《唐书》,故不暇旁及,间有一二条亦为采入。"⑥合此二证可知,沈炳巽与沈炳震均校订《水经注》,书仅题署沈炳巽之名。

---

① 谢东山修,张道纂:《贵州通志序》,西南交通大学出版社,2018年,第1—2页。
② 民国《贵州通志》卷一百三十六《艺文志六》,民国三十七年铅印本,第36页。
③ 民国《贵州通志》卷一百三十六《艺文志六》,第37页。
④ 永瑢等撰:《四库全书总目》卷六十八,《水经注集释订讹》提要,第610页。
⑤ 全祖望撰:《鲒埼亭集外编》卷三十二《沈氏〈水经〉校本跋》,《清人诗文集汇编》第303册,第345页。
⑥ 沈炳巽撰:《水经注集释订讹凡例》,文渊阁《四库全书》第574册,第4页。

　　然炳巽作此书,凡历九年而成,丹铅矻矻,手自点定。[1]

　　按,《凡例》作"是书经始于雍正三年,脱稿于雍正九年",据此,《订讹》历七年而成,与提要云"凡历九年而成"不合。又书中录有乾隆二年及四年校语,"此乾隆丁巳校阅时所书,乙未冬日读《汉书·五行志》所引《史记》,与此正同",故知书成后应有续改。

18.《敬止集》四卷

　　明陈应芳撰。应芳字符振,泰州卫人。万历乙未进士,官福建布政司参政。[2]

　　按,文渊阁提要、文津阁提要皆作"万历辛未进士"。据查,万历间无"辛未",当误。又据《万历二年甲戌科会试小录》,陈应芳登甲戌科进士,[3]非乙未科,提要"乙未"应为"甲戌"之误。

19.《筹海图编》十三卷

　　明胡宗宪撰。宗宪字汝贞,号梅林,绩溪人。嘉靖戊戌进士,官至兵部尚书,督师剿倭寇,以言官论劾,下狱瘐死。万历初,追复原官,谥襄懋。事迹具《明史》本传。[4]

　　按,《筹海图编》之最初版本为嘉靖四十一年所刻,署称"昆山郑若曾辑,男应龙、一鸾校"。范惟一《序》称"吴文学郑子若曾,昆山人也。往海上之乱,昆山盖屡被祸,惨甚,郑子履难思愤,以倭之深入由我策之不豫。事稍平,即置弗讲,终非完计也,乃辑《沿海图》十有二,苏郡刻之。属有持以献督抚少保胡公者,胡公览而嘉异之,罗郑子于幕下,俾增其

---

① 永瑢等撰:《四库全书总目》卷六十九,《水经注集释订讹》提要,第610页。
② 永瑢等撰:《四库全书总目》卷六十九,《敬止集》提要,第613页。
③ 参见中国国家图书馆古籍馆藏《万历二年甲戌科会试小录》,全国图书馆文献缩微复制中心,2004年。
④ 永瑢等撰:《四库全书总目》卷六十九,《筹海图编》提要,第616页。

所未备。乃郑子搜括往昔,裒汇时事,凡足以却倭,峻海上之巨坊、固国家之鸿业者,淬而成书,共有十三卷,胡公题曰《筹海图编》云,因刻之会城。"① 由序可知,《筹海图编》撰者为郑开阳。

万历间胡宗宪之孙胡灯重刻《筹海图编》,剜改署名作"明少保新安胡宗宪辑议、孙举人胡灯重校、昆山郑若曾编次"。② 自此《筹海图编》之作者被改撰。天启间再刻《筹海图编》,以万历本为据,署名亦从之。《四库全书》以天启本为底本,故仍署胡宗宪撰。又《郑开阳杂著》提要云"明郑若曾撰。是书旧分《筹海图编》《江南经略》《四隩图论》等编,本各自为书。"③ 据此馆臣或知郑若曾撰《筹海图编》,源于底本所讹,故未能纠正。

20.《吴地记》一卷附《后集》一卷

又《吴地记后集》一卷,盖续广征之书者,不著撰人名氏。前有题词,称"自唐王郢叛乱,市邑废毁,或传记无闻,或废兴不一。谨采摘县录,据图经,选其确实者列于卷后。"所记建置年号,止于祥符元年,疑北宋人作。

按,文溯阁、文津阁提要无此句。又《后集》长洲县下载"大元元贞元年,董总管移于平桥北街东府前。吴县亦然。天庆观在县西南一百五十步。唐开元中置,为开元观。至道中,改玉清道观。大中祥符二年,改今额。大元元贞元年,改元妙观。"是知《后集》记载下迄元贞年间,提要所云"止于祥符元年"应有误。

21.《六朝事迹编类》二卷

宋张敦颐撰。敦颐字养正,婺源人。绍兴八年进士,由南剑州

---

① 嘉靖四十一年刻本《筹海图编序》,现藏中国国家图书馆,索书号:02372。
② 万历刻本《筹海图编》卷首,现藏中国国家图书馆,索书号:02463。
③ 永瑢等撰:《四库全书总目》卷六十九,《筹海图编》提要,第617页。

教授历官知舒、衡二州,致仕。[1]

按,张敦颐自序云"因览图经、实录,疑所载六朝事迹尚有脱误,乃取《吴志》《晋书》及宋齐而下史传,与夫当时之碑记参订而考之,分门编类,缀为篇目,凡十有四卷。"原书卷数或应为十四卷,《宋史·艺文志》载"张养正《六朝事迹》十四卷"。清王鸣盛《十七史商榷》亦载"《六朝事迹编类》十四卷,宋绍兴庚辰左奉议郎、充江南东路安抚司干办公事新安张敦颐撰"。道光间,张宝德《重刊宋本六朝事迹编类后跋》称"今春从同邑朱述之大令借得手钞本十四卷,据云原本亦系旧钞,向为曹栋亭旧藏",张氏亲睹旧钞乃十四卷之数,自当可信。但二卷之数,亦见史籍记载,如陈振孙《直斋书录解题》作二卷,不著撰书人名氏。提要或是合并门类,强为两卷,抑或所据乃《解题》所录之二卷本。

张金吾《爱日精庐藏书志》引冯武识语,评《六朝事迹编类》引据失实,称"该书遮拾遗事,分别条理,洵是作手。然引据失实,如以'王谢'作'王榭'之类,不免为识者所嗤"。[2]

22.《中吴纪闻》六卷

元至正间,武宁、卢熊修《苏州志》,访求而校定之。明末常熟毛晋始授诸梓,亦多舛谬。其子扆,后得叶盛箓竹堂藏本相校,第六卷多翟超一条,其余颇有异同。何焯假以勘定,极为精审。然卢熊跋称其子昱所撰《行实》附后,今两本皆无之,则叶本亦不免于脱佚也。[3]

按,提要云明末毛晋始有刊刻,当有误。《中吴纪闻》之刊刻,始于元

---

① 永瑢等撰:《四库全书总目》卷七十,《六朝事迹编类》提要,第624页。
② 张金吾撰:《爱日精庐藏书志》卷十七,《古书题跋丛刊》第12册,第422页。
③ 永瑢等撰:《四库全书总目》卷七十,《中吴纪闻》提要,第625页。

代，即卢熊至正本也，明代龚弘跋称刻于至正二十五年，其称"阅二百载，武宁卢氏刻之，是为元至正二十五年。历今大明弘治，改元刻于昆山严氏"。① 然《涵芬楼烬余书录》存有异议，识云"昔人仅见卢记，故多认为元刻，然记实云'校正增补，记其大略'，并未有刊行之语"。② 观龚弘跋，元确有刊刻。清董康诵芬室自诩得元至正本覆刊，实为明本。正统间，叶盛篆竹堂藏有旧钞《中吴纪闻》一册，不详卷数，毛扆跋云"篆竹堂本乃洪武八年从卢公武假本录传"。③ 公武，即卢熊，盖至正刻之录传抄本。弘治七年，知昆山县事慈溪杨子器重加校勘，命义民严春刻之于昆山。正德九年，龚弘以严本授诸梓。明末，毛晋汲古阁刻《中吴纪闻》六卷，后毛扆得篆竹堂本重校，康熙间何义门手校勘定。四库开馆前，《中吴纪闻》有以上诸本，提要所云"毛晋始授诸梓"云云或有不确。

23.《梦粱录》二十卷

自牧自序云："缅怀往事，殆犹梦也，故名《梦粱录》。"末署甲戌岁中秋日。考甲戌为宋度宗咸淳十年，其时宋尚未亡，不应先作是语。意"甲戌"字传写误欤？ ④

按，钱大昕《十驾斋养新录》云"梦粱录二十卷，钱塘吴自牧撰，有自序。后题'甲戌岁春秋日'，盖元顺帝元统二年也。若前六十年，则为宋咸淳十年，宋祚不亡，不当有沧桑之感矣。"⑤ 李裕民《四库提要订误》以状元表不列咸淳十年状元王龙泽及云御上庙号度宗，考称"书当成于甲

---

① 龚明之撰，孙菊园校点：《中吴纪闻》附录一，上海古籍出版社，1986 年，第159 页。

② 龚明之撰，孙菊园校点：《中吴纪闻》附录四，第 174 页。

③ 傅增湘撰：《藏园群书经眼录》卷五，第 426 页。

④ 永瑢等撰：《四库全书总目》卷七十，《梦粱录》提要，第 625 页。

⑤ 钱大昕撰：《十驾斋养新录》卷十四，江苏古籍出版社，1997 年，第 378 页。

戌岁咸淳十年不误"。今据《梦粱录》所载至元间史事,李氏所订并不确凿。《梦粱录》卷九载元置生料库,《续文献通考》云"至元二年,置提点领进纳百色生料。二十年省并尚药局为尚食局,别置生料库",故知《梦粱录》完撰于元时明矣。又卷七《西河桥道》"直抵故太学","故"字言明撰述不当在宋时。

24.《蜀中广记》一百八卷

其中如叙州府之高州,《明史·地理志》云洪武五年由州改县,正德十三年复为州,珙及筠连二县隶焉。此书仍称高州为县,二县亦不为之属。[①]

按,据《明实录》所载,正德十三年高州复为县,《明史·地理志》所载不误,正德十三年十二月辛卯,"四川僰蛮攻破高县、庆符县。巡按御史卢雍劾守备都指挥杜琮启衅失机,指挥黄应文等不行策应,俱宜治罪……及升州立县,民夷愤怨,今复作乱,皆昊之罪。先朝名臣周洪谟习知夷俗,尝言流官治夷之非,惟宜设长官司,以夷治夷,为久安计。今州县之立,正与洪谟所言相戾,乞罢所立州县,其增添税粮亦亟停止,以丈量田地给还降夷,使之复业"。[②]据此,高县先升州,后由于民夷作乱,罢所立州县,高州仍改为高县,提要所考有误。

25.《颜山杂记》四卷

康熙五年,予告在籍,因搜辑旧闻,作为此书。[③]

按,《颜山杂记自序》云:"甲辰(康熙三年)冬,余病罢官……越岁,

---

① 永瑢等撰:《四库全书总目》卷七十,《蜀中广记》提要,第627页。
② 《明武宗实录》卷一百五十六,"正德十三年十二月辛卯"条,第3279—3280页。
③ 永瑢等撰:《四库全书总目》卷七十一,《颜山杂记》提要,第627页。

目能渐视……数月，遂成卷帙，因题曰《颜山杂记》。"①并自注为康熙四年秋七月，故知书当成于康熙四年。又查孙宝仍跋云"康熙丙午秋七月"，盖提要将孙跋的题署时间误作成书时间。李裕民《四库提要订误》亦考订有失，今正之。

《颜山杂记》成书后，又经增补。《颜山杂记手稿题辞》称"曩作此稿，遂已灾木……儿辈不为匿丑，原稿竟付装潢，于今忽复五年。康熙庚戌六月伏日灌长氏重书。"②"原稿竟付装潢"应指康熙五年孙宝仍刊刻《颜山杂记》一事。"于今忽复五年"即指康熙九年，灌长氏乃孙廷铨，是知康熙九年孙廷铨重又校录《颜山杂记》。查《颜山杂记》乡校门载"康熙癸卯乡科，丁未进士"，康熙癸卯即康熙六年，晚于孙廷铨康熙四年自序、孙宝仍康熙五年跋，故亦可自证其书后经孙氏增补。康熙十七年，慕天颜编《孙文定公全集》，所录《颜山杂记》即为增补之本。

---

① 孙廷铨撰，李新庆校注：《颜山杂记校注》，齐鲁书社，2012年，第1页。
② 孙廷铨撰，李新庆校注：《颜山杂记校注》，第145页。

余论　四库学研究的展望

　　四库学经历二十世纪八十年代以来的快速推进,日渐成为文献学研究的焦点。但需要引起警惕的是,正是由于研究成果的层出不穷、学术会议的频繁召开等宏大盛况,愈加掩蔽四库学发展的一些问题,我们需要在热潮之下进行冷思考。就当下的四库学研究而言,越发沉溺于四库文本研究不能自拔,忽视四库学中的诸多核心议题。愚见以为,四库学最核心最重要的议题,应当是《四库全书》的编纂与清代政治与学术的互动问题,而目前的研究成果以及史料积累程度,还不足以对此核心问题做出深入探讨。因而,当下四库学的研究,仍然需要以文献学为主,先将相关史实和文献考辨清楚。

一、《四库全书总目》研究可以进一步推进

　　目前,《四库全书总目》残稿的研究成果十分丰富,但鉴于新见材料的发现,《总目》编纂的细节,或可得到进一步揭示。前文提及的文溯阁、文澜阁抄本《四库全书总目》,刘浦江考订后认为二者内容十分相似,应为乾隆五十五年左右的抄本。据《纂修四库全书档案》记载,文溯阁《四库全书》及《四库全书总目》于乾隆四十七年办竣送外盛京贮藏,乾隆五十二年禁毁书的抽删以及全面复校工作的开展,各阁《四库全书总目》《四库全书简明目录》及《四库全书考证》均重经馆员带回武英殿缮写,此后重新庋藏。而《四库全书总目》此后并未缮写,而是直接以刻本入藏各阁。那么,判断现存的文溯阁、文澜阁抄本《四库全书总目》是

否为乾隆五十三复校之后各阁撤回武英殿的本子,需要集中二本,并结合《总目》的编纂、修改过程,做一个系统的研究。而关于国图藏文溯阁抄本《总目》的研究,仅有王菡的《〈四库全书总目〉之稿本及文溯阁本述略》。①该文多为介绍性质,至于该抄本《总目》的性质及具体的抄写时间以及缘何留存文溯阁抄本《总目》等,没有过多阐释。天图藏文溯阁写本《四库全书总目》一百四十三卷,首叶钤有"文溯阁宝",朱丝栏,半叶九行,行二十一字,版心上方题写"钦定四库全书总目",下记书名、卷次等,与《四库全书》版式一致。此书未见影印,亦未曾为学界所识。最重要的是,天图所藏文溯阁抄本《总目》的具体抄写年代等问题,始终无人解答,这关系到该书的性质和递藏渊源。并且,天图藏本与国图、辽图藏文溯阁抄本《总目》的关系究竟怎样? 这都是目前需要开拓的研究方向。

此外,《总目》编修前期的过程,现有研究也不明确。如卷前提要的性质、四库底本提要与分纂稿、《初次进呈存目》及各时期修改稿的关系问题等有待揭示。天图、国图所藏内府抄本卷前提要,其用途可能是为各阁卷前提要之底本。翰林院按照统一格式抄写四库全书提要底本七份,供七阁全书缮录时直接取材,当每种书籍抄写完成后,只需将这些已经抄好的书前提要填上日期即可。②当然,至于是否为卷前提要的底本,应该将国图、天图藏抄本卷前提要结合起来,进行深入研究。四库底本提要稿的性质应该是分纂稿的一种,即纂修官校阅书籍后黏贴提要于书中。从国图、上图所藏的底本提要可以看出,这些署有纂修官姓名的四

---

① 王菡:《〈四库全书总目〉之稿本及文溯阁本述略》,《庆祝钱存训教授九五华诞学术论文集》编辑委员会编:《南山论学集:钱存训先生九五生日纪念》,北京图书馆出版社,2006年。
② 刘浦江:《关于天津图书馆藏〈四库全书总目〉残稿的若干问题》,《文史》2014年第4辑。

库底本提要,较《初次进呈存目》及《总目》差别很大,且其中的修改痕迹也表明了《总目》吸收了馆臣的校改。但值得注意的是,有些底本提要中的馆臣校改内容,并未被《初次进呈存目》吸收,如《笔史》提要稿,《初次进呈存目》更像是直接取材郑际唐原稿,稍加修饰即抄写进呈,而现存底本之上的校改,却又被《四库全书总目》采纳,这说明底本提要稿与《总目》的编纂又有着某些关联。以上关于《四库全书总目》的诸多细节,值得深入挖掘,再结合学界已有成果,或许能够完全明晰《四库全书总目》的编纂问题。

二、《四库全书简明目录》研究亟需加强

《四库全书简明目录》是《四库全书》编纂过程中产生的一部重要的目录学著作,对清人治学以及晚清士人的藏书事业产生极大的影响。然而关于此书的编纂、修改、纂成时间等基本问题仍有待发之覆,学界的研究相当薄弱,可以是进一步扩展的研究方向。

检诸档案发现《四库全书简明目录》的编纂与分纂稿、四库底本提要稿以及《四库全书初次进呈存目》有着密切的关联。《简明目录》应该是在乾隆帝御览了分纂稿的修改稿(存有应刊、应抄信息)才决定编纂的。据档案记载,乾隆三十九年七月二十五日,"现办《四库全书总目提要》多至万余种,卷帙甚繁,将其抄刻成书,翻阅已颇为不易,自应于提要之外,另列《简明目录》一编,只载某书若干卷,注某朝某人撰,则篇目不繁而检查较易,俾学者由书目而寻提要,由提要而得全书,嘉与海内之士考镜源流"。① 此时《总目》尚未办理完竣,呈送御览的应为某种分纂

---

① 中国第一历史档案馆编:《纂修四库全书档案》,"谕内阁着四库全书处总裁等将藏书人姓名附载于各书提要末并另编《简明书目》"(乾隆三十九年七月二十五日),第229页。

稿的修改稿。以时间推论,目前所知最早的《总目》提要稿为台北所藏
的《四库全书初次进呈存目》,大致反映了《总目》编纂早期的基本面貌,
与后来《总目》的体例、撰写内容有着明显区别,其性质和内容更接近分
纂稿。关于此稿本的抄写时间,夏长朴根据其文本内容,考订应为乾隆
三十九年七月的初次进呈本,但又提出自相违伐的几条证据,认为稿本
的编纂时间或应在乾隆四十年五月至四十一年正月间。① 刘浦江依据王
士禛名讳问题,认为乾隆帝于乾隆三十九年十二月三日谕令将"王士正"
改为"王士禛",凡各馆在办书籍,均一体照改,此谕非同小可,后期的《总
目》及各阁提要皆完全遵从,而《初次进呈存目》中"王士正"不止一见,
可证此稿本的编纂时间不应晚于乾隆三十九年十二月。后结合《于文襄
手札》及《纂修四库全书档案》,推定《初次进呈存目》应为乾隆三十九年
七月初次进呈本的残本,至于其他涉及乾隆四十年的提要以及汪如藻职
名等问题,显然是后期提要在重订时掺入其中。② 赵永磊撰文指出,《初
次进呈存目》或应在乾隆四十年五月至十月间。其文规避王士禛名讳改
易一事,并以《山谷诗集注》之提要撰写于乾隆三十九年冬反证刘氏之
说,③ 但刘氏即已认定《初次进呈存目》当为残稿,并已屡入后期提要,赵
氏之反证似不确凿。由此一论,若台北所藏《四库全书初次进呈存目》为
乾隆三十九年七月的进呈稿,即乾隆帝乃是阅览此本而萌生编纂《简明

① 夏长朴:《〈四库全书初次进呈存目〉初探——编纂时间与文献价值》,《汉学研
究》2012 年第 30 卷第 2 期,第 165－198 页。
② 刘浦江:《〈四库全书初次进呈存目〉再探——兼谈〈四库全书总目〉的早期编
纂史》,收入氏著《正统与华夷:中国传统政治文化研究》,中华书局,2017 年,
第 239－268 页。
③ 赵永磊:《〈四库全书初次进呈存目〉编纂性质考略》,《中国典籍与文化》2016
年第 1 期。

目录》的想法；若此稿进呈时间为乾隆四十年甚至之后，那么乾隆帝阅览的提要稿或是分纂官拟定的提要稿。

又乾隆四十八年奏称，"查《四库全书总目》二百卷，于乾隆四十六年三月进呈发下改正，另缮清本。并遵旨纂出《简明目录》二十卷，于乾隆四十七年六月进呈，蒙皇上钦定发下，缮写四分于四阁陈设，现已缮出第一分，于本年正月，送武英殿装潢，其余三分缮写将竣"。据此可知，《简明目录》的编纂，应在乾隆四十六年三月进呈的《总目》中析出，并于乾隆四十七年七月十九日进呈。因此，我们在探讨《简明目录》的编纂时，又时刻将其与《总目》的编纂过程密切联系在一起。据这份档案，第一分《简明目录》即文渊阁所藏，于乾隆四十八年缮写完成，乃据乾隆四十六年三月的《总目》进呈发下本析出，据此可知《简明目录》的纂成时间定晚于乾隆四十六年三月。又据赵怀玉年谱可知，其任武英殿分校之时，录副《简明目录》，并于乾隆四十九年刊刻，这里又牵扯出赵怀玉录副本与进呈本的先后问题。因此，我们需要将文渊阁本、文津阁本、赵怀玉录副本、进呈本《简明目录》与乾隆四十六年进呈的《总目》及最终定稿的《总目》比勘研究，才有可能知悉《简明目录》的具体编纂过程。

《简明目录》纂成之后，随《四库全书》入藏各阁，但是在乾隆五十三年复校开始后，各阁皆有抽换、撤改书籍之举，《总目》《简明目录》《考证》等皆在其列，各阁抽改之后，各阁《简明目录》与进呈本多有不同，又与武英殿定本存在差异。各阁《简明目录》经撤回武英殿后，重新缮写入阁，而重缮时并非以武英殿所藏《简明目录》为底本，而是直接以进呈本《简明目录》稍加删削禁毁书即办竣，因而造成阁本与殿本《简明目录》的差异，这与《四库全书考证》等书的重缮如出一辙，皆是四库馆臣倦于誊写修改后的《简明目录》（或许是因为武英殿本修改太多，重新缮写较为耗时),而直接以进呈本为据。《简明目录》的修改过程与最终的武英殿本及各阁本《简明目录》、进呈本的异同密切相关,需要深入探求。

《简明目录》纂成之前,即有赵怀玉录副刊刻,早于清廷官方流传于世,其版刻便有赵怀玉刻本、进呈本等,远较《四库全书总目》复杂。将存世的《简明目录》版本,区分整理,可以列为以下两种系统:第一,赵怀玉刻本系统:乾隆四十九年赵怀玉刻本以及以赵刻本为底本的粤刻本和其他刻本。第二,进呈本系统:进呈本《简明目录》、袖珍版《简明目录》、七阁《简明目录》、纪昀呈进本《简明目录》以及以清廷官方版本为底本刊刻、抄写的各种版本。清代及清代以来流传的各种《简明目录》版刻,皆不出以上两个系统。在梳理和辨别版刻系统之后,需要探明进呈本系统中的清抄本、进呈本、纪昀呈进本与阁本《简明目录》的内容差异及产生差异的原因,特别是乾隆四十八年左右,纪昀呈进《简明目录》,此本《简明目录》仅书名、卷数与作者,与各本《简明目录》均有别,这是出于什么因由,尚需仔细研究。除此之外,各阁本与进呈本《简明目录》均属于后期抽改而成,依据常理,两者应属一致,甚至完全相同,但在对校过程中发现,阁本《简明目录》或许是直接在进呈本的基础上再次删去禁毁书而成,而乾隆四十七年之后的校改内容,却没有吸收。进呈本《简明目录》一直在馆修改,故而最为详瞻和完整,这是探求阁本《简明目录》与殿本《简明目录》异同的一种路径。

所述《简明目录》的编纂、校改与版本,是研究《简明目录》最先需要解决的问题,只有在此基础上,才能进一步研究其与清代学术史的关联。《简明目录》对清人的治学产生了极大影响,其刊刻流传以后,一直成为清人读书治学的门径和购书藏书的指南。在整个清代学术史上,《简明目录》是晚清藏书家收集书籍和判断典籍珍贵与否的标杆,对清人乃至整个东亚文化圈产生重要影响。以《简明目录》为切入点,深入到藏书家和他们所历经的社会背景,可以进一步探索《简明目录》的书籍史影响。与此同时,士人纷纷以《简明目录》为准,更加催生了对《简明目录》的研究。士人读书之余,常以札记标注其上,大旨约为增补书籍版刻、纠正《简明目录》记载之失。嘉道之际,邵懿辰首开标注《简明目录》之先河,成为清人竞相模仿的范例,同时邵氏标注《简明目录》之后,广为传抄,邵著本身又经清人增补,枝蔓相连,绵延不绝,此即《简明目录》流传的发展史。从这个维度上说,《简明目录》与清代学术及书籍流播,密切相关。

三、《四库全书》书籍采择来源问题仍有研究空间

采择书籍,是四库开馆的第一步工作,是编纂《四库全书》前的首要任务,因而采择书籍的研究,是四库学领域中比较重要的议题。一般而言,在探求《四库全书》所录书籍底本时,首先依据的便是《四库全书总目》中所述之采择来源。由于《总目》仅述及何省或何人进呈,并未明确具体的版本,因而对于四库底本的研究,需要进一步核查版本,追溯递藏源流和版本异同。颇具吊诡的是,在具体的四库底本研究中,往往依据《四库全书总目》而得知的四库底本来源与实际考订的四库底本并不相符,由此引发出一个大胆的猜测:《总目》中叙述的书籍采择来源是否在《总目》成书后仍有修改? 或是为了顾及与平衡各地、各家藏书,有意置换,尚待进一步验证。

其实,对于以上猜测,目前也有多个例证相佐。天津图书馆所藏《四库全书总目》残稿中有纪昀删改书籍采择来源的记载,残稿原作"《意林》五卷,浙江范懋柱家天一阁藏本",纪昀墨笔删去"浙江范懋柱家天一阁藏本",改作"江苏巡抚采进本"。据查《意林》提要,作"此本为江苏巡抚所续进,乃明嘉靖己丑廖自显所刻,较范氏本少戴、柳二序,而首尾特

完整"，是知纪昀所改当据提要而言。这个例证虽然不能直接证明《四库全书总目》著录的书籍来源有着通盘的思考，但至少提示我们《总目》中著录书籍来源是存在错误且有过修改的。再如《四库全书》所录《雍录》的书籍来源，《总目》为"于敏中家藏本"，与实际的书籍来源亦不相符。据《藏园群书经眼录》载，"《雍录》十卷，宋程大昌撰，明嘉靖十一年西安知府李经刊本，十行二十一字，白口，单栏，版心题雍卷之几。前嘉靖辛卯康海序，卷第一开卷为五代都雍总图，后嘉靖十一年知西安府事李经序"。①封面有"乾隆三十九年正月江苏巡抚萨载送到蒋曾莹家《雍录》一部计四本"朱文木记，每册尾有"江苏巡抚购备进书籍"戳记，钤有翰林院大方印。众所周知，翰林院大方印是确定四库进呈本的直接标识，此本经傅增湘先生经眼，断为李经刊本，而笔者依据《四库全书考证》亦考订四库本《雍录》为李经刊本。②因此，《四库全书》所录《雍录》的书籍来源应为明代李经刊本无疑。此外，《雍录》底本钤有"乾隆三十九年正月江苏巡抚萨载送到蒋曾莹家《雍录》一部计四本"朱文木记及"江苏巡抚购备进书籍"戳记，且盖有翰林院大印，故而知此本应为江苏巡抚采进本，并非《四全书总目》著录之"于敏中家藏本"。

既然《四库全书总目》著录的书籍来源，并不能完全反应四库馆征书的书籍来源，那么我们以征访采择的地理类书籍为例，结合《四库全书采进书目》《四库馆进呈书籍底簿》与《四库全书总目》做一个对比，尝试总结四库馆著录书籍来源的一些问题。

据统计，《四库全书》著录地理类书籍一百四十九种，大多为《四库采进书目》《四库馆进呈书籍底簿》登载，但亦有少量书籍如《关中胜迹

---

① 傅增湘撰：《藏园群书经眼录》卷五，第 449 页。
② 详参本书第四章第一节。

图志》等书籍,未在著录之列。另有一些书籍如《至元嘉禾志》《景定新定续志》《正德嘉兴府补志》《三吴杂志》《惠山古今考》《漕河奏议》《海运志》等《四库采进书目》未著录,而《四库馆进呈书籍底簿》登载,主要因由或许是征访书籍告一段落,而后进呈的书籍未及登载,或是因为《采进书目》经清人删定增补,偶有缺漏。但就绝大多数书籍而言,凡四库著录、列为存目的地理书籍,皆为《四库采进书目》《进呈底簿》所录。

表二十四　各地进献书籍与《总目》采择异同表(地理类)

进呈地(人)	进献书籍种数	四库著录种数	四库存目种数	《总目》实际采择种数	备注
江苏	64	6	21	33	实际著录多 6 本
两江	61	12	16	40	实际著录多 12 本
两淮盐政	82	7	54	65	实际著录多《景定严州续志》《三郡图说》《嘉靖贵州图经新志》《扬州府志》
两淮商人马裕	89	9	48	65	实际著录多 8 本
浙江	85	13	53	66	种数相符,书目名称有不同
浙江孙仰曾	6	1	1	3	实际著录多《乾道临安志》
浙江鲍士恭	26	7	7	16	实际著录多《图注水陆路途》《山行杂记》
浙江汪如瑮	7	1	3	6	实际著录多《金山杂记》《庐阳客记》
浙江范懋柱	58	7	41	52	实际著录多《黄河图议》《江防图考》《海防述略》《惠山记》
安徽	27	3	10	14	实际著录多《神州古史考》
山东	12	2	3	10	实际著录多《浯溪考》《长白山录》《星余笔记》《广州游览小纪》《泰山纪胜》
山西	0	0	0	1	《四川文献摘抄》

进呈地（人）	进献书籍种数	四库著录种数	四库存目种数	《总目》实际采择种数	备注
河南	8	2	2	5	实际著录多《续河南通志》
陕西	0	0	0	3	《关中胜迹图志》《平凉府通志》《续朝邑县志》
江西	10	1	9	12	实际著录多《江城名迹》《崇恩志略》
湖北	5	1	0	2	实际著录多《楚南苗志》
福建	6	0	2	3	实际著录多《水鉴》
总裁于	2	1	0	1	《雍录》
总裁王	0	0	0	2	《海道经》《三吴水利论》
总裁曹	0	0	0	1	《会稽三赋》
督察院副都御史黄	5	0	1	1	《皇舆考》
侍郎纪昀	1	1	0	9	实际著录多8本

由表二十四可以总结《四库全书总目》著录书籍来源的一些问题。第一，《总目》采择的地理书籍，从总体上看，大部分书籍的进呈地与《总目》采择的来源相吻合，但并非完全对应，具体体现在不仅《总目》登载的某省进呈本数量较《采进书目》为多，还存在《四库采进书目》或是失载，或是存于其他省份等情况。如《剡录》，《总目》录为江苏采进，《采进书目》在浙江。《京口三山志》，《总目》录为江苏采进，《采进书目》录为浙江范懋柱天一阁进呈等。对于这些登载不一的书籍来源，《四库全书总目》为何没有依据《采进书目》著录书籍来源，而是以他本代替？第二，比勘《总目》著录的书籍来源，并与《四库采进书目》覆核，发现《总目》实际著录的典籍均超过《四库采进书目》中采择的数量：如江苏省，《采进书目》著录江苏进呈地理书籍64种，经比勘后有28种书籍被《总

目》采择。但查阅《四库全书总目》,著录江苏省进呈书籍 33 种。也就是说,《总目》实际著录的典籍,超过了《四库采进书目》中被采择的书籍。那么,这些多余采择的典籍,是否是《总目》在著录书籍来源时有意置换为江苏巡抚采进? 当然,对于以上两个问题,似乎可以用"《四库采进书目》不全"为由予以解释,但如大量典籍的来源均存在置换,绝非如此简单。

除上述所述的几个议题之外,像文澜阁《四库全书》中丁丙兄弟补抄本的价值、《四库全书》的复校过程等,也是可以深入研究的。因此,目前四库学研究中还有一些重要的议题亟待探研,在新史料的启发下,既往的研究并非不能继续推进。我们应该回归四库学的核心议题,从整个《四库全书》的编纂和现存《四库全书》的价值角度分析,避免简单的"清朝文化工程"或者"篡改典籍"等既有观点。在此基础上,跳出四库学之外,重点考察在整个历史研究中,《四库全书》究竟具有什么意义,深入到具体的文献学领域及各断代史领域,做出恰当的分析。

针对四库学发展的材料掣肘问题,尝试通过各种路径搜寻史料,在一定程度上能够带来一些新的研究思路和方向,但不是最终的良药。最重要的仍然是如何利用旧有史料,完善现有研究中的重要议题,并拓宽研究层面,推进研究深度。四库学若要成为独立、专门的学问,不仅要有稳定的研究对象、完整的研究范围与领域、独特的研究理论与方法,更重要的是有源源不断的新材料的涌现和新议题的阐发。就目前情况来看,四库学还只能是文献学的一个分支,其材料的累积程度和研究议题的深度,尚不足以支撑其作为独立学问的进一步发展。

后　记

　　《溯源汇津——四库文献研究》一书，是我多年学习、研究《四库全书》的汇总，应该说是长期以来对四库学研究与反思过程中逐步积累的成果。虽然呈现在眼前的书稿还有太多的不足，但古有"敬惜字纸"之俗，不忍毁弃。回想起自己的求学之路，坎坷颇多，能够从事四库学的研究道路，于我而言实属幸运。

　　二〇一二年夏末初秋之际，独自背负行囊，踏上通向北方的火车，前往河北大学宋史研究中心学习。在这里，真正感受到书海的浩瀚，学术界有关的宋史书籍，都可以在这里阅读。也正是在这样的环境之中，培养了认真读书的习惯，也坚定了继续求学的决心。因研究生毕业论文的选题为《明代的元史观研究》，在阅读明代的著作时，接触了《四库全书》，从而萌生了学习、研究四库学的想法。在不断接触《四库全书》之后，愈发体会到四库学的乐趣，每天沉浸于蒐辑史料和抽丝剥茧式的分析中怡然自得。进入博士阶段学习后，认识了项旋师兄与苗润博师兄，请益交流之中，获得很多灵感。

　　每一段求学历程中，都遇到悉心指导、宽恕包容我的老师。本科时期，徐希军老师每周一下午都会给我"开小灶"，单独传授晚清民国以来的学术史，尤其经常提及钱穆、余英时与严耕望，他一直期盼我能考上华中师范大学，从事近代学术史研究。很遗憾，自考研确立学校开始，我就一直隐瞒着老师，直到最终出了成绩，他还以为我肯定没问题了，其实我报考的是河北大学宋史研究中心。疫情之前，每年都会去拜访老师，听他聊聊他的读书心得和治学旨趣，总有一种回到大学时光的感觉。本科阶段，对我影响比较深的老师还有查昌国老师、吴道良老师、江贻隆老师，是他们严谨的治学态度和渊博的学识感染了我。

在河北大学宋史研究中心的学习，是夯实知识基础、开阔学术视野的重要时期。三五个志同道合的朋友，每天像上自习一样早出晚归，学累了就一起吃个自助餐，生活过得很充实惬意。导师梁松涛教授要求很严格，又是那种非常勤奋、刻苦的老师，一年之中几乎每天都会坚持去办公室，一直到深夜。而我则是不听话的学生，不想从事西夏学的研究，因此老师也就随我自己独立看书、自主选题，对我十分宽容。毕业后，与梁老师常有学术上的交流，当然不是西夏学，而是文献学领域的相关问题。

博士阶段，有幸遇到两位导师华林甫教授与黄爱平教授。华老师是我的授业恩师，在历史地理学界享有盛誉。印象最深刻的是老师对中国两千多个县名及其古称非常熟悉，如数家珍。在平时的教学过程和"清史地图集"审稿工作中，愈发觉得华老师对历史地理学"爱得深沉"，那是一种无法用任何物品交换和替代的热爱。黄老师是四库学的早期开创者，虽然没有拜入黄门，但因我一直做四库学研究，也算黄老师的记名弟子。黄老师对行文逻辑、基本史实、遣词造句要求非常严格，记忆里一共被黄老师责骂过三次。一次是审阅《清史·艺文志》时核校不认真，一次因为博士论文答辩错别字很多，最近的一次是八月份提交的一份书稿非常粗糙。每一次我都想在黄老师面前好好表现，让她知道其实我也很努力。但每次都让她失望，以至于现在根本没有脸面将这部书呈送给她。人大学习的四年，感激胡恒老师的帮助，胡老师豁达的性格和宽阔的学术视野，总能指引明确的方向。

　　拙稿得以付梓,感谢上海科学技术文献出版社罗毅峰辛苦编校、覆核引文。中华书局白爱虎提示拙稿书名,谨此致以真挚的谢意。

　　书稿修改之时,犬子正在翻看《儿童看世界》中的文津阁插图,妻子告诉他说"文津阁就是藏书楼,相当于现在的图书馆,用来放《四库全书》的",最后加上一句,"你爸爸就是搞这个研究的,不懂的问你爸爸"。《四库全书》是什么,孩子一点也不懂,但能在孩子读书过程中"吹嘘"自己的研究,应该算是一种骄傲和自豪吧。

　　　　　　　　　　　　　壬寅年冬月二十三日,于杭州师范大学